智能网联环境下交叉口车路协同优化方法

丁 川 鲁光泉 著

科学出版社
北 京

内 容 简 介

交叉口是城市道路网的咽喉，是交通堵塞和事故的多发地。因此，解决城市交叉口的交通拥堵及安全问题是解决城市交通拥堵问题的重要环节。本书以交叉口为研究对象，从车辆行驶轨迹、交叉口可变车道和交通信号灯控制等角度出发，深入系统探讨了智能网联环境下的交叉口车路协同控制方法等问题。

本书可作为高等院校交通运输类专业研究生和高年级本科生的教材，同时也可作为交通控制、车路协同、车联网、智能交通、智能车辆等专业领域科研人员的参考书。

图书在版编目（CIP）数据

智能网联环境下交叉口车路协同优化方法 / 丁川，鲁光泉著. —北京：科学出版社，2021.5
ISBN 978-7-03-068440-0

Ⅰ.①智… Ⅱ.①丁… ②鲁… Ⅲ.①智能通信网-应用-城市道路-交叉路口-交通控制-研究 Ⅳ.①U491.5-39

中国版本图书馆 CIP 数据核字(2021)第 050279 号

责任编辑：王 哲 / 责任校对：胡小洁
责任印制：吴兆东 / 封面设计：迷底书装

科 学 出 版 社 出版
北京东黄城根北街 16 号
邮政编码：100717
http://www.sciencep.com

北京中石油彩色印刷有限责任公司 印刷
科学出版社发行　各地新华书店经销
*
2021 年 5 月第 一 版　开本：720×1 000　B5
2021 年 5 月第一次印刷　印张：12 1/2
字数：249 000
定价：99.00 元
（如有印装质量问题，我社负责调换）

前　　言

随着车辆信息化、智能化、网联化的快速发展，交通要素交互关系变得更加复杂，交通信息来源变得更加多源异构，传统的智能交通系统通过"感传知用"实现交通要素一体化集成，是道路交通有序运行的重要保障。随着信息技术的不断进步，车辆由驾驶辅助向协同智能发展已成定势，车路协同技术作为解决交通安全问题、提升通行效率的重要技术手段，越来越受到国内外学者和交通行业管理部门的重视。智能网联汽车和车路协同技术的发展，将进一步改变交通系统的组织形式、运营模式和运行方式，引发交通系统技术的一系列变革性发展。

目前城市道路交通供需失衡、矛盾激化，交通拥堵成为困扰交通管理者和出行者的重要问题，同时空气污染、噪声污染也随之日益加重，严重影响人们的正常生活，制约国民经济的快速发展，阻碍城市可持续发展，因此，预防和缓解城市路网交通拥堵刻不容缓，是关系民生和亟待解决的重要问题。交叉口是城市道路网的咽喉，是交通堵塞和事故的多发地，解决城市交叉口的交通拥堵及安全问题是解决城市交通拥堵问题的重要环节。

本书是国家重点研发计划项目"车路协同系统要素耦合机理与协同优化方法"（项目编号：2018YFB1600502）、国家自然科学基金面上项目"自动驾驶条件下信号交叉口的可变车道设计及车路协同控制"（项目编号：51878019）和国家重点研发计划项目子课题"车辆驾驶行为和目标运动行为预测技术及建模方法"（项目编号：2017YFB0102602）等部分研究成果的汇集和凝练。本书以交叉口为研究对象，从车辆行驶轨迹、交叉口可变车道和交通信号灯控制等角度出发，深入系统地探讨了智能网联环境下的交叉口车路协同优化方法等问题。希望本书能给更多致力于车路协同交通系统研究的科研人员提供参考，促进新的技术环境下交通管控理论的发展。

丁川和鲁光泉负责全书的章节策划和统筹工作，其中第 1~5 章由丁川负责撰写，研究生戴荣健、许晓彤、范越、聂午阳、马文清等参与了相关章节的撰写工作；第 6~8 章由鲁光泉和蔡品隆负责撰写。丁川负责全书的统稿和修订工作，研究生戴荣健、赵慧敏、毛大伟、张慧、王玙璠、乔翔宇、周心宇等参与了校稿和编辑工作。

由于作者水平有限，本书难免存在不妥之处，请广大同行及读者批评指正。

作　者
2021 年 4 月

目 录

前言

第1章 绪论 ·· 1
  1.1 研究背景 ··· 1
  1.2 研究意义 ··· 2
  1.3 国内外研究现状 ··· 3
  1.4 本书主要内容 ·· 8
  1.5 章节结构 ··· 10
  参考文献 ··· 11

第2章 信号交叉口自动驾驶车速控制方法 ··· 16
  2.1 信号交叉口的交通流特性 ··· 16
  2.2 基于交通波理论的信号交叉口排队长度预测 ···································· 19
    2.2.1 交通波理论 ··· 19
    2.2.2 信号交叉口排队长度预测 ··· 20
  2.3 单点信号交叉口的自动驾驶车速控制方法 ······································· 22
    2.3.1 车速控制系统架构 ··· 22
    2.3.2 车速控制方法 ··· 23
    2.3.3 目标车速的确定及速度调整方法 ·· 26
  2.4 连续信号交叉口的自动驾驶车速控制方法 ······································· 29
    2.4.1 车速控制系统架构 ··· 29
    2.4.2 车速控制方法 ··· 31
    2.4.3 车速调整方法 ··· 34
  2.5 基于多智能体的信号交叉口仿真环境搭建及仿真分析 ···················· 37
    2.5.1 道路和交叉口 ··· 39
    2.5.2 车辆智能体 ··· 40
    2.5.3 仿真场景标定 ··· 40
    2.5.4 实时信息的采集 ·· 42
    2.5.5 仿真实验及结果分析 ··· 43
  参考文献 ··· 56

第3章 单点信号交叉口可变车道设计及交通信号协同优化方法 58
3.1 可变导向车道及信号自适应设计 58
3.1.1 可变导向车道设置条件分析 59
3.1.2 交叉口信号自适应设计 60
3.2 可变车道及信号配时协同控制优化模型 65
3.2.1 问题场景 65
3.2.2 变量定义 67
3.2.3 目标函数 68
3.2.4 约束条件 70
3.2.5 动态优化 72
3.2.6 模型求解 75
3.3 基于多智能体的仿真环境搭建及仿真分析 82
3.3.1 道路和交叉口 83
3.3.2 车辆智能体 83
3.3.3 仿真场景标定 84
3.3.4 实时信息的采集 85
3.3.5 仿真实验及结果分析 86
参考文献 92

第4章 连续信号交叉口可变车道设计及交通信号协同优化方法 94
4.1 问题场景 95
4.2 信号交叉口智能体控制逻辑 97
4.3 车路协同信息采集处理 98
4.3.1 车辆运动数据 98
4.3.2 信号灯数据 99
4.3.3 可变车道状态数据 101
4.4 可变车道切换逻辑 102
4.4.1 同步式切换逻辑 102
4.4.2 异步式切换逻辑 102
4.5 奖励函数设计 104
4.6 智能体控制策略 104
4.7 基于SUMO的仿真环境搭建及仿真分析 106
4.7.1 仿真平台搭建 107
4.7.2 奖励函数设计仿真实验及结果分析 108
4.7.3 车流量对奖励函数的影响分析 112

		4.7.4 仿真实验及结果分析 ································· 116

　　参考文献 ·· 119

第5章　无信号交叉口混行车辆博弈通行决策建模及分析 ············ 121
5.1　车辆冲突界定及参数选取 ·· 121
　　5.1.1　冲突界定 ·· 122
　　5.1.2　参数选取 ·· 123
　　5.1.3　驾驶风格 ·· 124
5.2　博弈论理论基础 ·· 124
　　5.2.1　基本要素 ·· 125
　　5.2.2　博弈分类 ·· 125
　　5.2.3　纳什均衡 ·· 126
　　5.2.4　相关均衡 ·· 126
5.3　博弈通行效用函数 ··· 127
　　5.3.1　行车安全效用 ·· 127
　　5.3.2　行车效率效用 ·· 128
5.4　驾驶员危险感知可接受水平分析 ································ 128
　　5.4.1　危险感知量化 ·· 128
　　5.4.2　危险感知的可接受水平 ·································· 129
5.5　仿真实验及结果分析 ·· 130
　　5.5.1　无信号交叉口物理环境 ·································· 130
　　5.5.2　车辆通行决策博弈过程算法 ··························· 131
　　5.5.3　混行车辆间的博弈决策分析 ··························· 132

　　参考文献 ·· 141

第6章　无信号交叉口混行车辆协同通行方法 ··························· 142
6.1　交叉口协同通行条件 ·· 142
　　6.1.1　耦合时空约束 ·· 142
　　6.1.2　协同避撞条件 ·· 145
　　6.1.3　协同通行准则 ·· 146
6.2　网联人工驾驶车辆通行的不确定性分析 ····················· 148
　　6.2.1　单位距离形成时间分布拟合 ··························· 149
　　6.2.2　车头时距分布拟合 ······································· 151
　　6.2.3　不确定性分析 ·· 153
6.3　车辆通行次序优化 ··· 157
6.4　仿真实验及结果分析 ·· 159

  6.4.1 不同通行方法效果对比 ································· 159
  6.4.2 混行渗透率对协同通行的影响 ··························· 162
 参考文献 ··· 164

第 7 章 交叉口连接段网联自动驾驶车辆轨迹优化方法 ············ 166
 7.1 优化目标与约束 ·· 167
 7.2 轨迹优化模型求解 ······································ 168
 7.3 考虑约束影响下的轨迹调整 ······························ 170
  7.3.1 速度非负约束影响 ··································· 170
  7.3.2 跟驰约束影响 ····································· 171
 7.4 仿真实验及结果分析 ···································· 173
 参考文献 ··· 176

第 8 章 交叉口连接段网联人工驾驶车辆轨迹引导方法 ············ 178
 8.1 不同引导指令的加速度分布 ······························ 178
 8.2 基于轨迹预测控制的引导方案 ···························· 182
 8.3 仿真实验及结果分析 ···································· 184
  8.3.1 不同轨迹引导指令下的加速度分布确定 ····················· 184
  8.3.2 轨迹引导参数敏感性分析 ······························ 186
  8.3.3 不同参数下的轨迹引导效果 ···························· 188
 参考文献 ··· 189

第1章 绪 论

1.1 研究背景

随着无线通信技术和信息技术的快速发展，道路交通系统进入了车联网时代。在车联网技术基础上发展起来的车路协同技术作为解决交通安全问题、提升通行效率的重要技术手段，越来越受到国内外学者和交通行业管理部门的重视。车路协同技术的发展，将进一步改变交通系统的组织形式、运营模式和运行方式，引发交通系统技术的一系列变革性发展。

(1)车路协同技术的发展改变了交通系统的可测性、可控性和随机性，亟需新的交通设计与控制理论体系应对交通系统正在发生的整体属性变化。

在理想的车路协同状态下，车辆都具备高度自动驾驶能力，将弱化甚至去除传统交通系统中的人为因素，这将促使交通系统中的诸多模式发生变化。例如，感知模式从驾驶员感知变为车辆感知，或车辆与驾驶员并联感知；决策模式由驾驶员决策变为机器决策，或驾驶员与车辆控制器共同决策；管控模式从交通诱导变为车辆主动控制。传统交通系统具有时变、强非线性、不连续、不可控、不可测的特征，导致很多传统交通问题甚至无法获得理论上的可行解；而车路协同系统却有可能通过模型解构将其变成可控可解的问题。这些变化必将使得交通系统的设计方法、分析理论和管控技术发生巨大变革。

(2)车路协同技术改变了车辆间与车路间的耦合关系，由此带来车辆运动状态交互关系和交通流状态演化规律的变化，需要重建交通系统设计方法、分析理论和控制技术的基础参数及其理论体系。

车路协同系统耦合关系的变化导致车辆运动状态交互关系的改变，并体现在各类交通微观参数的变化上。传统交通环境微观交通流参数是驾驶员在其反应特性和驾驶经验的基础上形成的。在车路协同环境下，驾驶员获取信息的模式发生了变化，同时部分甚至全部汽车具备了自动驾驶功能，在此环境下运行的车头时距等交通微观参数受驾驶员反应特性和驾驶经验弱化或影响的方式发生了改变，使得这些参数的变化规律与传统驾驶环境的变化规律有了较大差异。这些微观参数的变化以及车路协同环境下驾驶员行为模式的变化，导致交通流状态及其演化模式发生改变。重构车路协同环境下的车辆运动关系模型及交通流理论，是描述和推演该环境下交通状态时空演化过程的基础，也是交通设计和交通控制优化的需要。

(3)车路协同技术改变了交通信息的采集模式,并扩展了交通控制的对象与控制方式,在此基础上构建新的交通设计与控制方法才能充分发挥车路协同技术的优势,实现道路时空资源的最优利用。

从传统驾驶环境到车路协同环境,交通信息的感知模式、交通控制的对象与控制方式都发生了变化。在传统交通环境中,交通信息主要来源于固定传感的断面信息和部分浮动车信息;在车路协同环境下,智能网联汽车为系统提供了运动轨迹数据。在传统交通环境中,车辆运动是被动适应信号控制;在车路协同环境下,可以实现对车辆运动轨迹的主动调控。在传统交通环境下,往往只能根据断面信息对信号配时做优化;在车路协同环境下,可以实现车道-信号配时-车辆轨迹的联合优化。传统交通环境下的交通语言系统主要是向驾驶员传递信息;车路协同环境下的交通语言系统还需要向智能车辆控制系统传递信息。利用车路协同环境在信息采集与交互、交通控制等方面的优势,构建新的交通设计与交通控制方法,才能使道路时空资源得到最大限度的利用。

目前,车路协同环境下的交通系统优化研究尚处于发展阶段,仍有诸多需要解决的理论与实践问题。2019 年 3 月国家重点研发计划项目"车路协同系统要素耦合机理与协同优化方法"正式启动实施,用以揭示车路协同环境下的交通系统多要素耦合机理,并进一步提出车路协同交通系统优化方法,以期为提升我国道路交通运行效能提供基础理论和关键技术支撑。作为国家重点研发计划项目和国家自然科学基金面上项目研究内容的一部分,本书以交叉口为主要研究对象,深入研究智能网联交叉口车路协同优化方法,对于提高车车协同安全运行、缓解城市交通拥堵、减少行车能耗具有重要意义。

1.2 研究意义

物联网、云计算、大数据、移动互联等新一代信息技术的发展,为交通信息化和智能化带来了新的发展契机。车路协同系统将先进的信息技术与交通控制技术相融合,通过对交通信息感知、加工、发布,实现人、车、路之间的信息共享、协同合作。近年来,智能交通技术研究已从以解决交通管控为重点的阶段向以车车、车路通信为支撑的车路协同阶段发展。

在车辆智能网联与车路协同技术方面,美国通过推动车联网计划,开展了无线通信技术测试验证、立法等工作。欧洲启动了面向 2020 年的 DRIVE C2X 项目,正在进行协作式智能交通系统(Intelligent Transportation System, ITS)路上测试工作。日本在道路交通情报通信系统和不停车电子收费系统基础上实施了 Smartway 项目。此外,美国、欧洲和日本均在实际道路上开展了货车车队自动运行测试,结果表明车路协同技术在提高燃油效率、减轻驾驶员负荷、提高安全性等方面效果显著。从国外的技术研究现状和发展动态来看,对于车路协同系统的研究已经有相当的规模和一定的成果,但许多关键技术和科学问题仍在探讨、试验和测试阶段。在国际社会未来的发展中,车车、车路协同式交通系统将是未来智能交通的核心和发展方向,对于解决当前各国日益突出的交通问题有着极其重要的意义。

"十五"以来,国内在汽车安全辅助驾驶、车载导航设备、驾驶员状态识别、车辆运行安全状态监控预警、交通信息采集、车辆自组织网络等方面进行了大量研究,基本掌握了智能汽车共性技术、车辆运行状态辨识、高精度导航及地图匹配、高可靠信息采集与交互等核心技术。以清华大学、北京航空航天大学和交通运输部公路科学研究所等为代表的高校和研究机构围绕车路协同开展了国家863计划项目"智能车路协同关键技术研究"等专项技术研究。北京、重庆、长春等地开展了基于宽带移动互联网智能汽车与智慧交通应用示范,取得了阶段性成果。智能化、网联化和协同化是智能交通发展的三大重要趋势,智能安全辅助驾驶和车载信息服务已成熟应用,自动驾驶技术从实验室走向实际应用的步伐正在加快。面向未来交通发展趋势,开展智能网联交叉口车路协同控制研究,解决车路协同系统中关键科学问题,具有显著的科学价值。

1.3 国内外研究现状

随着智能网联汽车和车路协同技术的快速发展,该环境下交叉口的管控技术逐渐成为智能交通领域研究的前沿和热点。结合本书研究的主要内容,将从车路协同环境下车辆运动控制、车路协同环境下的可变车道设置优化、车路协同环境下的信号交叉口配时优化、车路协同环境下的车辆轨迹优化和车路协同环境下的车辆轨迹与信号配时协同优化五个方面进行综述和分析。

(1) 车路协同环境下车辆运动控制。

在车路协同环境下,车车、车路的信息交互给传统驾驶模式和车辆行为特性(跟驰、换道、超车、交叉口通行等)带来了诸多变化,而未来智能网联汽车与人工驾驶汽车混行也影响着道路通行能力与交通流特性。近年来,随着车联网技术的发展,学者们逐渐开始关注车路协同下的车辆运动控制问题。

Shladover等[1]阐述了车辆横向和纵向自动控制原理,以及车载通行模块、各类传感器模块的开发和控制逻辑。Smith等[2]通过建立汽车动力学模型,考虑车身侧倾、轮胎和传动系动力学等因素,研究了不同侧向加速度对车辆横向控制的影响。Jula等[3]分析了车辆换道和合流过程的车辆运动过程,以及基于最小纵向间距的换道和合流的避撞条件。Zadeh等[4]提出了一种检测和识别交通标志的计算机视觉系统,协助驾驶员在道路上引导和控制自动驾驶车辆。Frazzoli等[5]量化车辆系统动力学,降低非线性高维系统运动规划问题的计算复杂度,由此来设计混合自动系统控制结构,在存在干扰和不确定性的环境下验证了系统的鲁棒性。邓金城等[6]在分析了汽车驾驶过程动态模型及制动距离模型基础上,提出了基于最小安全报警距离的危险估计算法。Wang等[7]提出了一种基于视觉的驾驶员辅助系统,应用亮度、长细比和邻近度三个特征检测图像中车道标志的位置实现车道检测,并通过质心检测和尾灯配对算法实现车辆识别。Kurt等[8]提出混合状态下的车辆变道和交叉口通行策略预测方法,通过车辆行为跟踪预测驾驶员的意图。Li等[9]提出了一种激光雷达和视觉数据的特征级融合方法,将光探测测距和视觉数据相融合,从而对最优驾驶区域进行分类来检测车辆行驶的车道。吴绍斌等[10]以实际道路采集的驾驶行为数据为基础,定量分析紧急制动、常规制动、加速换挡等行为,分析加速、制动、离合器踏板位移变化过程,建立基于加速踏板位移变化率及驾驶操纵动作时序过程的紧急制动预测模型,从而预防追尾碰撞发生。

虽然自动驾驶汽车在提高道路交通效率、减少交通事故和降低能耗等方面具有巨大潜力,但现阶段自动驾驶汽车成本高昂、系统复杂等问题给其普及带来巨大挑战。近年来,越来越多的人注意到通过车路协同系统构建更加智慧的路,通过信息交互为更多的车提供自动驾驶感知和决策服务,不仅能够大大降低自动驾驶汽车的单车系统复杂度及自动驾驶汽车的设计制造成本,而且能够大幅度提升自动驾驶的可靠性。可以说,基于车路协同的网联环境为自动驾驶的进一步发展提供了新的出路。同时,从网联自动驾驶技术发展情况来看,道路交通环境将长期处于自动驾驶汽车和传统有人驾驶车辆混行的状态,针对网联混行环境下的交叉口车路协同优化亦是亟待解决的问题。

(2)车路协同环境下的可变车道设置优化。

信号交叉口的车辆通行控制主要依赖于交通信号和车道设置两种方式,但是在传统信号交叉口中,车道功能设置大多数情况下是固定不变的。在城市路网中,不同流向的交通需求是随时间变化的,而且很多时候同一流向的车流在不同时段的需求存在较大差异,也就是所谓的潮汐车流,这种阶段性流向供需失衡容易引发部分流向短时过饱和,从而引发严重的区域拥堵[11]。车路协同技术的发展改变了传统的驾驶模式和道路交通流特性,新环境下的可变车道的设置可以充分考虑车路之间的耦合关系,同时发挥网联汽车的信息交互优势,以期实现车路协同环境下的交通供需平衡。

信号交叉口可变车道的研究主要可以分为两类:一是在分析可变车道对信号交叉口影响的基础上,选择可变车道设置方案或对信号配时进行优化;二是对可变车道和信号配时进行协同优化。第一类问题主要研究可变车道的组织设计方案及在具有可变车道基础上的信号配时优化。刘伟等[12]以相位有效绿灯时间、饱和度和逆向可变车道长度为约束条件,建立交叉口控制延误时间最小、通行能力最大的双目标函数控制模型,运用NSGA-II双目标优化算法,求解目标函数,获得以通行能力相对占优的信号配时方案,达到交叉口控制效率提高的目标。刘怡等[13]以实际交通调查数据为基础,研究可变车道对饱和流率的影响,确定可变车道预信号配时参数,并修正周期时长及绿信比。张好智等[14]和张鹏等[15]使用双层规划方法分别建立了变向交通组织的优化模型,从系统角度研究了可变车道分配和信号配时对城市交通网络的影响。Wang 等[16]以通行能力最大为目标,构建了可变车道的双层优化模型。宫晓燕等[17]对潮汐交通中可变通道的通行方向切换算法进行了研究。李丽丽等[18,19]提出了基于线圈检测器数据的可变车道控制方法,并在之后建立了以交叉口车辆总延误最小为优化目标,以可变导向车道功能和相位有效绿灯时间为决策变量的预设信号配时优化模型。Li 等[20]对主干道潮汐车道的信号控制实现方法进行了系统性研究。赵靖等[21]从安全角度对交叉口动态车道功能划分的实施方法进行了研究。Wu 等[11]针对具有反向左转车道(Contraflow Left-turn Lane, CLL)设置的信号交叉口,提出一种基于 CLL 设计的分析模型,用于估计信号交叉口的左转通行能力。

第二类问题将可变车道作为决策变量,实现和信号配时的协同优化。曾滢等[22]将交通流理论与信控方法相结合,在交叉口层面构建了一种车道属性和信号控制的组合优化模型。孙锋等[23]分析了逆向可变车道设置前后交叉口通行能力及运行状态变化,提出了该类交叉口进口道左转车道组通行能力和饱和流量的计算方法,并确定了在保障安全前提下交叉口逆向可变车道与信号控制协同优化的目标。曾昕等[24]以同一相位下各流向流量比之间的差值最小及总体的流量比之和最小为目标构建了车道功能划分模型,并结合 Webster 信号配时模型,得到各个时段优化的车道功能划分和信号配时。Lam 等[25]提出了车道使用与信号相位设计同步优化的模型,通过仿真发现优化模型能有效减少交叉口延误、停车次数以及燃料消耗。丁靖等[26]通过交叉口可变导向车道的车道功能与信号配时的协同优化,构建了优化模型,对交叉口时空资源进行优化配置,以达到交叉口车辆平均延误最小的目标。Sun 等[27]通过建立多目标混合整数非线性规划模型,实现了车道功能和绿灯持续时间的动态优化。

综上所述,在传统的交叉口设计中,大多数研究集中在基本布局、渠化设施及安全效益方面,已较好地结合了实际观测和仿真模拟方法。针对车路协同环境下的交叉口设计,目前的研究侧重于理论设计不同方案,充分利用有限的道路空间,分时、分路、分车种、分流向使用道路,并通过仿真测试道路通行能力及交通运行状态。但目前的设计方案缺乏对自动驾驶网联车辆运动性能的实际考虑,对交叉口可变车道动态优化是迫切需要解决的问题。

(3)车路协同环境下的信号交叉口配时优化。

传统信号交叉口信号主要依赖于历史交通信息或线圈检测等检测器信息对信号配时进行优化。局限于较为单一的交通信息获取方式,交通信号配时的方式主要有固定配时[28-32]和自适应配时[33-35]。在车路协同环境下,车车、车路能够进行实时的双向通信,网联车信息使得信号控制能够动态适应时变的交通需求,因而基于实时全面的交通需求信息对信号配时进行优化成为了近年来学者们关注的焦点。Guler 等[36]使用网联车信息提出了一种针对单点信号交叉口的以最小化车辆延误及停车次数为目标函数的信号控制算法。Yang 等[37]提出了针对传统车辆、网联人工驾驶车辆及自动驾驶车辆三种不同类型车辆混行情况下的信号控制算法，研究发现使得延误最小的最优相位顺序是由车辆的位置信息决定的。Feng 等[34]基于标准的八相位信号控制结构，使用车辆的轨迹信息对信号配时进行优化，其中网联车辆的轨迹还被用于估计普通车辆的位置及速度，通过建立双层优化模型对相位的次序和时长进行优化。Lee 等[38]利用网联车信息提出了一种基于累计行程时间响应的实时信号控制算法，并分析了不同网联车渗透率和交通需求情况下的控制效果。除了以车辆延误作为优化目标以外，还有一些研究提出了基于加权累计等待时间和累计行程时间[39]等的信号配时优化模型。

一般来说，利用网联车信息的信号配时方式主要有自适应信号控制、基于队列的信号控制以及基于规划的信号控制。自适应信号控制方式根据当前的交通状态调整信号配时，但是并不考虑预期的交通状态；基于队列和基于规划的信号控制方式则需要根据预测的交通流状态生成最优的信号配时方案。不同的是，基于队列的信号控制方式将到达车辆合并为车队[40]。自适应信号控制能够动态地调整信号配时参数以适应时变的交通需求。相比于固定配时方式中固定的相位及周期时长，自适应信号控制能够更高效地提高交叉口的通行能力[41]。Gradinescu 等[42]利用 Webster 方法提出了一种基于网联车信息的自适应信号控制方法。基于网联车信息的自适应信号控制本质上是一种被动的控制方法，因为它只根据当前的交通状态调整信号控制方案，而不需要对未来交通状况进行详细的预测。从最优控制的角度来看，由于没有考虑未来交通状况，由驱动控制产生的策略可能不是长期最优的。相反地，基于队列的信号控制需要对交通状况进行预测。基于队列的信号控制通过对队列的识别并提前预测其到达时间，从而制定信号配时计划，使车队通过交叉口不受严重干扰，提高整体交通效率。He 等[43]提出了一种车路协同环境下基于队列的干道信号控制模型，该模型基于到达车队的信息建立非线性混合整数优化模型，以此确定最优的相位开始时间。此外，Xie 等[44]提出了一种基于队列的实时交通网络信号自调度算法。与自适应信号控制相比，基于队列的信号控制可以获得更好的控制效果。同时，将车辆集合成队列可以减少计算量，使其在实际应用中更具实用性。然而，由于简化，这种方法得出的优化解可能是次优的。此外，车辆队列识别算法的性能也会对系统性能产生重要影响。而且，基于队列的信号控制忽略了同一队列内车辆间的动态变化和干扰。相反，基于规划的信号控制能够更好地描述真实的交通状况。已经有许多学者对基于规划的信号控制进行了广泛的研究[38,45]。基于规划的信号控制优化模型通常是一个非线性整数规划问题，这类问题很难求解，特别是在考虑单个车辆轨迹的情况下[46]，通常采用一定的近似和重构方法。动态规划是解决这类问题的一种最常用方法。Li等[47]提出了一种基于DP(Dynamic Programming)的信号控制方法,在考虑周期长度固定的情况下,使油耗和出行时间最小化。

(4)车路协同环境下的车辆轨迹优化。

在典型的车辆轨迹优化控制模型中,车辆的位置和速度一般作为模型的状态变量,而将加减速度作为模型的控制变量[48]。例如,近年来自动驾驶车辆轨迹优化主要关注在给定的信号配时下的车辆避撞[49,50]和降低能耗、排放、延误等问题[51-53]。Zohdy等[49]利用博弈论开发了交叉口处车辆的自适应巡航系统,通过每辆车实时的动力学运动状况预测其各自的轨迹和可能存在的冲突,并通过调整车速在避免冲突的基础上降低延误。李鹏凯等[54]利用车车、车路实时通信,以车辆在信号交叉口处的停车时间最小为目标,建立了针对个体车辆的信号交叉口轨迹优化模型,并进行了仿真验证。进一步地,李鹏凯等[55]以整个交叉口车辆的平均延误最小为目标,建立了单信号交叉口多车协同轨迹优化模型。Kundu等[56]以车辆不停车通过信号交叉口为目的,在每个交叉口前的一定范围内确定车辆可以在绿灯时间内通过交叉口的最优速度,据此速度进行车速调整。在上述研究中,车辆的轨迹控制过程是被简化了的,优化目标为车辆速度,而较少考虑车辆的速度调整的详细过程。另外一些研究使用最优控制理论对车辆轨迹进行优化控制,姜慧夫[57]基于微观车辆跟驰理论与最优控制理论,以直行车辆为控制对象,对网联自动驾驶车辆与传统有人驾驶车辆混行环境下的信号交叉口环保驾驶控制展开研究。但是,由于这类最优控制一般具有复杂的目标函数和约束条件而较难求解,一般的做法是将时间和状态离散化[58],使得最优控制问题能够转换为多阶段决策过程,进而通过动态规划进行求解。另一个做法是将车辆轨迹分为具有恒定加减速度的几段以提高计算效率。车辆轨迹一般分割为三段,车辆通过加减速到达一定速度后匀速行驶,最后再加减速至目标车速通过交叉口[59,60]。Wan等[61]研究发现三段式的车辆轨迹是不符合实际的,会对交通流造成扰动,他们认为采用两段式的车辆轨迹更为合理。除了解析方法外,Wang等[62]提出了一种基于庞特里亚金极小值原理的快速数值求解算法,用于解决针对不同控制目标的最优控制问题。

(5)车路协同环境下的车辆轨迹与信号配时协同优化。

在车路协同环境下,交通信息获取和控制优化模式将发生巨大变化,智能网联车辆可以调控自身轨迹主动适应交通信号控制。相应的交通系统控制优化将是"控制点位混合稠密"(交叉口信号灯连同网联自动驾驶车辆)的集中-分散控制优化。如何充分利用车路协同技术优势与信息潜力,研究车辆轨迹与信号配时的协同优化是一个亟待解决的关键科学问题。

Malakorn等[63]建立了一个信号交叉口的协同控制系统,其中车辆轨迹由加、减速段和匀速段构成,而信号在主要街道和次要街道之间动态切换,根据信号确定车辆的最优到达时间,进而计算车辆的加减速度。Yang等[37]针对传统人工驾驶车辆、网联人工驾驶车辆及自动驾驶车辆混行环境下的信号交叉口进行信号配时优化，同时对自动驾驶车辆的轨迹进行优化控制，并通过分支限界法进行求解。Li 等[51]提出了一种针对自动驾驶汽车的单信号交叉口信号控制算法，对信号配时和车辆轨迹同时进行优化。Xu 等[64]提出了一种同时优化交通信号配时和车辆轨迹的协同控制方法，以提高交通运输效率和车辆燃油经济性。Yu 等[65]针对网联环境下单点信号交叉口，建立了混合整数规划模型同时对信号配时和车辆轨迹进行优化，并提出了基于滚动时间窗的动态优化模式。Feng 等[66]通过一个两阶段优化问题对信号配时和车辆轨迹进行优化控制，其中第一阶段通过动态规划方法对信号配时进行优化，第二阶段则通过最优控制模型对车辆轨迹进行优化控制。

综上所述，现有研究主要考虑了信号灯和车辆轨迹的同步优化，然而，绝大多数研究都是面向理想情况或者简单交叉口，基于固定的相序对绿灯时长进行优化。由于固定了诸多条件(如相位的组合方式、道渠化、相序等)，信号灯的最优解求解的空间有限，因而尚未能发挥车路协同环境下的信号灯与车辆轨迹协同优化的潜能。此外，车路协同条件下车辆的到达的随机性使得信号灯的周期存在可动态调节的可能，而目前的相关研究中，亦未考虑动态优化信号灯的周期、绿灯时长等因素，这使得目前车路协同环境下的信号灯与车辆轨迹协同优化模型尚不完善。

1.4　本书主要内容

本书针对智能网联环境下交叉口车路协同优化问题，根据完全自动驾驶、人工与自动驾驶混行等不同环境的特征，提出了面向自动驾驶的车速控制方法；建立了适用于单点信号交叉口以及连续信号交叉口的交通信号、可变车道与车辆轨迹的协同优化模型；分析了无信号交叉口混行车辆博弈通行决策行为，提出了混行车辆协同通行方法、自动驾驶车辆规划优化方法与人工驾驶车辆轨迹引导方法。

(1) 信号交叉口车速控制方法研究。首先，考虑了信号交叉口前可能存在的车辆排队现象，基于交通波理论构建了信号交叉口车辆排队长度预测模型。其次，通过尽量避免停车和减少车辆行驶过程中的速度波动，分别提出面向单点信号交叉口和连续信号交叉口的自动驾驶车速控制方法。为了验证所建立的车速控制模型的有效性，基于多智能体仿真软件 NetLogo 搭建仿真平台。最后，进行了车联网环境与传统驾驶环境下不同车速控制方法、不同交通流密度、不同信号周期时长和不同网联自动驾驶汽车渗透率下的对比实验。

(2) 单点信号交叉口交通信号及可变车道协同优化方法研究。首先，分析了信号交叉口可变导向车道控制的必要性及设置条件，提出了车路协同环境下信号交叉口交通信号及可变车道协同优化控制框架。考虑了信号交叉口车道功能和交通信号耦合控制机制，提出了以通行效率最大化为目标的交通信号与可变车道的协同优化模型。提出了探究适用于自动驾驶环境下的可变导向车道设置条件及信号自适应优化方法。其次，建立了面向自动驾驶环境的信号交叉口可变导向车道与信号配时协同优化模型，并对该模型在单进口道设置可变导向车道以及多进口道设置可变导向车道两种场景下的求解优化结果分别进行分析。在此基础上，搭建了基于多智能体仿真平台对所提出的交通信号及可变车道协同优化方法进行了仿真验证。

(3) 连续信号交叉口交通信号及可变车道协同优化方法研究，提出了基于深度强化学习的网联环境下连续信号控制交叉口可变导向车道与交通信号的协同控制方法。首先，分析了车路协同环境下信号交叉口可变导向车道的切换逻辑以及与之相对应的信号配时优化方法。其次，建立一种以数据驱动的智能体控制模型，使智能体可以根据交叉口交通状态实时与路侧设备进行交互。在此基础上，基于 SUMO 搭建仿真及训练框架，使用 DQN(Deep Q Network) 算法分别对其求解并进行分析，验证本书建立的智能体控制模型的有效性。

(4) 基于博弈论的混行无信号交叉口通行决策研究，提出了基于博弈论的无信号交叉口混行环境通行决策模型，识别无信号交叉口冲突，建立博弈过程，依据算法给出车辆的最优通行策略组合。首先，选择碰撞时间差作为交叉口交通冲突的判定标准，筛选出影响人工驾驶汽车通行策略行为的因素，定义并分类人工驾驶汽车的驾驶风格。其次，以车辆通行的安全和效率作为评价指标，构建混行车辆通行收益函数，结合危险感知理论，计算驾驶员的危险感知量化值，依据不同驾驶风格驾驶员的危险可接受水平给出效率收益的权重系数计算方法。最后，根据交叉口物理场景，给出博弈算法流程，通过数值仿真对所提出的博弈通行决策模型进行仿真与验证。

(5) 基于蒙特卡罗搜索树的无信号交叉口混行车辆通行方法研究。针对单点无信号交叉口，提出了人工与自动驾驶汽车混行环境下多车协同通行策略。首先，针对典型的交叉口场景，研究不同方向的车辆在交叉口的耦合时空约束，建立交叉口冲突表，分析不同冲突场景下满足约束的车辆通行最小的安全车头时距，并提出协同通行准则。其次，根据自然驾驶数据拟合人工驾驶车辆通行交叉口的运动参数分布，分析不同可靠度阈值情况下单位距离行程时间和车头时距阈值的选择，保证人工驾驶车辆通行安全性。然后，在车辆协同通行的基础上，提出基于蒙特卡罗树搜索的车辆通行次序优化方案。最后，通过仿真实例对比不同交叉口控制策略下的通行效果，验证基于通行次序优化的多车协同通行策略的有效性，并分析不同的混行渗透率对交叉口中车辆平均延误的影响。

(6) 信号交叉口连接段自动驾驶车辆轨迹优化方法研究，提出了网联环境下自动驾驶车辆在信号交叉口连接路段上的轨迹优化方法，确定车辆在路段上的起始和终止条件，考虑节能和舒适来确定多目标函数，根据最优控制理论建立轨迹优化模型，采用庞特里亚金极小值原理来求解优化轨迹的解析表达式，优化轨迹可以有效地指导车辆在路段上行驶。最后，通过仿真实验来证明轨迹优化的有效性，分析优化轨迹的运动参数随时间变化的规律，并对比轨迹优化前后车辆的平均能耗水平。

(7) 信号交叉口连接段人工驾驶车辆轨迹引导方法研究。首先，基于NGSIM（Next Generation Simulation，NGSIM）自然驾驶数据分析了不同引导指令下的加速度分布情况，采用高斯混合模型来拟合整体的加速度分布，从而以高斯混合模型中每个子分布来表示不同指令下的加速度分布情况。然后，根据不同引导指令对应的加速度分布情况确定出轨迹的引导方案，基于人工驾驶汽车实际行驶轨迹与期望轨迹的偏离情况确定人工驾驶汽车的轨迹引导方案。

1.5 章节结构

本书内容围绕以下章节展开论述。

第 1 章为绪论，介绍了本书的研究背景和研究意义、国内外研究现状、主要研究内容等。

第 2 章为信号交叉口自动驾驶车速控制方法，介绍了单点信号交叉口及连续信号交叉口的车速控制方法，并介绍了多智能体仿真环境的搭建过程以及仿真验证结果。

第 3 章为单点信号交叉口可变车道设计及交通信号协同优化方法，基于信号交叉口交通信号与可变车道的协同控制机制，针对自动驾驶环境，建立了交通信号与可变车道的协同优化模型，并进行了仿真验证。

第 4 章为连续信号交叉口可变车道设计及交通信号协同优化方法，利用深度强化学习对连续信号交叉口可变车道和交通信号协同控制策略进行训练及优化，实现对连续信号交叉口的复杂系统的最优控制。

第 5 章为无信号交叉口混行车辆博弈通行决策建模及分析，基于博弈理论，在考虑不同风格驾驶员风险可接受水平差异性的基础上，建立综合通行安全和通行效率的两车博弈收益函数，依据收益做出驾驶决策。

第 6 章为无信号交叉口混行车辆协同通行方法，利用自然驾驶数据分析了人工驾驶汽车的不确定性，以车辆在交叉口的耦合时空冲突机制为基础提出了交叉口多车协同通行准则，基于蒙特卡罗搜索树给出了车辆的最优通行次序。

第 7 章为交叉口连接段网联自动驾驶车辆轨迹优化方法，根据车辆在路段上的起始和终止条件，考虑节能和舒适来确定多目标函数，利用最优控制理论建立轨迹优化模型优化自动驾驶汽车在信号交叉口连接路段上的轨迹，并通过仿真验证。

第 8 章为交叉口连接段网联人工驾驶车辆轨迹引导方法，利用 NGSIM 自然驾驶数据，分析了不同引导指令下的人工驾驶汽车加速度分布，基于实际行驶轨迹及期望轨迹的偏离情况确定轨迹的引导方案。

参 考 文 献

[1] Shladover S E, Desoer C A, Hedrick J K, et al. Automated vehicle control developments in the PATH program. IEEE Transactions on Vehicular Technology, 1991, 40(1): 114-130.

[2] Smith D E, Starkey J M. Effects of model complexity on the performance of automated vehicle steering controllers: model development, validation and comparison. Vehicle System Dynamics, 1995, 24(2): 163-181.

[3] Jula H, Kosmatopoulos E B. Collision avoidance analysis for lane changing and merging. IEEE Transactions on Vehicular Technology, 2000, 49(6): 2295-2308.

[4] Zadeh M M, Kasvand T, Suen C Y. Localization and recognition of traffic signs for automated vehicle control systems. International Society for Optics and Photonics, 1998, 3207: 272-282.

[5] Frazzoli E, Dahleh M A, Feron E. Robust hybrid control for autonomous vehicle motion planning// Proceedings of the IEEE Conference on Decision and Control, 2000, 1: 821-826.

[6] 邓金城, 黄席樾, 邓小丽, 等. 汽车防撞系统中的危险估计与超车决策. 计算机仿真, 2004, 11: 207-210, 222.

[7] Wang C C, Huang S S, Fu L C. Driver assistance system for lane detection and vehicle recognition with night vision//IEEE/RSJ International Conference on Intelligent Robots and Systems, 2005: 3530-3535.

[8] Kurt A, Yester J L, Mochizuki Y, et al. Hybrid-state driver/vehicle modelling, estimation and prediction//The 13th International IEEE Conference on Intelligent Transportation Systems, 2010: 806-811.

[9] Li Q, Chen L, Li M, et al. A sensor-fusion drivable-region and lane-detection system for autonomous vehicle navigation in challenging road scenarios. IEEE Transactions on Vehicular Technology, 2013, 63(2): 540-555.

[10] 吴绍斌, 刘雪婷, 周佳, 等. 基于紧急制动行为预测的汽车智能制动灯研究. 中国安全科学学报, 2015, 25(10): 115-120.

[11] Wu J, Liu P, Tian Z Z, et al. Operational analysis of the contraflow left-turn lane design at signalized intersections in China. Transportation Research Part C: Emerging Technologies, 2016, 69: 228-241.

[12] 刘伟, 谢忠金, 陈科全. 基于NSGA Ⅱ算法的逆向可变车道信号配时优化. 重庆交通大学学报(自然科学版), 2018, 37(6): 92-97.

[13] 刘怡, 常玉林, 毛少东. 设置逆向可变车道的交叉口信号配时优化研究. 重庆理工大学学报(自然科学版), 2018, 32(10): 40-46.

[14] 张好智, 高自友. 可变车道的道路交通网络设计优化方法. 中国管理科学, 2007, 15(2):

86-91.

[15] 张鹏, 李文权, 常玉林. 可变车道的城市路网备用容量模型. 西南交通大学学报, 2010, 45(2): 255-260.

[16] Wang J, Deng W. Optimizing capacity of signalized road network with reversible lanes. Transport, 2018, 33(1): 1-11.

[17] 宫晓燕, 康胜. "潮汐式"交通中可变通道的通行方向切换算法的研究与应用. 交通运输系统工程与信息, 2006, 6(6): 33-40.

[18] 李丽丽, 曲昭伟, 陈永恒, 等. 可变车道的控制方法. 吉林大学学报(工学版), 2009, 39(S1): 98-103.

[19] 李丽丽, 姚荣涵, 周红媚, 等. 渠化可变导向车道交叉口预设信号配时优化模型. 吉林大学学报(工学版), 2015, 45(1): 75-81.

[20] Li X, Chen J, Wang H. Study on flow direction changing method of reversible lanes on urban arterial roadways in China. Procedia: Social and Behavioral Sciences, 2013, 96: 807-816.

[21] 赵靖, 周溪召. 交叉口可变车道最佳车道功能及信号转变方法. 上海理工大学学报, 2016, 38(4): 380-386.

[22] 曾滢, 杨晓光, 马莹莹. 交叉口动态车道功能与信号控制协同问题研究. 同济大学学报(自然科学版), 2009, 37(7): 903-908.

[23] 孙锋, 焦方通, 马晓龙, 等. 交叉口逆向可变车道与信号配时协同优化方法. 公路交通科技, 2019, 36(11): 83-89.

[24] 曾昕, 徐建军, 吴志周. 基于可变车道的交叉口时空资源优化配置. 交通信息与安全, 2018, 36(6): 81-89.

[25] Lam W H K, Poon A C K, Mung G K S. Integrated model for lane-use and signal-phase designs. Journal of Transportation Engineering, 1997, 123(2): 114-122.

[26] 丁靖, 周红媚, 姚荣涵. 交叉口可变导向车道与信号配时协同优化模型. 交通运输研究, 2015, 1(3): 7-13.

[27] Sun W, Zheng J, Liu H X. A capacity maximization scheme for intersection management with automated vehicles. Transportation Research Procedia, 2017, 23: 121-136.

[28] 孙超, 徐建闽. 城市单点交叉口的信号配时优化研究. 交通信息与安全, 2008, 26(6): 6-10.

[29] 张敏. 城市单点交叉口信号配时优化研究. 长春: 吉林大学, 2018.

[30] 王秋平, 谭学龙, 张生瑞. 城市单点交叉口信号配时优化. 交通运输工程学报, 2006, 2: 60-64.

[31] 马莹莹, 杨晓光, 曾滢. 信号控制交叉口周期时长多目标优化模型及求解. 同济大学学报(自然科学版), 2009, 37(6): 761-765.

[32] 王伟平. 城市平面交叉口交通信号控制优化方法的研究. 青岛: 山东科技大学, 2004.

[33] 杨义军, 胡灵龙, 张伟, 等. 基于排队长度的单点自适应信号控制方法//第十一届中国智能

交通年会大会论文集, 2016.

[34] Feng Y, Head K L, Khoshmagham S, et al. A real-time adaptive signal control in a connected vehicle environment. Transportation Research Part C: Emerging Technologies, 2015, 55: 460-473.

[35] Priemer C, Friedrich B. A decentralized adaptive traffic signal control using V2I communication data//The 12th International IEEE Conference on Intelligent Transportation Systems, 2009: 1-6.

[36] Guler S I, Menendez M, Meier L. Using connected vehicle technology to improve the efficiency of intersections. Transportation Research Part C: Emerging Technologies, 2014, 46: 121-131.

[37] Yang K, Guler S I, Menendez M. Isolated intersection control for various levels of vehicle technology: conventional, connected, and automated vehicles. Transportation Research Part C: Emerging Technologies, 2016, 72: 109-129.

[38] Lee J, Park B, Yun I. Cumulative travel-time responsive real-time intersection control algorithm in the connected vehicle environment. Journal of Transportation Engineering, 2013, 139(10): 1020-1029.

[39] Datesh J, Scherer W T, Smith B L. Using k-means clustering to improve traffic signal efficacy in an IntelliDriveSM environment//The IEEE Forum on Integrated and Sustainable Transportation Systems, 2011: 122-127.

[40] Guo Q, Li L, Ban X J. Urban traffic signal control with connected and automated vehicles: a survey. Transportation Research Part C: Emerging Technologies, 2019, 101: 313-334.

[41] Zhang G, Wang Y. Optimizing minimum and maximum green time settings for traffic actuated control at isolated intersections. IEEE Transactions on Intelligent Transportation Systems, 2010, 12(1): 164-173.

[42] Gradinescu V, Gorgorin C, Diaconescu R, et al. Adaptive traffic lights using car-to-car communication//The 65th IEEE Vehicular Technology Conference, 2007: 21-25.

[43] He Q, Head K L, Ding J. PAMSCOD: platoon-based arterial multi-modal signal control with online data. Transportation Research Part C: Emerging Technologies, 2012, 20(1): 164-184.

[44] Xie X F, Barlow G J, Smith S F, et al. Platoon-based self-scheduling for real-time traffic signal control//The 14th International IEEE Conference on Intelligent Transportation Systems, 2011: 879-884.

[45] Goodall N J, Smith B L, Park B. Traffic signal control with connected vehicles. Transportation Research Record, 2013, 2381(1): 65-72.

[46] Li W, Ban X. Connected vehicles based traffic signal timing optimization. IEEE Transactions on Intelligent Transportation Systems, 2018, 20(12): 4354-4366.

[47] Li W, Ban X J. Traffic signal timing optimization in connected vehicles environment//The IEEE Intelligent Vehicles Symposium, 2017: 1330-1335.

[48] Kamal M A S, Mukai M, Murata J, et al. Model predictive control of vehicles on urban roads for improved fuel economy. IEEE Transactions on Control Systems Technology, 2012, 21(3): 831-841.

[49] Zohdy I H, Rakha H. Game theory algorithm for intersection-based cooperative adaptive cruise control (CACC) systems//The 15th IEEE International Conference on Intelligent Transportation Systems, 2012: 1097-1102.

[50] Lee J, Park B. Development and evaluation of a cooperative vehicle intersection control algorithm under the connected vehicles environment. IEEE Transactions on Intelligent Transportation Systems, 2012, 13(1): 81-90.

[51] Li Z, Elefteriadou L, Ranka S. Signal control optimization for automated vehicles at isolated signalized intersections. Transportation Research Part C: Emerging Technologies, 2014, 49: 1-18.

[52] Stebbins S, Hickman M, Kim J, et al. Characterising green light optimal speed advisory trajectories for platoon-based optimisation. Transportation Research Part C: Emerging Technologies, 2017, 82: 43-62.

[53] Wuthishuwong C, Traechtler A. Vehicle to infrastructure based safe trajectory planning for autonomous intersection management//The 13th International Conference on ITS Telecommunications, 2013: 175-180.

[54] 李鹏凯, 杨晓光, 吴伟, 等. 车路协同环境下信号交叉口车速引导建模与仿真. 交通信息与安全, 2012, 30(3): 136-140.

[55] 李鹏凯, 吴伟, 杜荣华, 等. 车路协同环境下多车协同车速引导建模与仿真. 交通信息与安全, 2013, 31(2): 134-139.

[56] Kundu S, Singh A, Kundu S, et al. Vehicle speed control algorithms for data delivery and eco-driving//The International Conference on Connected Vehicles and Expo, 2014: 270-271.

[57] 姜慧夫. 网联自动驾驶环境下信号交叉口环保驾驶控制研究. 哈尔滨: 哈尔滨工业大学, 2018.

[58] Kuriyama M, Yamamoto S, Miyatake M. Theoretical study on eco-driving technique for an electric vehicle with dynamic programming//The International Conference on Electrical Machines and Systems, 2010: 2026-2030.

[59] He X, Liu H X, Liu X. Optimal vehicle speed trajectory on a signalized arterial with consideration of queue. Transportation Research Part C: Emerging Technologies, 2015, 61: 106-120.

[60] Wu X, He X, Yu G, et al. Energy-optimal speed control for electric vehicles on signalized arterials. IEEE Transactions on Intelligent Transportation Systems, 2015, 16(5): 2786-2796.

[61] Wan N, Vahidi A, Luckow A. Optimal speed advisory for connected vehicles in arterial roads and the impact on mixed traffic. Transportation Research Part C: Emerging Technologies, 2016, 69: 548-563.

[62] Wang M, Daamen W, Hoogendoorn S P, et al. Rolling horizon control framework for driver assistance systems, part II: cooperative sensing and cooperative control. Transportation Research Part C: Emerging Technologies, 2014, 40: 290-311.

[63] Malakorn K J, Park B. Assessment of mobility, energy, and environment impacts of intellidrive-based cooperative adaptive cruise control and intelligent traffic signal control//The IEEE International Symposium on Sustainable Systems and Technology, 2010: 1-6.

[64] Xu B, Ban X J, Bian Y, et al. V2I based cooperation between traffic signal and approaching automated vehicles//The IEEE Intelligent Vehicles Symposium, 2017: 1658-1664.

[65] Yu C, Feng Y, Liu H X, et al. Integrated optimization of traffic signals and vehicle trajectories at isolated urban intersections. Transportation Research Part B: Methodological, 2018, 112: 89-112.

[66] Feng Y, Yu C, Liu H X. Spatiotemporal intersection control in a connected and automated vehicle environment. Transportation Research Part C: Emerging Technologies, 2018, 89: 364-383.

第 2 章　信号交叉口自动驾驶车速控制方法

　　在信号交叉口区域，受到交通信号的周期性干扰，车辆往往需要进行频繁的加减速甚至停车怠速，使得车辆的燃油消耗与污染物排放增加，并对行车安全造成一定的影响。相关研究表明，车辆在通过信号交叉口区域的燃油消耗量占到了行程总油耗量的 50%以上，而燃料的不完全燃烧又使得信号交叉口区域的污染物排放量显著增加[1]。为缓解这一问题，交通管理部门针对信号交叉口区域进行了诸多基础设施方面的改进，例如，对交叉口进口道进行适当拓宽和渠化等，但是受交叉口空间局限性的制约，这些方法所能达到的改善效果十分有限[2]。随着计算机、无线通信、传感器检测等技术的不断发展，车联网和自动驾驶汽车的出现为解决这一问题提供了新的思路与方法。美国交通运输部的研究表明，合理的路径规划与车速控制可带来 20%~40%的节油效果，因此，在车联网环境下，对自动驾驶车辆通过信号交叉口区域的速度进行合理控制有利于实现信号交叉口区域的节能减排。

　　车联网提供了车与路、车与车之间实时动态信息交互的平台，在车联网环境下，自动驾驶车辆的行驶状态参数可以实时准确地获取，并可以与区域中心控制系统实时通信，提前获取下游信号交叉口的信号相位及时长信息，进而利用车载终端对自动驾驶车辆的速度进行实时控制，使得车辆得以高效平滑地通过信号交叉口。目前大多数信号交叉口车速控制方法是以行程时间最短为目标，尽可能提高信号交叉口的通行效率，较少考虑车辆通过信号交叉口区域的燃油消耗和污染物排放，而以行程时间最短为目标给出的控制车速在一定程度上会让车辆长加速，可能产生较高的燃油消耗与污染物排放，并对行车安全性造成影响。因此，为了减少车辆通过信号交叉口区域的燃油消耗与污染物排放量，并尽可能提高行车安全性，通过尽量避免停车和减少车辆行驶过程中的速度波动，分别提出面向单点信号交叉口和面向连续信号交叉口的自动驾驶车速控制方法，并搭建多智能体仿真平台，在不同仿真场景下进行仿真实验，研究车联网环境下对自动驾驶车辆进行车速控制对信号交叉口交通流运行以及节能减排的影响。

2.1　信号交叉口的交通流特性

　　在信号交叉口，不同行驶方向上的车辆秩序化通行，但受到信号灯周期阻隔效应的影响，车辆只能在绿灯期间通过，一旦遇到红灯则需要减速或停车等待，以便在下一绿灯期间通过交叉口。在传统驾驶环境下，驾驶员无法实时获得前方交叉口的信号相位信息，导致无法提前做出判断，往往会在信号交叉口前频繁地做出加减速变化甚至在停车线前停车怠速，造成额外的燃油消耗同时也导致信号交叉口区域汽车尾气等污染物排放量的上升。在车联网环境下，当自动驾驶车辆进入车速控制区域时，通过车辆与交叉口信号灯之间双向的信息交流，可以最大限度地避免车辆在信号交叉口前不必要的加减速以及停车怠速行为。从车辆进入信号交叉口车速控制区域的起点到通过交叉口停车线，根据信号灯相位以及剩余灯时的不同将控制区域内车辆的车速变化分为以下四种类型。

(1) 匀速通过。

当车辆进入信号交叉口车速控制区域时，如果当前信号相位为绿灯且剩余绿灯时间比较充足，或者当前信号相位为红灯但是剩余红灯时间较少，车辆以当前速度匀速行驶至交叉口进口道停车线时信号相位已经变为绿灯，如图 2-1 所示，在这两种情况下，车辆只需要匀速行驶即可。为了简化控制，将信号交叉口的黄灯相位时长包含在红灯相位时长中。

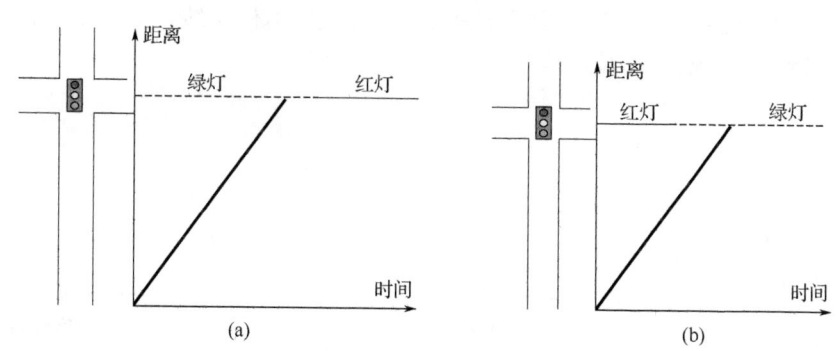

图 2-1　车辆匀速通过信号交叉口的车速变化示意图

(2) 加速通过。

当车辆进入信号交叉口车速控制区域时，当前信号灯为绿灯但剩余绿灯时长较短，以当前速度行驶不能在绿灯结束之前到达进口道停车线，但是如果控制车辆进行适当的加速(最大速度不超过路段限速)可以赶在绿灯结束前通过停车线。图 2-2 为车辆加速通过信号交叉口的速度变化示意图。

(3) 减速通过。

当车辆进入信号交叉口车速控制区域时，当前信号灯为红灯但剩余红灯时长较短，以当前速度行驶会在交叉口处遇到红灯而停车，但是如果控制车辆进行适当的减速可以在下一周期绿灯开始后通过进口道停车线。图 2-3 为车辆减速通过信号交叉口的速度变化示意图。

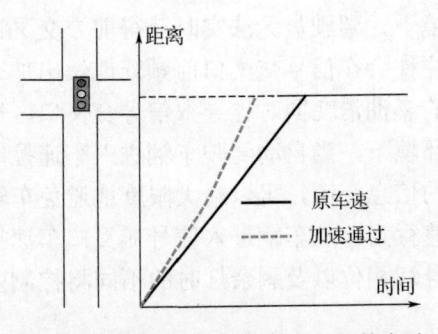

图 2-2　车辆加速通过信号交叉口的车速变化示意图

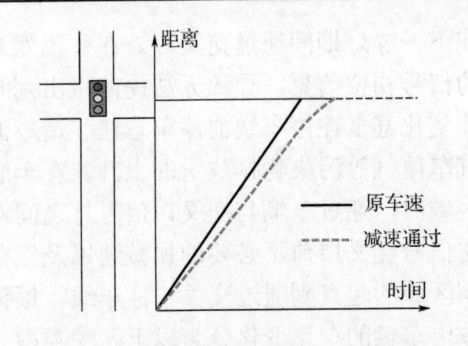

图 2-3　车辆减速通过信号交叉口的车速变化示意图

(4) 停车等待。

当车辆进入信号交叉口车速控制区域时，当前信号灯为绿灯但剩余绿灯时间极短，车辆从当前速度加速至路段限速仍然不能在当前绿灯期间通过信号交叉口，如图 2-4(a) 所示；或者当前信号灯相位为红灯但剩余红灯时间很长，在车辆进行减速的情况下仍然不能在下一周期绿灯开始之后到达进口道停车线，如图 2-4(b) 所示，在这两种情况下车辆只能减速停车。

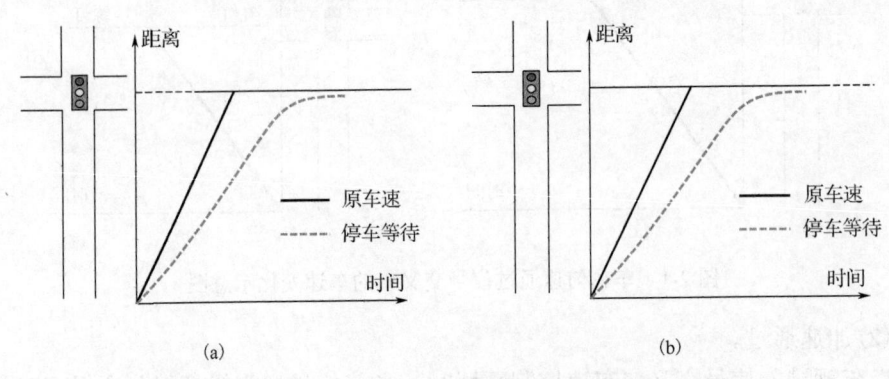

(a)　　　　　　　　　　　(b)

图 2-4　车辆在信号交叉口前停车等待的车速变化示意图

假设车辆在行驶过程中不会进行换道和超车，跟驰模型可以很好地描述信号交叉口区域内后车跟随前车的行驶状态特性。在自由流状态下，前后车的车头间距较大，后车几乎不受前车的影响，可以按照自由流速度在道路上行驶；而当前后车之间的车头间距较小时，此时处于非自由流行驶状态，车辆在行驶过程中会受到前车位置和速度的影响，从而不能够按照自车原有的速度行驶。采用智能驾驶员模型（Intelligent Driver Model，IDM）来描述车辆在信号交叉口前的跟驰行为特征[3]。利用该模型计算的期望车头间距如下

第 2 章 信号交叉口自动驾驶车速控制方法

$$s*(v,\Delta v) = s_0 + vT + \frac{v\Delta v}{2\sqrt{ab}} \tag{2.1}$$

加速度计算如下

$$a_p = a\left[1-\left(\frac{v}{v_0}\right)^4 - \left(\frac{s*(v,\Delta v)}{s}\right)\right] \tag{2.2}$$

其中，$s*(v,\Delta v)$ 为车辆的期望车头间距；a_p 为利用 IDM 模型计算的车辆的加速度；s_0 为静止状态下车辆最小车头间距；v 为车辆的瞬时速度；T 为期望车头时距；a 和 b 分别为乘客感觉舒适的加速度和减速度；Δv 为车辆与前车的速度差；v_0 为路段期望车速；s 为车辆当前的车头间距。

跟驰模型要求的前后车安全间距是优先级最高的约束条件，只有当满足车辆间安全跟驰的条件之后，才能根据车速控制方法进行下一步的车速调整。

2.2 基于交通波理论的信号交叉口排队长度预测

在实际的交通运行环境中，车辆的怠速时间不仅取决于交通信号的相位及时长，还取决于信号交叉口前车辆的排队长度。现有的观测交叉口前排队长度手段只能检测到某一时间已经在排队等待的车辆数，而车流的到达是连续不断的，因此排队长度也在实时动态地变化。目前对于车联网环境下信号交叉口车速控制模型的研究，大多数学者将注意力集中在最小化车辆怠速运行时间以及平滑车辆的加减速行为上，而往往忽略了周围交通环境比如信号交叉口前车辆排队长度的影响，因此可能导致实际控制效果与理论模型差别较大。

交通波可以很好地描述交通流集结和消散的转化过程，基于交通波理论根据控制区域内的车辆数和车流密度，在自动驾驶车辆进入控制区域时即预测当车辆接近信号交叉口时的队列长度和队列消散时间，然后根据此排队消散时间对车辆进行合理的车速控制，使车辆在队列完全消散时刚好到达队列尾部的位置。

2.2.1 交通波理论

交通波理论[4,5]是交通流理论中比较成形的一个分支，从流体力学发展而来。它从交通量守恒的原理出发，根据交通流密度和车辆速度之间的平衡关系，描述道路交通由拥挤到疏散的全过程。图 2-5 是交通波理论的基本图。假设车辆进入车速控制区域时的状态为 A，此时的交通流量为 q_0，密度为 ρ_0，当前方交叉口红灯启亮时，车辆所在控制区域的车流密度逐渐增大，逐渐变成了 B 状态，ρ_j 即为阻塞密度；而当绿灯启亮时，在交叉口前排队的车辆会以饱和流量 q_c 逐渐疏散，此时交叉口处的交通流变为 C 状态，根据经典的流体力学守恒方程，可以推导出集结波和疏散波的

波速公式为

$$v_{AB} = \frac{q_0}{\rho_0 - \rho_j} \tag{2.3}$$

$$v_{BC} = \frac{q_C}{\rho_C - \rho_j} \tag{2.4}$$

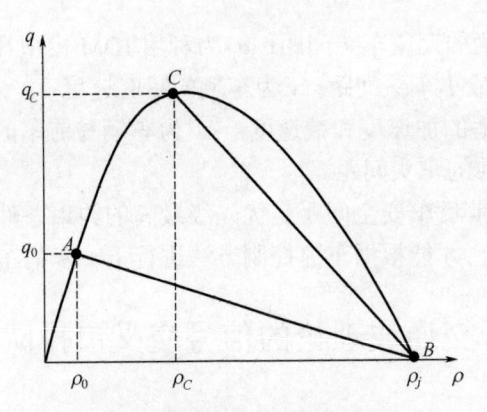

图 2-5 交通波理论基本图

一般来说，疏散波的波速 v_{BC} 要比集结波的波速 v_{AB} 大得多，随着时间的推移，疏散波将会追赶上集结波，从而驱散队伍。

2.2.2 信号交叉口排队长度预测

当考虑信号交叉口前的车辆排队时，控制的目标是让车辆在排队消散时到达队尾的位置。由于这里针对的是自动驾驶，所以当绿灯启亮之后，所有的排队车辆可以同时启动，然后离开。图 2-6 为一列车队在交通波的作用下接近并驶离信号交叉口的示意图。如果车辆到达信号交叉口时信号灯为绿灯，那么车辆通过信号交叉口将不会有任何延迟；但是如果车辆到达交叉口时信号灯为红灯，那么车辆将不得不在停车线前停车等待，由此在信号交叉口处产生集结波，并向后传播。图中黑色的线表示无车速控制时车辆的运行轨迹，车辆以当前速度行驶将在 t' 时刻遇到队列，本书的控制方法是让车辆提前减速并在绿灯启亮时到达队列的尾部，从而避免车辆在信号交叉口处的完全停车。

假设车辆到达车速控制区域起点 SP 的时刻为 t，速度为 v_0，根据交通流理论，可得

$$\begin{cases} L = v_0(t'-t) + v_{AB}(t'-T_r) \\ D = v_{AB}(t'-T_r) \end{cases} \tag{2.5}$$

根据式 (2.5) 可以推导出目标车辆到达信号交叉口时前方车辆的排队长度的预

测值

$$D = \begin{cases} \dfrac{v_{AB}}{v_0 + v_{AB}}[L - v_0(T_r - t)], & \forall t \in \left[T_r - \dfrac{L}{v_0}, T_g + \dfrac{v_{AB}(T_g - T_r)}{v_{AB} + v_{BC}}\right] \\ 0, & \text{其他} \end{cases} \quad (2.6)$$

绿灯启亮后，信号交叉口前排队车辆占用绿灯相位的时间为

$$\Delta = \dfrac{D}{v_{BC}} \quad (2.7)$$

其中，L 为控制区域的起点到信号交叉口的距离；D 为目标车辆到达信号交叉口时前方车辆的排队长度预测值；Δ 为目标车辆前方排队消散时间；v_0 为车辆进入车速控制区域起点的初始速度，t 为车辆进入车速控制起点的时刻，其取值范围由排队长度 $D=0$ 时得出；t' 为车辆以当前速度行驶遇到队列的时间；T_g 和 T_r 分别为绿灯和红灯的开始时刻；v_{AB} 和 v_{BC} 分别为集结波和疏散波的波速，可通过式 (2.5) 和式 (2.6) 计算得出。

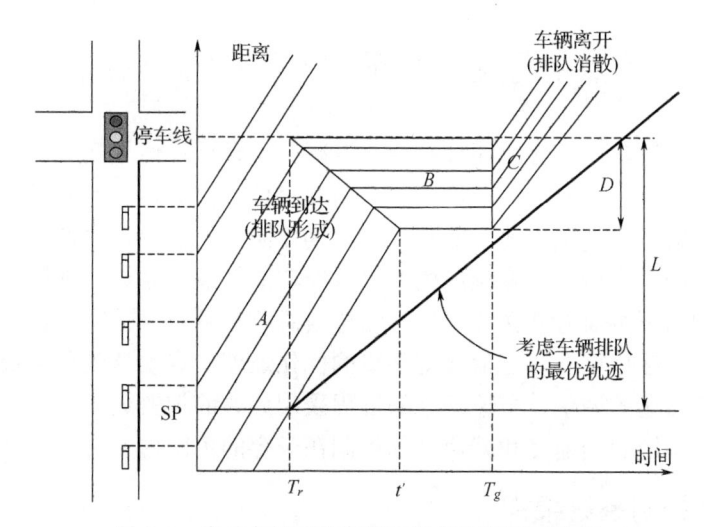

图 2-6 信号交叉口前车辆排队长度预测示意图

图 2-7 为在某单点信号交叉口仿真场景下加入车辆排队长度预测前后车辆的行驶轨迹对比。可以看出，当信号交叉口前存在车辆排队时，如果只根据绿灯启亮时刻而不考虑车辆排队队列的长度直接进行车速控制，会导致车辆在停车线前遇到队列从而被迫停车，使得车速控制方法失效。而如果利用上述车辆排队长度预测方法对信号交叉口前的排队长度进行合理预测，根据车辆的排队长度和信号交叉口的信号配时有针对地进行车速控制，会大大提高车速控制的准确性和成功率。经过仿真测试，上述车辆排队长度预测方法对中、低交通流密度下的车辆排队长度预测效果较好，而对高交

通流密度下的预测效果会存在一些偏差,但与不考虑车辆排队长度的车速控制方法相比,加入车辆排队长度预测之后,可以缩短车辆在信号交叉口前停车怠速的时间,从而在一定程度上减少车辆在信号交叉口区域的燃油消耗和污染物排放。

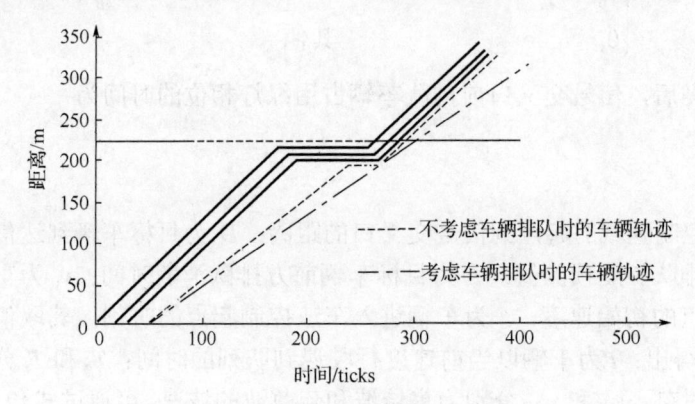

图 2-7　加入车辆排队长度预测前后车辆轨迹对比图

2.3　单点信号交叉口的自动驾驶车速控制方法

根据上文所述车速变化的四种类型,以减少车辆通过信号交叉口区域的燃油消耗和污染物排放量为目的,本节提出了面向单点信号交叉口的自动驾驶车速控制方法。同时,考虑信号交叉口前可能存在的车辆排队长度以及速度调整过程中前车位置和速度的影响,将排队长度预测模型以及经典的智能驾驶员跟驰模型引入车速控制模型中。利用下游信号交叉口的信号相位信息和车辆自身的实时运动状态信息计算出车辆可以在绿灯期间通过信号交叉口的优化速度,自动驾驶车辆根据这个速度做出加速或者减速的调整,车速调整的过程采用经典的匀变速运动,同时为了保证行车安全性,车辆的加速度和减速度都控制在一定的范围内。

2.3.1　车速控制系统架构

单点信号交叉口车速控制模型主要由两类控制单元构成:交叉口控制单元(Traffic Control Unit,TCU)和车载单元(Vehicle Unit,VU)。交叉口控制单元用于接收与处理各车载单元发送来的车辆运动状态信息以及交叉口信号灯信息,计算目标车速并反馈给车载单元;每辆即将进入交叉口的车辆全部配备一个车载单元,用于采集车辆的运动状态信息,接收中心控制单元发送的车速调整信息并在自动驾驶状态下控制车辆的运动。图 2-8 为单点信号交叉口自动驾驶车辆车速控制系统架构示意图,椭圆形虚线框内的区域即为预先设定的车速控制区域,车辆在进入车速控制区域后即为完全自动驾驶状态。

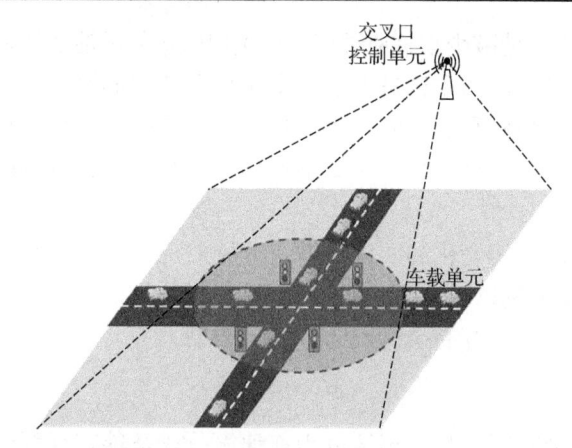

图 2-8　单点信号交叉口自动驾驶车辆车速控制系统架构示意图

车速控制区域范围是影响车速控制效果的重要因素。交叉口各进口道车速控制区域的界定方法如下：假设车辆在路段上行驶时的最大速度和最小速度分别是 v_{max} 和 v_{min}，a 为车辆的加速度，d 为车辆减速度的绝对值。研究表明，最短控制范围应保证车辆不管以何种速度进入控制区域都有足够的时间进行速度调整；最长控制范围应保证车辆可以在一个信号周期内通过交叉口[6]。车速控制区域的长度计算公式为

$$L \in \left[\max\left\{ \frac{v_{max}^2 - v_{min}^2}{2a}, \frac{v_{max}^2 - v_{min}^2}{2d} \right\}, Cv_{min} \right] \tag{2.8}$$

取 v_{max} 为 60km/h，v_{min} 为 10km/h，a 为 1.5m/s²，d 为 2.5m/s²，信号周期长度 C 为 110s，通过式(2.8)计算可得 L 的取值范围为 100~300m，取信号交叉口各进口道停车线前 200m 作为车速控制区域的起始点。

为具体化研究对象，提出以下基本假设：

(1) 车辆进入车速控制区域后为完全自动驾驶状态，车载单元和交叉口控制单元可实时通信，通信延迟忽略不计。

(2) 在交叉口车速控制区域内禁止车辆超车或变换车道。

(3) 第一辆车进入控制区域时，它的前方没有车辆(系统初始状态)。

(4) 车辆行驶道路的坡度为零。

(5) 不考虑行人和非机动车的干扰。

2.3.2　车速控制方法

研究表明[7-9]，车辆的燃油消耗和污染物排放量与车辆的行驶速度和加速度密切相关，车辆在信号交叉口附近频繁的加减速变换以及停车怠速是造成车辆燃油消耗和污染物排放增加的主要原因。因此，保持相对稳定的车速行驶并且尽可能地避免在交叉

口处停车可以最大限度地减少车辆通过信号交叉口区域的燃油消耗和污染物排放量。

在车路协同环境下,当车辆进入信号交叉口车速控制区域时,车辆距信号交叉口的距离、信号灯的相位和剩余时长等信息都可以实时采集到。根据这些信息可以对车辆能否在绿灯期间通过信号交叉口进行预先判断,并根据判断结果有针对地进行车速控制。

根据控制区域内车速变化的四种类型,分别对应如下几种预判结果。

(1) 当自动驾驶车辆以初速度 v_0 进入交叉口车速控制区域时,该通行方向当前信号灯相位为绿灯,且绿灯剩余时长为 t_f 时,如果

$$v_0(t_f - \Delta) > L \tag{2.9}$$

则证明当前绿灯剩余时间较长,车辆以当前速度行驶就能在绿灯时间内通过信号交叉口,此时车速控制预判结果为匀速控制。其中,Δ 为根据式(2.7)估计的信号交叉口前排队车辆占用绿灯相位的时间。

如果车辆进入车速控制区的初速度不满足式(2.9),则分为以下两种情况。

①车辆以考虑行车安全性的最大加速度 a_{max} 加速至路段最大限速 v_{max},接着以路段限速行驶可以在当前绿灯期间通过信号交叉口,即

$$\begin{cases} v_0(t_f - \Delta) \leq L \\ v_{max}(t_f - \Delta) - \frac{1}{2}a_{max}\left(\frac{v_{max} - v_0}{a_{max}}\right)^2 > L \end{cases} \tag{2.10}$$

此时车速控制预判结果为加速控制。

②车辆以考虑行车安全性的最大加速度 a_{max} 加速至路段最大限速 v_{max},接着以路段限速行驶仍然无法在当前绿灯期间通过信号交叉口,即

$$v_{max}(t_f - \Delta) - \frac{1}{2}a_{max}\left(\frac{v_{max} - v_0}{a_{max}}\right)^2 \leq L \tag{2.11}$$

此种情况下,车速控制预判结果为缓慢减速,停车等待。

(2) 当自动驾驶车辆以初速度 v_0 进入交叉口车速控制区域时,该通行方向当前信号灯相位为红灯,且红灯剩余时长为 t_f 时,如果

$$v_0(t_f + \Delta) < L \tag{2.12}$$

则证明当前红灯剩余时长较短,车辆以当前速度匀速行驶至信号交叉口停车线时绿灯已经启亮,可以顺利通过,此时车速控制预判结果为匀速控制。

如果车辆进入车速控制区的初速度不满足式(2.12),则分为以下两种情况。

①车辆以考虑行车安全性的最大减速度 d_{max} 减速至路段最小限速 v_{min}(该路段最小限速为一挡行驶车速,取 10km/h,实际城市道路交通中一般没有最小限速的限制,

为了方便控制，避免车辆在路段上无故停车，进行了路段最小限速的控制），接着以路段最小限速行驶可以在当前红灯结束之后通过信号交叉口，即

$$\begin{cases} v_0(t_f + \Delta) \geq L \\ v_{\min}(t_f + \Delta) + \frac{1}{2}d_{\max}\left(\frac{v_0 - v_{\min}}{d_{\max}}\right)^2 < L \end{cases} \quad (2.13)$$

此时车速控制预判结果为减速控制。

②车辆以考虑行车安全性的最大减速度 $d_{\max}$ 减速至路段最小限速 $v_{\min}$，接着以路段最小限速行驶至进口道停车线或者排队车辆队列尾部时绿灯仍然没有启亮，即

$$v_{\min}(t_f + \Delta) + \frac{1}{2}d_{\max}\left(\frac{v_0 - v_{\min}}{d_{\max}}\right)^2 \geq L \quad (2.14)$$

此种情况下，车速控制预判结果为缓慢减速，停车等待。

以上分析对车辆进入信号交叉口车速控制区域时是否加速或者减速的边界条件进行了限定，定性地确定了车辆应该以何种车速控制方法通过信号交叉口以达到节能减排的目的。单点信号交叉口车速控制预判流程如图 2-9 所示。

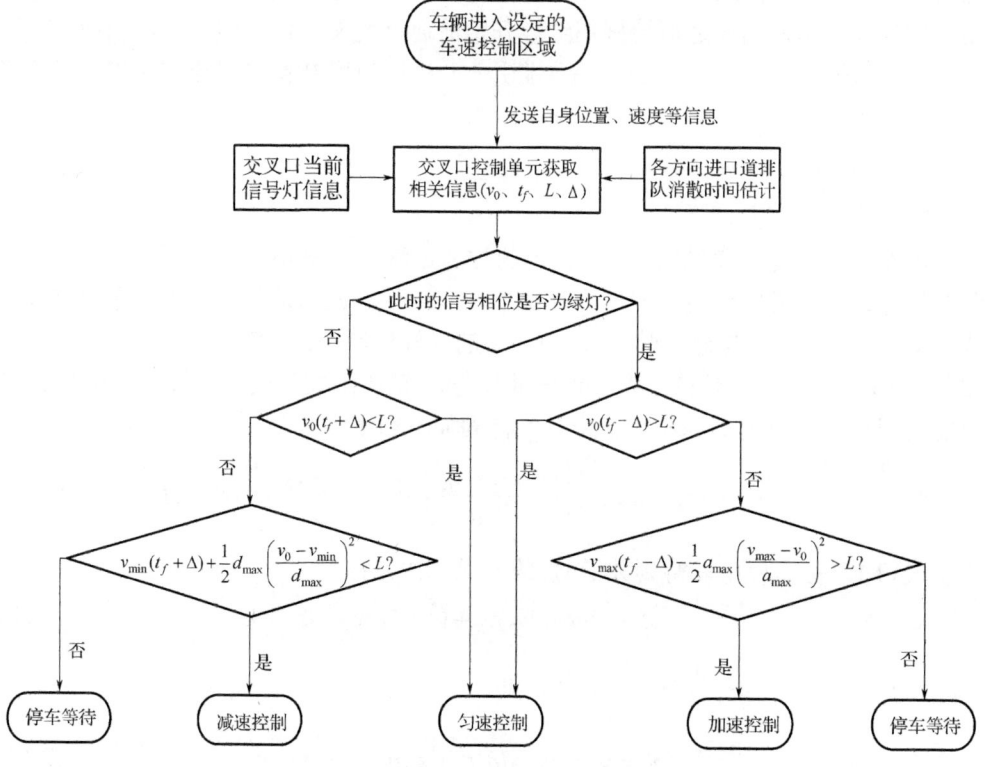

图 2-9 单点信号交叉口车速控制预判流程图

2.3.3　目标车速的确定及速度调整方法

通过上述车速控制预判模型的结果，可以定性地确定车辆应当以何种方式通过信号交叉口以实现减少燃油消耗和污染物排放的目的。在此基础上，针对不同的车速控制预判结果，还需准确地确定出目标车速以及车速调整过程中的加减速度，以实现对控制区域内自动驾驶车辆实时的车速控制。

（1）匀速控制。

如果车辆以当前车速行驶能够在绿灯期间通过信号交叉口，那么保持当前速度稳定行驶，减少行驶过程中的速度波动可以最大限度地减少燃油消耗和污染物排放量。因此，对于预判结果为匀速控制的车辆，其目标车速 v_b 为进入车速控制区域时的初速度，即

$$v_b = v_0 \tag{2.15}$$

（2）加速控制。

如果车辆以当前车速行驶无法在绿灯期间通过信号交叉口，但经过适当的加速之后可以在绿灯期间通过，此时需要进行加速控制。考虑到尽量减小车辆速度的波动，应当控制车辆加速之后恰好在红灯开始前通过交叉口停车线。采用当前应用广泛的匀加减速的速度调整方法，并通过引入合理的速度补偿量对原方法进行了适当地改进。车辆在加速过程中的平均速度应为

$$v_a = \frac{L}{t_f - \Delta} \tag{2.16}$$

需要注意的是，通过式(2.16)得出的加速过程中的平均车速并不是最终加速控制的目标车速，考虑到适当的速度补偿量，应当使车辆加速到比此平均车速略高的速度 v_b，之后再以 v_b 匀速行驶，v_b 即为最终的目标控制车速，其取值范围为 $[v_a, v_{max}]$。如图 2-10 所示，应当使图中两条速度曲线与 X 轴所围成的面积相等，即图中 A 部分的面积与 B 部分的面积相等，由此可得到如下约束

$$\frac{1}{2}\frac{v_a - v_0}{a}(v_a - v_0) = \frac{1}{2}\left[\left(t - \frac{v_b - v_0}{a}\right) + \left(t - \frac{v_a - v_0}{a}\right)\right](v_b - v_a) \tag{2.17}$$

式(2.17)化简后可以得到关于 v_b 的一元二次方程

$$v_b^2 - (2at + 2v_0)v_b + v_0^2 + 2atv_a = 0 \tag{2.18}$$

当且仅当 $v_a \leq v_0 + \frac{at}{2}$ 时，v_b 有解，即

$$v_b = v_0 + at - \sqrt{a^2 t^2 + 2at(v_0 - v_a)} \tag{2.19}$$

其中，a 为车辆在加速至目标车速过程中的加速度，可以看出，当加速度 a 确定之后，目标车速 v_b 也随之确定。Yi 等[10]的研究表明，考虑驾驶员行车安全性和舒适性的最大加速度不应超过 2.5m/s。为了使速度变化尽可能平滑以保证行车安全性，在后续仿真计算过程中，a 从 0.5m/s² 开始取值，若 v_b 无解，则依次增大 a 至 1m/s²、1.5m/s²、2m/s² 和 2.5m/s²，直到求出合适的 v_b。

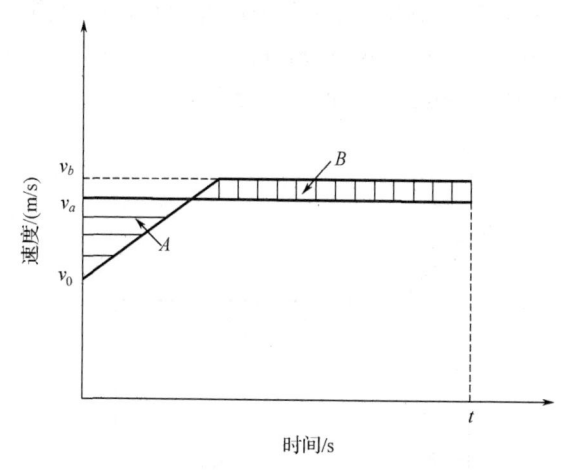

图 2-10 加速控制速度变化示意图

(3) 减速控制。

如果车辆以当前车速行驶在红灯还未结束前已经到达进口道停车线，但经过适当的减速之后可以在绿灯启亮之后通过，此时需要进行减速控制。为了减少减速过程中的能量损失以及使得车辆的速度波动尽可能小，应当使车辆在绿灯启亮排队消散之后通过进口道停车线。车辆在减速过程中的平均速度为

$$v'_a = \frac{L}{t_f + \Delta} \tag{2.20}$$

与加速控制相同，考虑到速度补偿量，应当使车辆减速到比平均车速略低的速度 v_b，之后再匀速行驶，v_b 即为最终的目标控制车速。如图 2-11 所示，要使车辆能够在特定的绿灯时刻到达信号交叉口，应当使图中 A 部分的面积与 B 部分的面积相等，由此可得到如下约束

$$\frac{1}{2}\frac{v_0 - v'_a}{d}(v_0 - v'_a) = \frac{1}{2}\left[\left(t - \frac{v_0 - v'_a}{d}\right) + \left(t - \frac{v_0 - v_b}{d}\right)\right](v'_a - v_b) \tag{2.21}$$

式 (2.21) 化简后可以得到关于 v_b 的一元二次方程

$$v_b^2 - (2v_0 - 2dt)v_b + v_0^2 - 2dtv'_a = 0 \tag{2.22}$$

当且仅当 $v_a' \geq v_0 - \dfrac{dt}{2}$ 时，v_b 有解，即

$$v_b = v_0 - dt + \sqrt{d^2t^2 + 2dt(v_a' - v_0)} \tag{2.23}$$

其中，d 为车辆在减速至目标车速过程中的减速度，与加速过程相同，当减速度 d 确定之后，目标车速 v_b 也随之确定。为了使速度变化尽可能平滑以保证行车安全性，在后续仿真计算过程中，d 从 0.5m/s^2 开始取值，若 v_b 无解，则依次增大 d 至 1m/s^2、1.5m/s^2、2m/s^2、2.5m/s^2 和 3m/s^2，直到求出合适的 v_b。

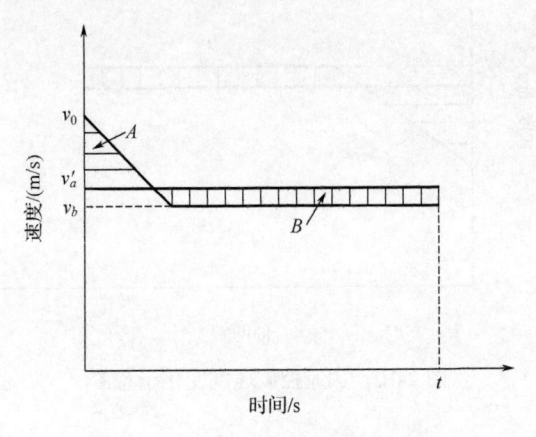

图 2-11 减速控制速度变化示意图

(4) 停车等待。

当车辆以考虑行车安全性的最大加速度加速至路段最大限速仍无法在绿灯结束前到达停车线，或者以考虑行车安全性的最大减速度减速至路段最小限速仍然会在红灯结束前到达停车线时，此时不得不在信号交叉口进口道停车线前停车等待。相关研究表明，现代电喷发动机具有减速断油的功能，车辆在减速过程中的油耗量很少，因此在车速控制过程中只需避免二次加速即可[11]。在这种情况下，目标车速 $v_b=0$。车辆只需以一定的减速度平稳减速直至停在进口道停车线前或排队车辆的队列尾部。此时减速度的大小为

$$d = \dfrac{v_0^2}{L - D} \tag{2.24}$$

其中，D 为利用式 (2.6) 估计出的信号交叉口前车辆的排队长度。

需要注意的是，在上述车速控制过程中，车辆的速度是时刻受到跟驰模型的约束的，一旦不能保证前后车的安全间距，那么当前的车速控制方案会立刻失效，需重新计算车辆的目标车速。

2.4 连续信号交叉口的自动驾驶车速控制方法

面向单点信号交叉口的车速控制方法需要车辆在每个信号交叉口前都调整一次车速，可能会出现如下场景：在第一个信号交叉口前车辆需要加速行驶，但当车辆加速通过第一个信号交叉口之后，发现在第二个信号交叉口处不得不减速停车，这种车速的强烈波动无形中会造成额外的燃油消耗和污染物排放，也会对行车安全性造成不良影响。因此，在上述面向单点信号交叉口的自动驾驶车速控制方法研究的基础上，本节对面向连续信号交叉口的车速控制方法进行探究。对于连续信号交叉口车速控制的研究，一些学者将连续信号交叉口看成多个单点信号交叉口控制的组合，而没有从系统的角度研究连续信号交叉口的协调控制。相关研究表明，为了减少自动驾驶车辆在行驶过程中的油耗和污染物排放量，应当尽量减小车辆在通过连续信号交叉口的速度波动[12]。根据车辆进入车速控制区域时距下游各个信号交叉口的距离以及各交叉口的信号相位与时长计算出车辆可以连续通过多个信号交叉口的可行速度集合，同时考虑到减少行程时间的需要，取该可行速度集合的上限作为车速控制的目标车速。车速调整的过程仍然采用经典的匀变速运动并考虑适当的速度补偿量。

2.4.1 车速控制系统架构

相关研究表明，要使车辆通过连续信号交叉口时燃油消耗和污染物排放最小，应满足如下几个条件[12,13]：

(1) 尽量长时间地保持一个相对稳定的速度行驶。
(2) 尽量在绿灯期间到达各信号交叉口。
(3) 尽可能地避免急加速、急减速以及停车怠速。
(4) 如果停车不可避免，那么尽量缩短车辆在交叉口前停车等待的时间。

因此，尽可能地避免停车并保持相对恒定的速度行驶是减少车辆通过连续信号交叉口时油耗和污染物排放的关键。

图2-12为不同车辆通过连续信号交叉口时的轨迹示意图。在无车速控制的情况下，驾驶员的个人喜好等因素可能造成车速过快或过慢，从而导致遇到红灯而被迫停车，如轨迹1和轨迹2所示。需要根据下游各信号交叉口的信号相位信息，计算出使车辆可以连续通过下游多个信号交叉口的目标车速，有针对性地控制车辆的行驶速度，使车辆尽可能以一个恒定的速度一路绿灯通过下游连续多个信号交叉口，如轨迹3所示，从而减少车辆通过连续信号交叉口区域的燃油消耗量和污染物排放量，同时，由于车辆不用在交叉口处停车等待，节省了绿灯启亮时的启动损失时间，一定程度上也可以缩短车辆的行程时间。

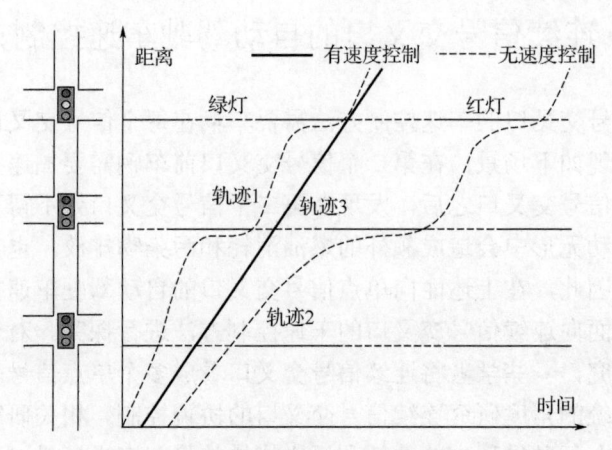

图 2-12 连续信号交叉口车辆轨迹示意图

连续信号交叉口车速控制区域内配备一个区域中心控制单元，用于接收与处理各交叉口控制单元发送来的车辆运动状态与信号灯信息；每个交叉口配备一个交叉口控制单元，用于汇总即将通过该交叉口的全部车辆的运动状态信息并发送至区域中心控制单元；每辆即将进入交叉口的自动驾驶车辆全部配备一个车载单元，用于采集车辆运动状态信息，接收区域中心控制单元发送的车速调整信息并控制自动驾驶车辆的行驶速度。图 2-13 为连续信号交叉口车速控制系统架构示意图，三类控制单元可以实时进行信息交互。

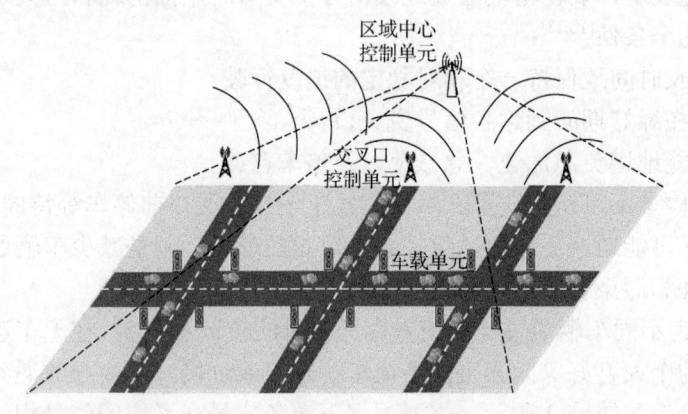

图 2-13 连续信号交叉口车速控制系统架构示意图

连续信号交叉口车速控制模型建立的基本假设与 2.3.1 节中单点信号交叉口相同，此外，对于连续信号交叉口车速控制的研究对象仅限于直行车道，不涉及车辆在信号交叉口处的转向控制以及车辆的流入和流出。因此不考虑支路车流对排队长度预测以及车速控制方法的影响。

2.4.2 车速控制方法

在车路协同环境下，当车辆进入车速控制区域时，车载单元自动向交叉口控制单元发送自身的位置、速度、加速度等信息，交叉口控制单元接收车载单元发来的信息并打包发送给区域中心控制单元，区域中心控制单元接收到车辆信息，根据车辆距下游各个交叉口的距离以及各交叉口的信号相位信息计算出目标控制车速以及最优加速度并向自动驾驶车辆发布，车载单元即控制车辆做出加速或减速的调整。图 2-14 为连续信号交叉口车速控制流程图。

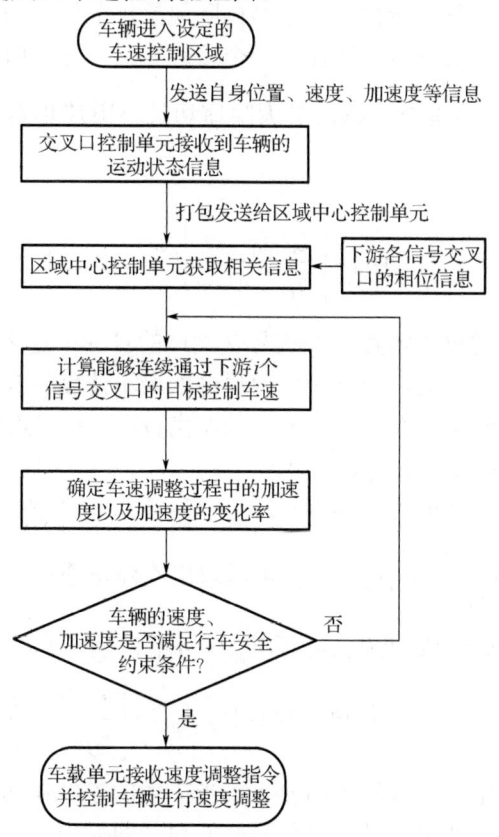

图 2-14　连续信号交叉口车速控制流程图

假设车辆进入车速控制区域的时刻为零时刻，位置为坐标原点位置，$L_i(i=1, 2, 3, \cdots)$ 为车辆进入速度区域时距离下游第 i 个信号交叉口的距离，g_{ij} 为第 i 个信号交叉口第 j 次绿灯开始时刻；r_{ij} 为第 i 个信号交叉口第 j 次红灯开始时刻，如图 2-15 所示。若此时下游第一个交叉口为绿灯，为避免停车，车辆应该在当前绿灯期间通过或者下一绿灯期间通过，即

$$t_1 \in [0, r_{11}] \cup [g_{11}, r_{12}] \tag{2.25}$$

若此时下游第一个交叉口为红灯,则车辆应当在红灯结束之后的下一个绿灯时间内通过,即

$$t_1 \in [g_{11}, r_{11}] \tag{2.26}$$

其中,t_1 为车辆到达下游第一个信号交叉口的时间;g_{11} 为下游第一个信号交叉口第一次绿灯启亮时刻;r_{11} 为下游第一个信号交叉口第一次红灯启亮时刻;r_{12} 为下游第一个信号交叉口第二次红灯启亮时刻。

考虑到信号交叉口前可能存在的车辆排队现象,车辆应当在队列完全消散的时候到达队尾的位置。那么车辆能够在第一个信号交叉口绿灯时间内通过的可行速度集合为 $\left[\dfrac{L_1}{r_{1j}}, \dfrac{L_1 - D_1}{g_{1j}}\right]$,该集合与路段最大限速和最小限速集合的交集即为车辆的目标速度集合,即

$$[v_{s1}, v_{b1}] = \left[\dfrac{L_1}{r_{1j}}, \dfrac{L_1 - D_1}{g_{1j}}\right] \cap [v_{\min}, v_{\max}] \tag{2.27}$$

其中,$[v_{s1}, v_{b1}]$ 为车辆通过下游第一个信号交叉口的目标车速区间;v_{s1} 和 v_{b1} 分别为车辆可以在第一个信号交叉口绿灯时间内通过的最小速度和最大速度;L_1 为车辆进入控制区域时距离下游第一个信号交叉口的距离;D_1 为利用式(2.6)预测出的车辆前方存在的队列长度;$v_{\min}$ 为路段最小限速,$v_{\max}$ 为路段最大限速。

如果存在一个可行速度集合使得车辆可以不停车通过第一个信号交叉口,那么用同样的方法 $\left[\dfrac{L_2}{r_{2j}}, \dfrac{L_2 - D_2}{g_{2j}}\right] \cap [v_{\min}, v_{\max}]$ 可以求出不停车通过下游第二个信号交叉口的可行速度集合 $[v_{s2}, v_{b2}]$,如果 $[v_{s1}, v_{b1}] \cap [v_{s2}, v_{b2}]$ 不为空,则继续求在绿灯时间内通过下游第三个信号交叉口的可行速度集合 $[v_{s3}, v_{b3}] = \left[\dfrac{L_3}{r_{3j}}, \dfrac{L_3 - D_3}{g_{3j}}\right] \cap [v_{\min}, v_{\max}]$ ……直到可行速度的交集为空集。如图 2-15 所示,当车辆的速度在两条斜线所夹的区域范围内时,车辆即可连续通过下游三个信号交叉口,即如果

$$\left[\dfrac{L_1}{r_{1j}}, \dfrac{L_1 - D_1}{g_{1j}}\right] \cap \left[\dfrac{L_2}{r_{2j}}, \dfrac{L_2 - D_2}{g_{2j}}\right] \cap \cdots \cap \left[\dfrac{L_i}{r_{ij}}, \dfrac{L_i - D_i}{g_{ij}}\right] \cap [v_{\min}, v_{\max}] = [v_s, v_b] \neq \varnothing \tag{2.28}$$

且

$$\left[\dfrac{L_1}{r_{1j}}, \dfrac{L_1 - D_1}{g_{1j}}\right] \cap \left[\dfrac{L_2}{r_{2j}}, \dfrac{L_2 - D_2}{g_{2j}}\right] \cap \cdots \cap \left[\dfrac{L_{i+1}}{r_{ij}}, \dfrac{L_{i+1} - D_{i+1}}{g_{i+1j}}\right] \cap [v_{\min}, v_{\max}] = \varnothing \tag{2.29}$$

那么车辆连续通过 i 个信号交叉口的最终的可行速度的集合为

$$\left[\frac{L_1}{r_{1j}}, \frac{L_1-D_1}{g_{1j}}\right] \cap \left[\frac{L_2}{r_{2j}}, \frac{L_2-D_2}{g_{2j}}\right] \cap \cdots \cap \left[\frac{L_i}{r_{ij}}, \frac{L_i-D_i}{g_{ij}}\right] \cap [v_{\min}, v_{\max}] = [v_s, v_b] \quad (2.30)$$

在前后车之间满足安全跟驰距离的情况下，考虑到减少旅行时间的需要，在最终的可行速度区间内取最大速度 v_b 作为车辆通过连续信号交叉口的最终控制车速。需要说明的是，通过第一个信号交叉口和通过第二个信号交叉口的两个可行速度集合之间没有交集并不说明控制失效，可以根据 $v_b=v_{b1}$ 控制车辆通过第一个信号交叉口之后，重新调整速度使其在第二个信号交叉口绿灯期间通过。

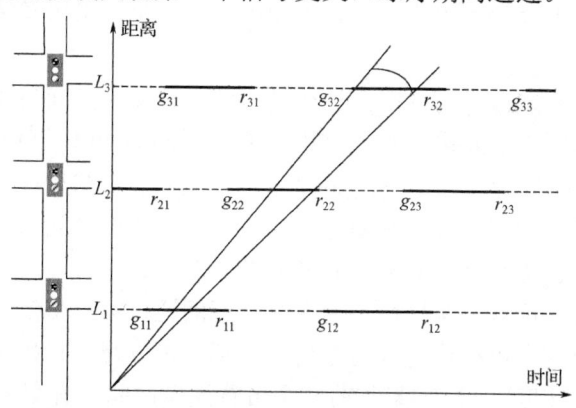

图 2-15 连续信号交叉口车辆可行速度区间示意图

下面举一个简单的例子，假设第一个信号交叉口和第二个信号交叉口信号相位序列如下

$$[g_{11}, r_{11}, g_{12}, r_{12}, g_{13}, r_{13}, \cdots] = [10, 60, 110, 160, 210, 260, \cdots] \quad (2.31)$$

$$[g_{21}, r_{21}, g_{22}, r_{22}, g_{23}, r_{23}, \cdots] = [25, 75, 125, 175, 225, 275, \cdots] \quad (2.32)$$

其中，式(2.31)表示第一个信号交叉口目前处于红灯状态，并且将在第 50s 变为绿灯，在第 100s 再次变为红灯，在第 150s 再次变绿，之后均照此规律变化，式 (2.32) 与此类似。

假设此时目标车辆距第一个信号交叉口的距离为 200m，距第二个信号交叉口的距离为 800m，利用 2.2.2 节中所述方法预测出的第一个信号交叉口目标车辆前方的排队长度为 20m，第二个信号交叉口目标车辆前方的排队长度为 25m，路段最大限速和最小限速区间为[5,20]m/s。

如果目标车辆要在第一段绿灯期间通过第一个信号交叉口，那么可行速度区间应为 $\left[\frac{200}{60}, \frac{200-20}{10}\right] = [3.3, 18]$ m/s，该可行速度区间与路段限速区间之间的交集 $[3.3, 18] \cap [5, 20] = [5, 18]$ m/s 即为目标车辆可以通过第一个信号交叉口的最终可行速度区间。

第一个可行速度区间求解出来之后,下面继续求解目标车辆通过第二个信号交叉口的可行速度区间。如果目标车辆要在第一段绿灯期间通过第二个信号交叉口,那么可行速度区间应为 $\left[\dfrac{800}{75},\dfrac{800-25}{25}\right]=[10.67,31]$ m/s,该速度区间与路段限速区间 [5,20]m/s 之间没有交集,则继续求解能够在第二段绿灯期间通过的可行速度区间 $\left[\dfrac{800}{175},\dfrac{800-25}{125}\right]=[4.57,6.2]$ m/s,该可行速度区间与路段限速区间之间的交集 $[4.57,6.2]\cap[5,20]=[5,6.2]$ m/s 即为目标车辆可以通过第二个信号交叉口的最终可行速度区间。

接着,将目标车辆通过第一个信号交叉口的可行速度区间与通过第二个信号交叉口的可行速度区间再求交集,即 $[5,18]\cap[5,6.2]=[5,6.2]$ m/s,那么当目标车辆的平均速度在 [5,6.2]m/s 时,即可连续通过两个信号交叉口。在前后车之间满足安全跟驰距离的情况下,考虑到减少旅行时间的需要,在可行速度区间内取最大速度 6.2m/s 作为车辆连续通过这两个信号交叉口的最终控制车速。

采用同样的方法接着求解目标车辆在绿灯期间通过第三个信号交叉口的可行速度区间。如果与前两个可行速度区间有交集,那么可以得出目标车辆连续通过三个信号交叉口的可行速度区间。如果与前两个可行速度区间没有交集,那么计算终止,控制车辆连续通过前两个信号交叉口之后,将第三个信号交叉口作为目标车辆下游第一个信号交叉口,重新计算车辆可以在绿灯期间通过的可行速度区间。

2.4.3 车速调整方法

目标控制车速 v_b 确定之后,下一步就是速度调整的过程。如果当前车辆的速度 v_0 小于目标控制车速 v_b,那么车辆需要加速行驶,反之,则需要减速行驶。为了达到使车辆在下游信号交叉口绿灯期间到达交叉口的目的,需要在特定的时间内完成车速调整的过程。目前,国内外学者提出了很多速度规划调整方法,一种方法是以恒定加/减速度匀加/减速至目标车速;另一种方法是假设车辆的发动机功率是一定的,当车辆速度较低时可以获得更大的加速度,而当车辆速度较高时所能够获得的加速度会小一些,这种方法比较符合实际,但需要考虑许多车辆的动力学参数,求解过程比较烦琐。此外,Xia 等[14]考虑到加减速过程中驾驶舒适性的需求,速度变化应尽量平滑,提出了用三角函数增长曲线来表征速度调整过程中车辆速度的变化。但是由于三角函数形状参数的确定尚没有统一的标准,这一方法尚未被广泛采纳。与单点信号交叉口车速调整方法相似,对于连续信号交叉口车速调整过程中加速度的确定也是运用匀加/减速的方法,并考虑适当的速度补偿量来实现车辆在特定的绿灯时刻到达交叉口的目的。

(1) 加速过程。

车辆首先以恒定加速度加速至一个比目标车速略高的速度 v_m，然后以相同的加速度减速至目标车速 v_b，在车辆之后的行驶过程中，即以目标车速匀速行驶。加速过程中的速度变化曲线如图 2-16 所示。

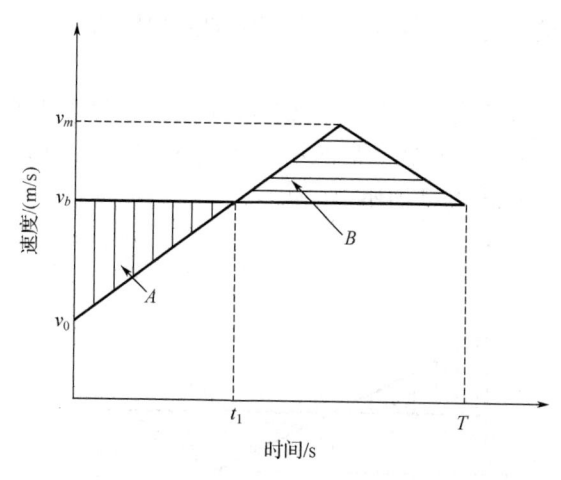

图 2-16 加速过程中速度变化示意图

可以看出，为了使车辆在特定的绿灯时刻 T 到达信号交叉口，应当使图中两条速度曲线与 X 轴所围成的面积相等，即图中 A 部分的面积与 B 部分的面积相等，由此可得到如下约束

$$\frac{1}{2}(v_b - v_0)t_1 = \frac{1}{2}(v_m - v_b)(T - t_1) \tag{2.33}$$

其中，T 为车辆以目标车速匀速行驶到达信号交叉口的时刻，$T = \frac{L_1}{v_b}$，L_1 为车辆当前位置距离下游第一个信号交叉口的距离；t_1 为车辆加速到目标车速的时间；v_m 为车辆实际加速到的最大速度，$v_m \subset [v_b, v_{\max}]$；假设车辆的加速度为 a，根据牛顿运动定律可得

$$t_1 = \frac{v_b - v_0}{a} \tag{2.34}$$

将式(2.34)代入式(2.33)得

$$v_m = \frac{v_0^2 - v_0 v_b + v_b aT}{v_0 - v_b + aT} \tag{2.35}$$

从式(2.35)可以看出，车辆在速度调整过程中的加速度 a 与加速到的最终速度 v_m 之间存在一定的关系，当加速度 a 确定之后，v_m 也随之确定。考虑到减小车辆行

驶过程中的速度波动，a 从 0.5m/s² 开始取值，若 v_m 无解，则依次增大 a 至 1m/s²、1.5m/s²、2m/s² 和 2.5m/s²，直到求出合适的 v_m，当 a 增大到 2.5m/s² 时，若此时 v_m 仍无解，则此次车速控制失效，车辆无法避免在信号交叉口处的停车，控制车辆停车等待的方法与 2.3.3 节中相同，根据式(2.24)计算出车辆减速度的大小，控制车辆平稳减速直至停在进口道停车线前或排队车辆的队列尾部。

(2)减速过程。

车辆首先以恒定减速度减速至一个比目标车速略低的速度 v'_m，然后以相同的减速度加速至目标车速 v_b，在车辆之后的行驶过程中，以目标车速匀速行驶。减速过程中的速度变化曲线如图 2-17 所示。

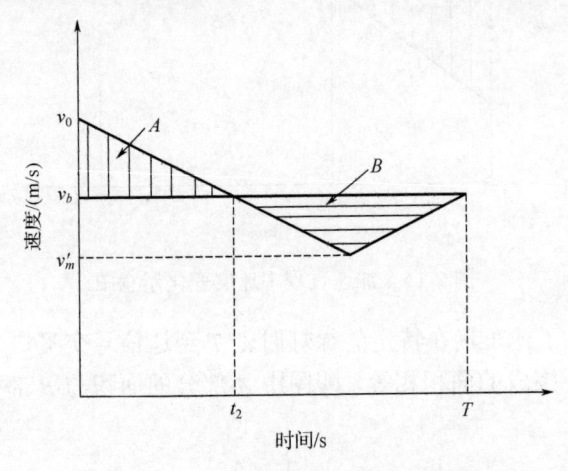

图 2-17　减速过程中速度变化示意图

与加速过程类似，要使车辆在特定的绿灯时刻 T 到达信号交叉口，应当使图 2-17 中 A 部分的面积与 B 部分的面积相等。由此得到

$$\frac{1}{2}(v_0 - v_b)t_2 = \frac{1}{2}(v_b - v'_m)(T - t_2) \tag{2.36}$$

其中，t_2 为车辆加速到目标车速的时间；v'_m 是车辆实际减速到的最小速度，$v'_m \subset [v_{\min}, v_b]$；假设车辆的减速度为 d，根据牛顿运动定律可得

$$t_2 = \frac{v_0 - v_b}{d} \tag{2.37}$$

将式(2.37)代入式(2.36)得

$$v'_m = \frac{v_0 v_b - v_b^2 + v_b dT}{v_b - v_0 + dT} \tag{2.38}$$

从式(2.38)同样可以发现车辆行驶过程中的减速度 d 与减速到的最小速度 v'_m 之

间存在的关系，可以通过选取合适的减速度 d 来确定 v'_m 的取值。考虑到减小车速调整过程中的速度波动，d 从 0.5m/s^2 开始取值，若 v'_m 无解，则依次增大 d 至 1m/s^2、1.5m/s^2、2m/s^2、2.5m/s^2 和 3m/s^2，直到求出合适的 v'_m。当 d 增大到 3m/s^2 时，若 v'_m 仍无解，则此次车速控制失效，车辆无法避免在信号交叉口处的停车，控制车辆停车等待的方法与 2.3.3 节中相同，根据式(2.24)计算出车辆减速度的大小，控制车辆平稳减速直至停在进口道停车线前或排队车辆的队列尾部。在上述车速控制过程中，车辆会时刻受到前后车安全间距的约束，一旦不能满足该约束，那么当前的车速控制方案会立刻失效，需重新计算车辆的目标车速。

2.5 基于多智能体的信号交叉口仿真环境搭建及仿真分析

相比传统环境，智能网联车路协同环境下的交通系统变为各部分相互联系、相互交织和相互影响的复杂巨系统，难以用传统的数学等方法对其进行精确描述和仿真。多智能体仿真技术能够通过对微观个体行为进行建模，并通过众多智能体的行为和相互作用涌现出宏观现象，为交通仿真开辟了一个新的途径。本节首先介绍多智能体的仿真环境，然后详细介绍多智能体仿真平台的搭建过程，最后对仿真实验流程进行具体说明。

多智能体仿真为复杂多变的交通系统提供了一个建模平台，智能主体(Agent)、行为、对象、环境和通信是一个多智能体仿真系统中必不可少的元素[15]。多智能体仿真优于传统数值模拟之处是它可以提供可视化的人机交互界面，用户可以通过调整人机交互界面上各种交通流参数的大小直观地观察仿真系统中路段和交叉口的交通运行情况。

NetLogo 是一个可编程的多智能体仿真工具。NetLogo 仿真世界中主要有三类智能体：乌龟(Turtle)、瓦片(Patch)和观察者(Observer)。Turtle、Patch、Observer 和车联网系统的物理结构具有很好的一致性，如图 2-18 所示。Turtle 是 NetLogo 世界里的主要活动对象，它可以用来表示道路上行驶的车辆。Patch 是 Turtle 活动的环境，它可以用来实现对仿真道路、交叉口以及信号灯的描述。Observer 是观察者，它可以代表车联网的信息服务系统，在仿真运行过程中指导和控制 Turtle 和 Patch 的行为变化。这三类智能体能够在仿真环境中进行实时的信息交互，与车联网环境下车载单元与路侧单元以及中心控制单元实时的信息交互行为非常契合。因此，NetLogo 非常适合对提出的车联网环境下的车速控制方法进行仿真验证。

仿真平台的搭建过程包括道路及交叉口的搭建及初始化、智能体的生成及初始化、智能体行动规则的设定以及仿真场景设置等。在仿真过程中，把车辆和驾驶员作为一个整体统一描述为车辆智能体，将本节提出的车联网环境下面向信号交叉口的车速控制方法写入该智能体的运动规则。此外，设定了代表中心控制系统的智能

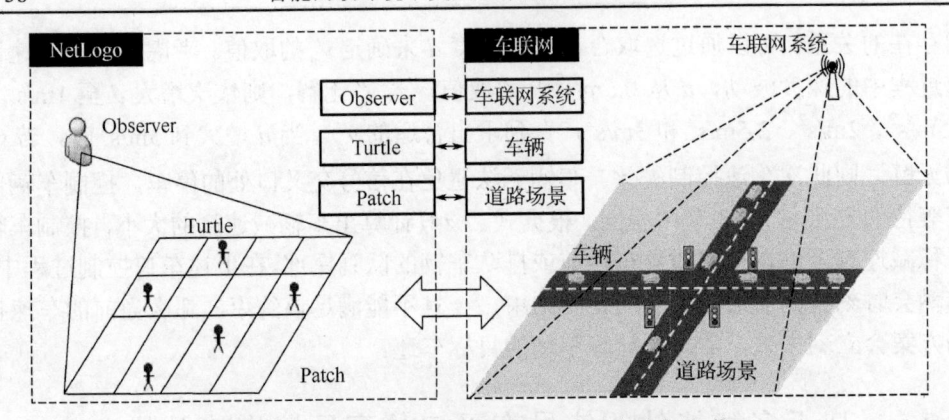

图 2-18　NetLogo 中的世界和车联网的对应关系

体,用于与车辆智能体实时通信,指导车辆智能体的运动。仿真平台搭建流程如图 2-19 所示。

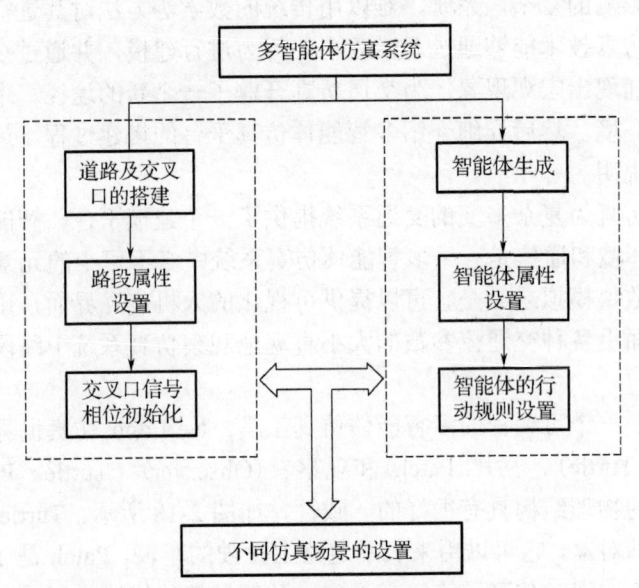

图 2-19　仿真平台的搭建流程

仿真系统主要包括三种控制器:车载控制器、信号控制器和中心控制器。当车辆智能体进入预先设定的信号交叉口车速控制区域时,车载控制器向中心控制器发送车辆的速度和位置等信息。同时,信号控制器向中心控制器发送下游信号交叉口的实时信号相位与时长信息。中心控制器由车辆跟驰模块、排队长度预测模块和目标车速计算模块组成。将经典的智能驾驶员跟驰模型写入跟驰模块,以确保车辆行驶过程中前后车之间的安全距离。将本章提出的信号交叉口车辆排队长度预测方法和车速控制方法分别写入排队长度预测模块和目标车速计算模块。最后,中心控制器将计算出的目标车速以及相对应的加、减速度反馈给各车载控制器,进而控制车辆下一时刻的运动。仿真闭环控制流程图如图 2-20 所示。

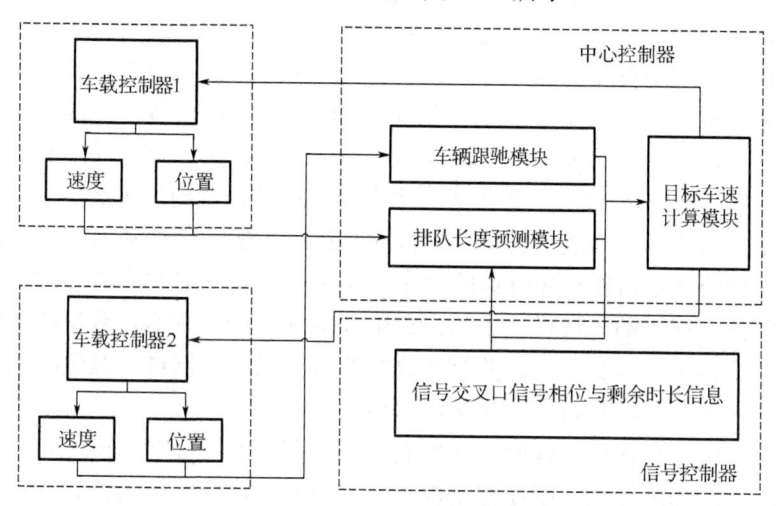

图 2-20 仿真闭环控制流程图

2.5.1 道路和交叉口

道路是车辆运行的载体,采用的仿真道路为虚拟道路。给仿真世界设定一个坐标原点,在此坐标原点的基础上绘制道路、交叉口及路侧建筑物等,并给路段赋予一定标识(如颜色)和自由流速度以划分路段等级。如图 2-21 所示,深色的路段可表示为主干道,最大限速为 60km/h,浅色的路段可表示为次干道,最大限速为 40km/h,中间白色的区域为交叉口区域。

信号交叉口前的瓦片可以在不同时间段内设置不同的颜色用来表示信号灯,当信号交叉口前的瓦片为绿色时,车辆按照原速度行驶通过交叉口,而当瓦片变红时,瓦片上的车辆智能体立即停止运动,直到瓦片变绿。在仿真系统的人机交互界面上,可以创建两个数据监视器来直观地观察交叉口当前所处的相位。

图 2-21 仿真道路及交叉口初始化

2.5.2 车辆智能体

在仿真实验中，车辆是基本的智能体单元。车辆智能体的初始化包括车辆位置的初始化和车辆运动参数的初始化。在仿真过程中，将仿真道路的起点设置成车辆智能体生成的位置，并预先设定好仿真路段中的车速控制区域。在各进口道仿真路段的起点以设定的来车率 p 生成车辆智能体（Turtle）。产生一个服从[0,100]的均匀分布的随机数 k，如果 $k<100\times p$，则生成一个车辆智能体，否则不生成。每个车辆智能体生成后根据进口道、速度、转向等属性对其进行车辆运动参数的初始化设置。例如，将交叉口四个进口道按顺时针的顺序从北进口道开始依次标号1、2、3、4，同时定义一定的转向规则，直行为1，左转为2，右转为3，那么，数组[1,1]就可以表示车辆从北进口道进入交叉口，并且将直行通过交叉口；同样，数组[2,3]表示车辆从东进口道进入交叉口且将要在交叉口右转。

仿真过程中对车辆智能体的车速控制是通过调用编写好的 drive 函数来实现的，其中包括车辆的加速控制、减速控制以及转向控制等，这些控制函数都是 drive 函数可以调用的子程序，例如，对车辆智能体在单点信号交叉口处的转弯过程可以描述如下：

if 车辆到达右转弯判定位置
  if 车辆属性为右转
    赋值 heading = heading + 90°
  else
    保持直行，赋值 heading=heading
if 车辆到达左转弯判定位置
  if 车辆属性为左转
    赋值 heading = heading − 90°
  else
    保持直行，赋值 heading=heading

2.5.3 仿真场景标定

根据上述研究内容，本节分别搭建了面向单点信号交叉口和连续信号交叉口仿真实验平台，并在每个实验平台下设置了两种不同的驾驶环境场景。

(1)传统驾驶环境场景。在仿真路段的起点处以一定的来车率生成车辆，并赋予其初速度(在 10~60km/h 随机分配)，然后在满足车辆跟驰约束的条件下让车辆自由运行，即前方如果有车，则停止，前方无车，则加速或匀速运行。

(2)车联网驾驶环境场景。车辆的生成方式与传统驾驶环境一样，不同的是，当车辆运行到车速控制区域的起点(信号交叉口前 200m)时，车辆的运动状态信息会被采集并发送到中心控制系统(目标车速计算模块),中心控制系统根据收集到的车辆运动状态信息以及交叉口信号相位与时长信息,通过 2.3 节或者 2.4 节中所述的车速控制方法计算出目标车速以及相对应的加、减速度,再反馈给车辆。车辆即按反馈回的目标速度和加、减速度行驶直至通过车速控制区域。

为便于编程实现,对单点信号交叉口仿真环境的基本条件做如下标定。

(1)仿真环境为典型十字交叉口的仿真环境,如图 2-22 所示,该交叉口为两条双向两车道道路相交,仿真中设定的直行车、右转车、左转车的比例为 5:3:2;受道路容量的限制而不存在超车和换道行为,不同转向的交通流之间的让行规则依据《道路交通管理条例》设定。

(2)仿真世界中生成的车辆均为具有相同尺寸的小汽车,车辆的性能均无差异。

(3)车辆在路段上正常行驶时的最大限速为 60km/h,最小限速为 10km/h(不包括因交通拥堵或红灯需要停车的情况)。

(4)信号交叉口每条进口道停车线前车速控制区域的长度 L=200m,根据行车安全性与车辆加速度之间关系的相关研究,在该仿真系统中加速度 a 的取值为 0.5~2.5m/s^2,减速度 d 的取值为 0.5~3m/s^2[16,17]。

(5)交叉口信号灯为固定配时,信号周期总长为 110s,每个相位的绿灯时长为 50s,红灯时长 60s(为了简化控制,将黄灯相位包含在红灯相位中)。

连续信号交叉口仿真环境的基本条件标定如下。

(1)连续信号交叉口的仿真道路为一条直行车道,如图 2-22 所示,仿真系统由 8 个连续信号交叉口构成,车辆自西向东依次通过各个信号交叉口,控制区域总长为 4500m,相邻信号交叉口之间的距离为 400~600m(符合均匀分布),车速控制区域的起点位于下游第一个信号交叉口前 200m 处。L_i(i=1, 2,⋯,8)分别为车辆进入控制区域时距下游第 i 个信号交叉口的距离。

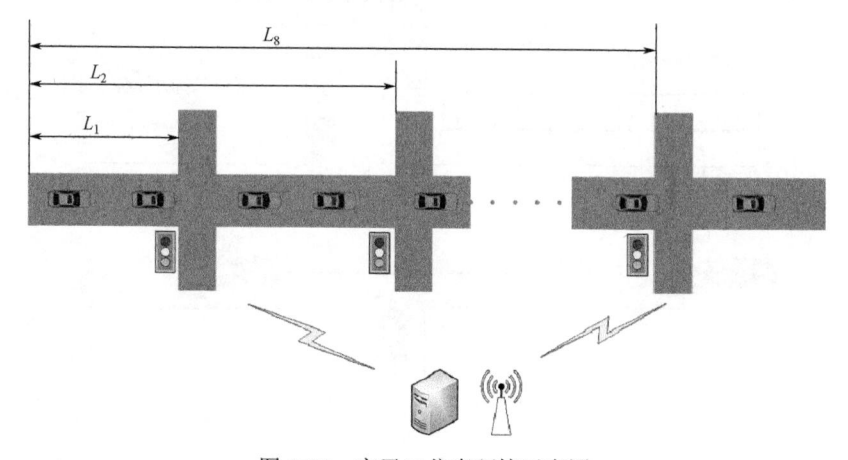

图 2-22 交叉口仿真环境示意图

(2) 各信号交叉口均为固定两相位信号配时,但与单点信号交叉口所不同的是,每个信号交叉口的初始仿真参数 g_{11}、r_{11}、g_{21}、r_{21}、g_{31} 和 r_{31} 等的初始设置经过多次调试,满足路段通行能力的要求。

(3) 车辆在路段上行驶时(不包括受前车或红灯影响而停车)的最大限速为60km/h,最小限速为 10km/h(实际城市道路交通中一般没有最小限速的限制,连续信号交叉口车速控制方法需要求解可行速度的集合,为了方便控制,避免车辆在路段上无故停车,进行了路段最小限速的控制)。

(4) 仿真中选取的车型全部为具有相同的尺寸和动力特性的标准小汽车。

2.5.4 实时信息的采集

城市交叉口控制效果的评价指标有很多,例如,车均延误、行程时间、停车次数、排队长度、饱和度、燃油消耗及污染物排放等。对车联网环境下车速控制方法控制效果的评价选用以下三个评价指标:车辆通过信号交叉口控制区域的平均行程时间、平均燃油消耗量、平均污染物排放量(包括 CO_2、CO、HC、NO_x 的排放量)。这些实时的交通信息都可以在仿真过程中实时获取。

1) 车辆行程时间的采集

车辆通过信号交叉口车速控制区域的行程时间通过 NetLogo 内置的仿真时钟进行采集并存储。如图 2-23 所示,当车辆到达预先设定的车速控制区域时,NetLogo 内置的仿真时钟会记录该车辆进入控制区域的时刻点 t_1,同样会记录车辆离开信号交叉口的时刻点 t_2,两者之差即为该车辆通过信号交叉口车速控制区域所用的行程时间 T_1。仿真过程中每辆车的行程时间值会存储在记录车辆行程时间的数组中,该数组的平均值即为某一仿真时刻该信号交叉口车速控制区域内车辆通过信号交叉口的平均行程时间。

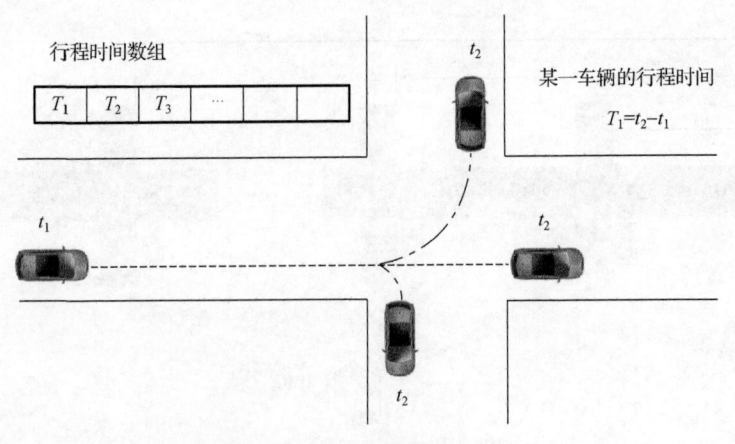

图 2-23 路段行程时间的采集

2) 油耗和排放信息采集

在仿真模拟环境中,不存在真正的燃油消耗量和污染物排放量,因此不能直接采集到油耗和排放信息,但是可以通过适当的油耗和排放模型间接地获取车速控制区域内单位时间的燃油消耗量和污染物排放量。

车辆燃油消耗和污染物排放测算模型从应用层面可以分为宏观模型和微观模型,宏观模型用来测算一定区域内(如国家或城市)的交通油耗和排放的总量,但不能用于测算和评价信号交叉口的节能减排效果。而微观模型可以用来评价局部信号交叉口的燃油消耗和污染物排放水平。相关研究表明,影响信号交叉口处车辆燃油消耗和污染物排放的主要因素是车辆的速度和加速度[18]。因此本书研究基于速度-加速度的统计模型来评估车辆在信号交叉口区域的燃油消耗和污染物排放。Rakha等[19]提出的 VT-Micro 模型即为基于速度-加速度的微观油耗和排放模型,该模型通过采集车辆行驶过程中的瞬时速度和加速度来测量车辆单位时间内的燃油消耗和污染物排放量。其数学表达式为

$$\mathrm{MOE_e} = \exp\left(\sum_{i=1}^{3}\sum_{j=1}^{3} P_{i,j}^{\mathrm{e}} v^i a^j\right) \tag{2.39}$$

其中,$\mathrm{MOE_e}$ 为车辆的瞬时油耗量或污染物排放量;v 为车辆的瞬时速度;a 为车辆的瞬时加速度;$P_{i,j}^{\mathrm{e}}$ 为速度幂次为 i、加速度幂次为 j 时模型的回归系数,该系数是通过美国橡树岭国家实验室的实车测试实验获得的;y 为 CO、HC、NO_x 等污染物的排放因子或燃油消耗因子。VT-Micro 模型没有标定 CO_2 的排放因子,根据文献[19]可以发现 CO_2 的排放量与车辆的燃油消耗量有着直接的关系,因此 CO_2 的排放量可以通过下式关系计算得到

$$\mathrm{MOE_{CO_2}} = \delta_1 v + \delta_2 \mathrm{MOE_{fuel}} \tag{2.40}$$

其中,$\mathrm{MOE_{CO_2}}$ 为车辆的瞬时 CO_2 排放量,$\mathrm{MOE_{fuel}}$ 为车辆的瞬时油耗量,δ_1 和 δ_2 为系数,对于汽油车分别为 3.5×10^{-8} kg/m 和 2.39kg/L,对于柴油车分别为 1.17×10^{-6} kg/m 和 2.65kg/L[19]。

在仿真过程中,可以将经典的 VT-Micro 模型写入仿真程序以便实时采集控制区域内单位时间的燃油消耗和污染物排放信息,并通过绘图窗口对仿真实验过程中平均油耗量和污染物排放量的变化进行实时监测。

2.5.5 仿真实验及结果分析

1) 网联环境与传统环境仿真对比

(1) 平均行程时间。

根据 2.5.4 节中描述的行程时间采集方法,分别在传统驾驶环境和车联网环境

下实时采集车辆通过信号交叉口的行程时间。仿真中车辆的到达近似服从泊松分布，通过 NetLogo 仿真模拟得到图 2-24 所示的车辆平均行程时间对比图。图中每个点代表当前仿真时刻信号交叉口车速控制区域内的车辆从进入车速控制区域至驶出交叉口的平均行程时间，虚线代表传统驾驶环境下的车辆平均行程时间变化，实线代表车联网环境下的车辆平均行程时间变化。图中横坐标的单位 ticks 是 NetLogo 仿真世界中的时间步，即 NetLogo 内置的时钟计数器，可以跟踪仿真中已经运行了多少个时间步。

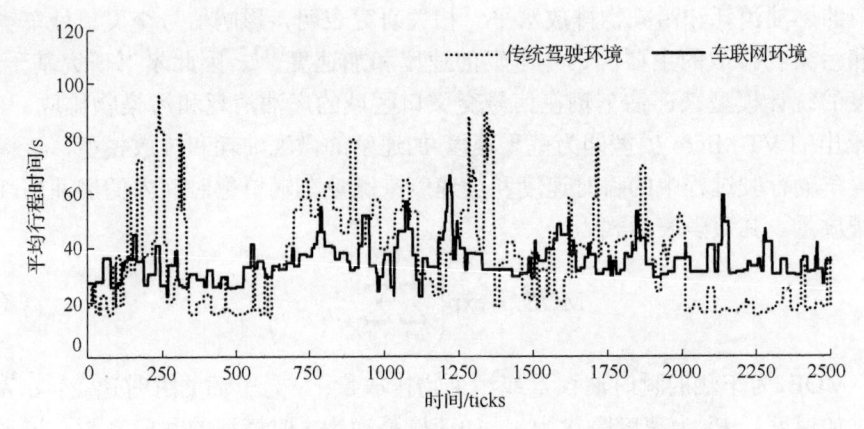

图 2-24　单点信号交叉口场景下车辆平均行程时间对比

可以直观地看出，在车联网环境下运用面向单点信号交叉口的车速控制方法使得车辆通过信号交叉口区域的平均行程时间的波动变小，信号交叉口处的交通流趋于稳定，减小了由信号的周期性变化而引起的交通扰动。表 2-1 为面向单点信号交叉口的车联网环境和传统驾驶环境下各项评价指标对比。相比于传统驾驶环境，在车联网环境下车辆通过信号交叉口车速控制区域的平均行程时间减少了约 5%，这是因为在车联网环境下通过车载单元与交叉口控制单元之间双向的信息交流，车辆可以最大限度地避免在信号交叉口处停车等待，节省了绿灯启亮时的启动损失以及起步加速时间。

表 2-1　面向单点信号交叉口的车联网环境和传统驾驶环境下各项评价指标对比

驾驶环境	行程时间/s	燃油消耗/(L/ticks)	CO_2 排放/(mg/ticks)	CO 排放/(mg/ticks)	HC 排放/(mg/ticks)	NO_x 排放/(mg/ticks)
传统环境	35.43	4.33	10.01	0.49	0.45	0.15
车联网环境	33.53	3.25	8.15	0.40	0.33	0.12

(2) 燃油消耗量。

仿真过程中通过 VT-Micro 模型可以实时监测车速控制区域内车辆的燃油消耗

量，仿真模拟结果如图 2-25 所示，图中每个点代表当前仿真时刻车速控制区域内的瞬时燃油消耗量。可以看出，在车联网环境下，单位时间内的燃油消耗量有明显的减少，燃油消耗量的峰值显著降低。由表 2-1 可知在车联网环境下单位时间内车辆的燃油消耗量减少了约 25%。尽管为了尽快通过信号交叉口，有些车辆在控制区域内进行了加速行驶，但是，对于交叉口通行来说，一定的加速操作可以避免停车等待，并且车辆在高速行驶时燃料的燃烧将更加充分，反而有利于减少车辆通过信号交叉口区域的燃油消耗量。

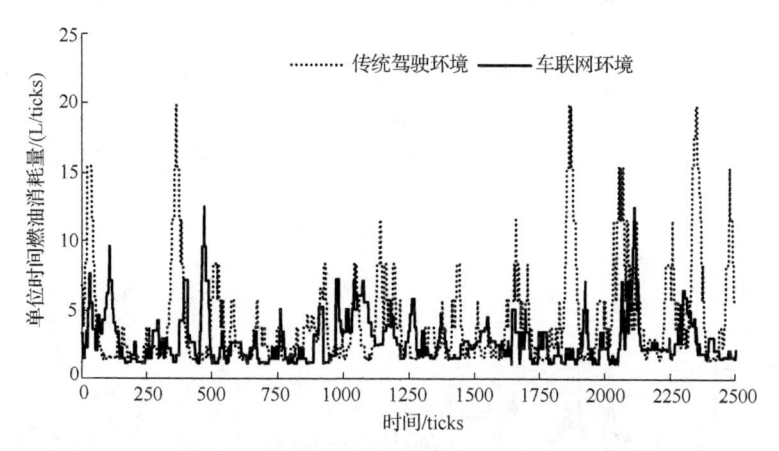

图 2-25　单点信号交叉口场景下车辆单位时间燃油消耗量对比

(3) 污染物排放量。

车辆在行驶过程中排放到大气中的污染物主要有 CO_2、CO、HC、NO_x，根据 2.5.4 节中所述的方法，分别在传统驾驶环境和车联网环境下对车速控制区域内污染物的排放量进行了实时监测，仿真结果如图 2-26～图 2-29 所示。可以直观地看出，CO_2、CO、HC、NO_x 这四种污染物排放量的变化趋势是大致相同的。从能量守恒的角度来说，这也是合理的。根据碳平衡原理，燃烧后的碳排放总量应该等于燃烧前燃料中碳的质量[20]。因此 CO_2、CO、HC、NO_x 等污染物的排放量有着相似的变化趋势，在下面的分析中不再一一列举这四种污染物各自的变化趋势，污染物的排放量统一用 CO_2 排放量来代表。

在传统驾驶环境下，单位时间内的污染物排放量近似呈周期性的变化，且排放量波动较大，峰值较高，容易出现某段时间内交叉口附近区域污染物浓度过高的现象。而在车联网环境下，由于最大限度地减少了车辆在信号交叉口处的怠速停车以及车辆在行驶过程中的速度波动，单位时间信号交叉口控制区域内 CO_2、CO、HC、NO_x 的排放量分别减少了 18.6%、18.4%、26.7%、20%（见表 2-1），且排放量的波动相对较小，峰值降低，有效地减少了控制区域内污染物排放量突然增加的情况。

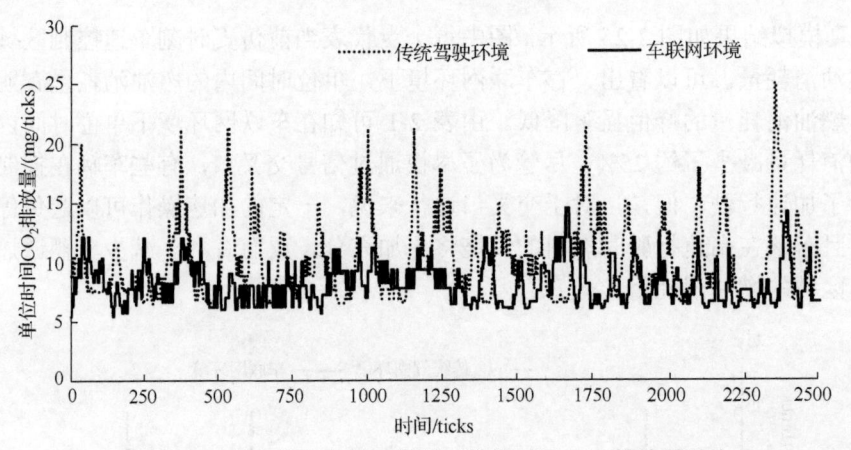

图 2-26 单点信号交叉口场景下单位时间 CO_2 排放量对比

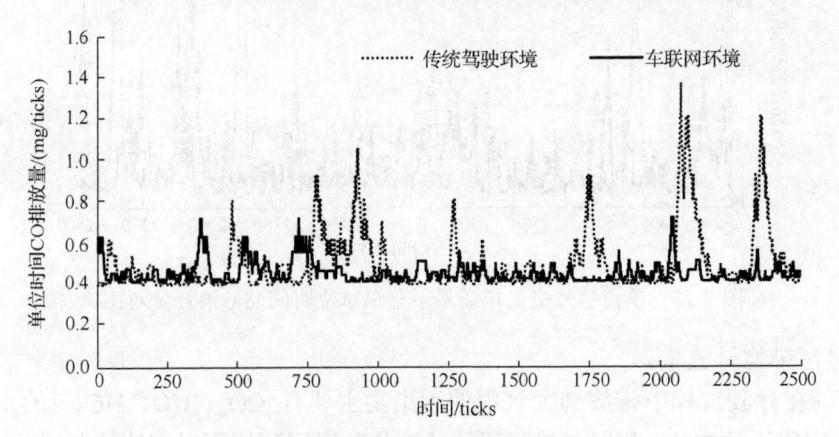

图 2-27 单点信号交叉口场景下单位时间 CO 排放量对比

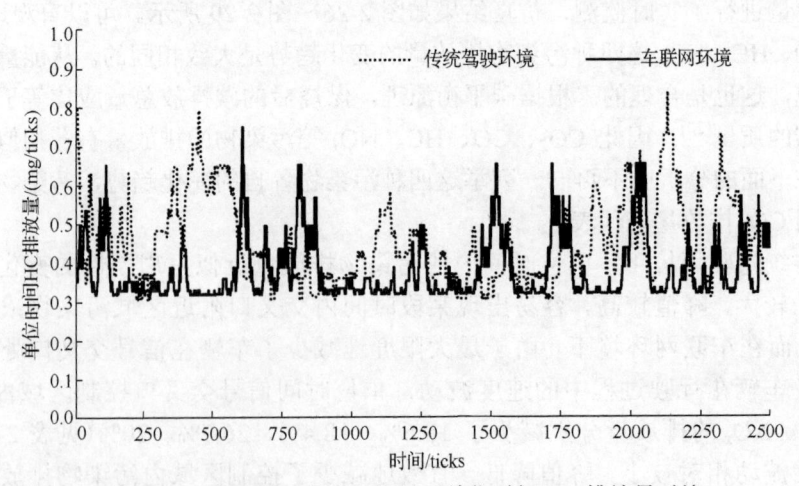

图 2-28 单点信号交叉口场景下单位时间 HC 排放量对比

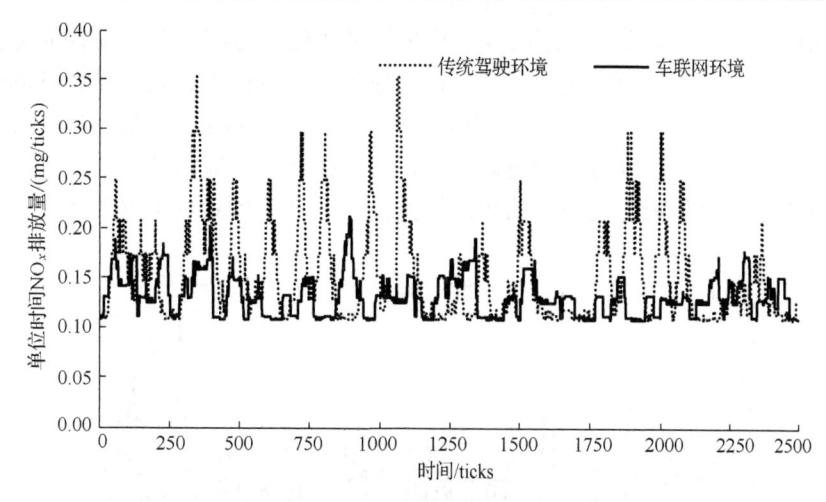

图 2-29 单点信号交叉口场景下单位时间 NO_x 排放量对比

在仿真中运用 2.4 节中所述的连续信号交叉口车速控制方法控制车辆通过信号交叉口，采集车辆通过信号交叉口车速控制区域的平均行程时间、燃油消耗和 CO_2 排放量，并与传统驾驶环境下的指标相比较，仿真结果如图 2-30～图 2-32 所示。可以看出，在车联网环境下，车辆的平均行程时间、单位时间内的燃油消耗量和 CO_2 排放量都处于相对稳定的状态，尤其是燃油消耗和 CO_2 排放量，一直稳定在低水平状态，相比于传统驾驶环境下的周期性剧烈波动，改善效果很好。但是，从图 2-30 可以发现在车联网环境下采用 2.4 节中所述的车速控制方法控制车辆运动，对车辆通过连续信号交叉口的行程时间改善并不明显。经计算，在传统驾驶环境下，车辆通过连续 8 个信号交叉口区域的平均行程时间为 689.1s，而在车联网环境下，采用以减少油耗和排放为目的的车速控制方法控制车辆运动，车辆通过连续信号交叉口区域的平均行程时间为 723.3s，

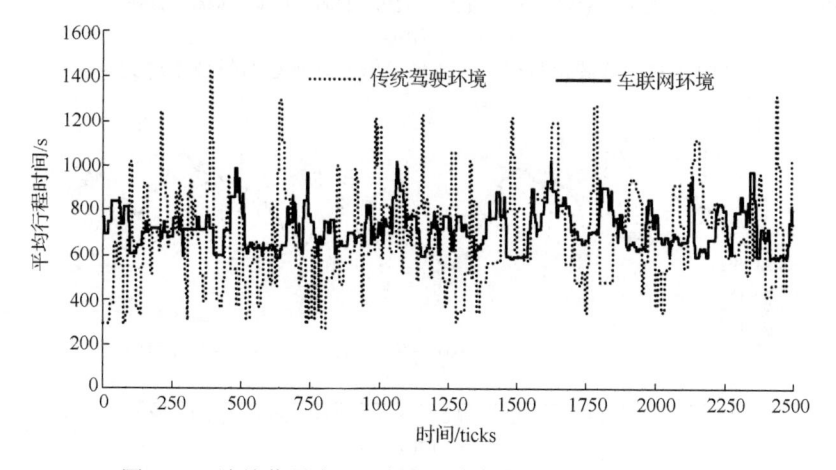

图 2-30 连续信号交叉口场景下车辆的平均行程时间对比

行程时间增加了约 5%。这是因为 2.4 节中所述的连续信号交叉口车速控制方法是通过不断求可行速度之间的交集来确定目标车速的，其目标车速相比于传统驾驶环境下车辆的平均速度会略小一些，因此牺牲了一部分行程时间。但从图 2-33 交叉口某一进口道车辆的平均速度对比图可以看出，车速控制方法能够缓解由信号相位的变化而造成的进口道车辆平均速度的周期性波动，有利于提高行车安全性。

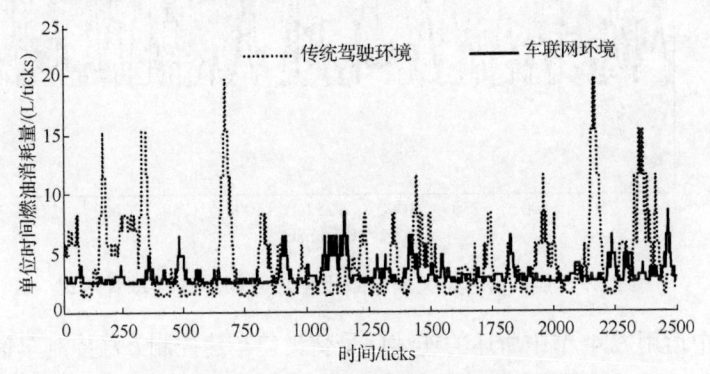

图 2-31 连续信号交叉口场景下车辆单位时间燃油消耗量对比

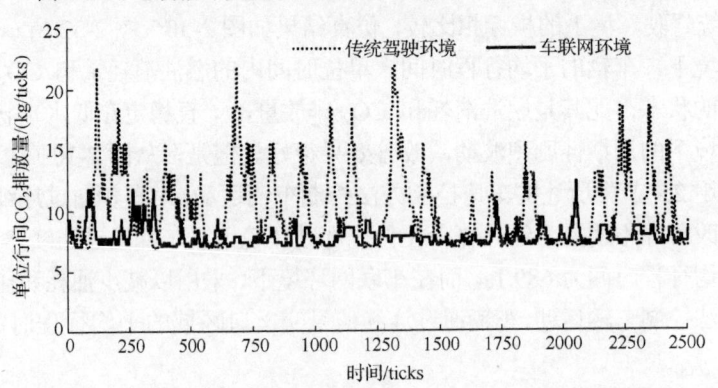

图 2-32 连续信号交叉口场景下单位时间 CO_2 排放量对比

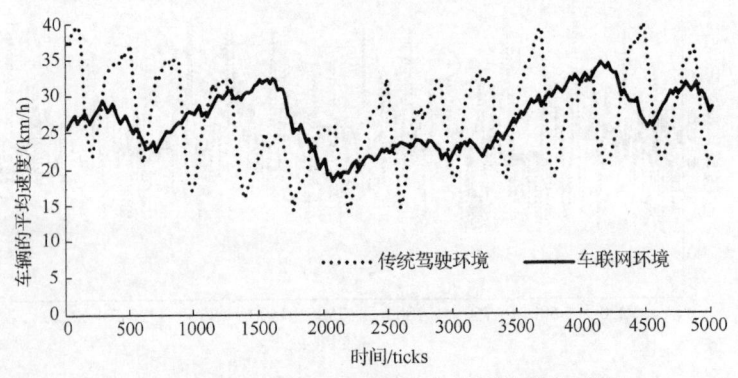

图 2-33 交叉口某一进口道车辆的平均速度对比

在仿真系统中跟踪车辆的运动轨迹可以直观地观测车速控制的效果,图 2-34 所示为控制区域内某车辆加入车速控制前后的行驶轨迹对比图,可以看出,在车联网环境下对车辆进行车速控制后,车辆通过连续信号交叉口的运动轨迹变得相对平滑,经过两次速度调整之后,得以不停车连续通过了 8 个信号交叉口。

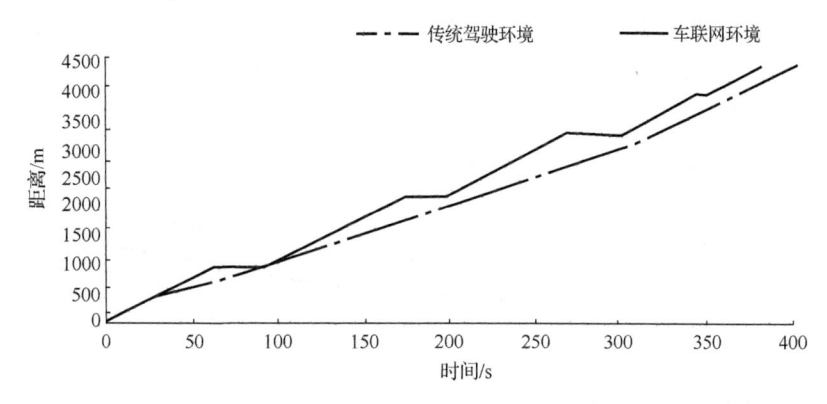

图 2-34 控制区域内某辆车加入车速控制前后的行驶轨迹对比

2) 不同车速控制方法控制效果仿真对比

本小节对面向单点信号交叉口的车速控制方法和面向连续信号交叉口的车速控制方法的仿真实验结果进行对比分析。在连续信号交叉口仿真场景下,通过设置不同的来车率来调整路段上交通量的大小,当交通量由 100pcu/h 逐渐增大到 1300pcu/h 时,两种车速控制方法下车辆通过连续 8 个信号交叉口单位时间的平均燃油消耗量和 CO_2 排放量的对比如图 2-35 和图 2-36 所示。可以看出,面向单点信号交叉口的车速控制方法在单位时间内车辆的平均燃油消耗量以及 CO_2 排放量均高于面向连续信号交叉口的车速控制方法,这是由于面向单点信号交叉口的车速控制方法需要车辆在每个信号交叉口前都进行速度调整,其相对频繁的速度波动使得燃油消耗量和

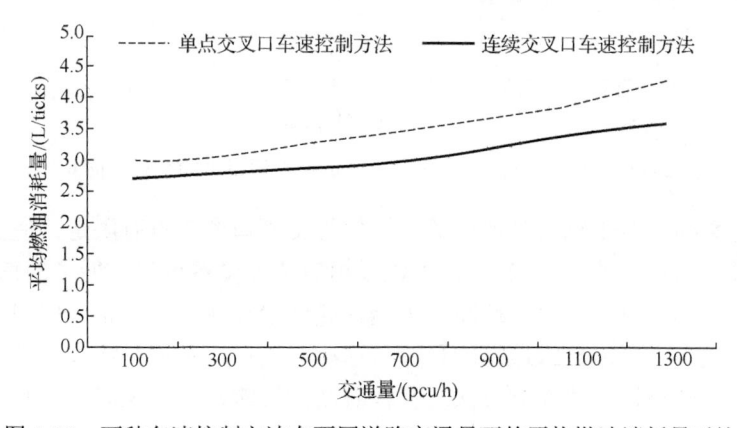

图 2-35 两种车速控制方法在不同道路交通量下的平均燃油消耗量对比

CO_2 排放量相对较大。但是,从图 2-37 可以看出,当交通量小于 800pcu/h 时,面向单点信号交叉口的车速控制方法在缩短车辆行程时间方面更具优势。然而,随着道路上交通量的进一步增加,车辆之间较强的跟驰行为会限制车速控制的效果,此时,面向连续信号交叉口的车速控制方法更有利于缩短车辆平均行程时间。因此,面向连续信号交叉口的车速控制方法达到的控制效果要优于多次单点信号交叉口车速控制的叠加效果,在减少车辆通过信号交叉口区域的燃油消耗和污染物排放方面以连续信号交叉口为研究对象的车速控制方法表现更优。

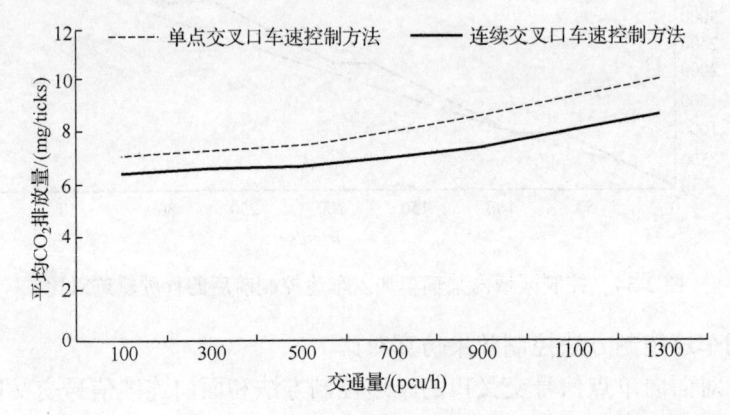

图 2-36 两种车速控制方法在不同道路交通量下的平均 CO_2 排放量对比

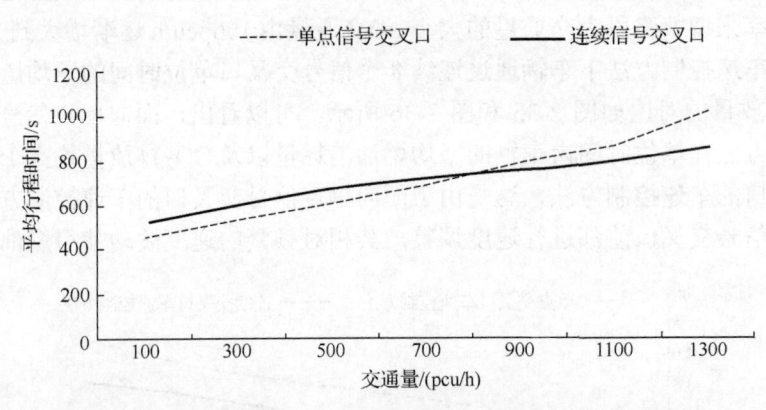

图 2-37 两种车速控制方法在不同道路交通量下的行程时间对比

以上仿真实验对车辆最多通过的连续信号交叉口个数没有限定,在满足预先设定的路段最大和最小速度范围内,让车辆以恒定的速度通过尽可能多的信号交叉口。运用该方法虽然可以最大限度地减少车辆的燃油消耗和 CO_2 排放,但由于路段最小速度的取值较小,可能导致最终的目标车速相对较小,进而会牺牲一部分车辆的行程时间。为了减小该车速控制方法对行程时间的影响,在上述研究的基础上,对车辆最多连续通过的信号交叉口个数进行了限定。在连续信号交叉口仿真场景下,将车辆最多可以连续通过的信号交叉口个数分别设定为 2 个、3 个、4 个、5 个,其他仿真参数的设置不变,并与上述不限定车辆连续通过信号交叉口个数的仿真实验进行对比。仿真结果如图 2-38 和图 2-39 所示。

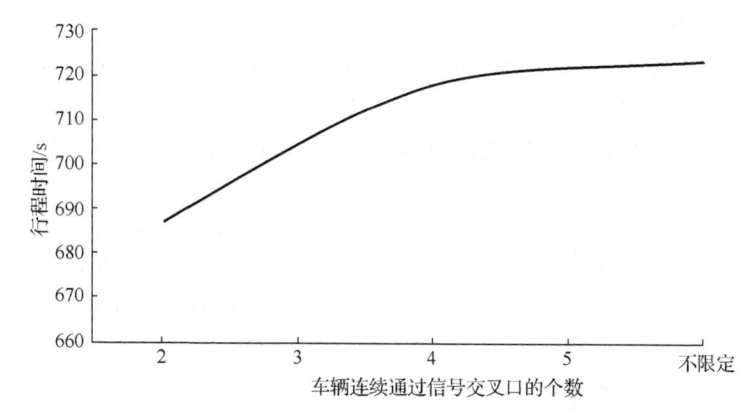

图 2-38 对车辆最多连续通过的交叉口个数限定与不限定的行程时间对比

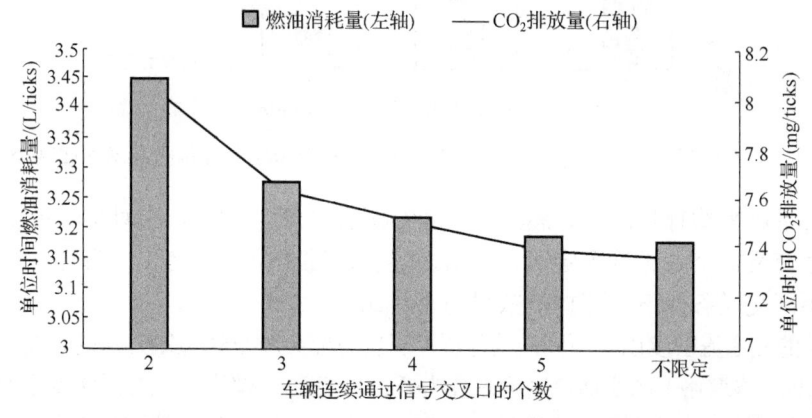

图 2-39 对车辆最多连续通过的交叉口个数限定与不限定的油耗量和 CO_2 排放量对比

从图 2-38 可以看出,当限定车辆最多连续通过的信号交叉口个数为 2 个或 3 个时,车辆通过连续信号交叉口的行程时间会有较明显的降低,这是因为对车辆最多通过的连续信号交叉口个数进行限定后,车辆在以一定车速通过限定的交叉口后中心控制系统会重新计算目标车速进行新一轮的车速控制,从而减少了因车辆通过的连续信号交叉口过多而产生目标车速过小的现象。但从图 2-39 可以看出,当对车辆最多连续通过的交叉口个数进行限定后,单位时间燃油消耗量和 CO_2 排放量会有一定程度的增加,这与车速波动的增加有一定关系。而当限定车辆最多连续通过的信号交叉口个数为 4 个或 5 个时,车辆的平均行程时间、燃油消耗量和 CO_2 排放量相比不限定车辆最多通过信号交叉口的个数时没有明显的减少或增加,这表明在设定的仿真场景下即便不对车辆最多通过信号交叉口的个数进行限定,由于各交叉口信号配时以及前方车辆等的影响,车辆也很难连续通过 4 个以上的信号交叉口。

从图 2-40 可以看出,与不限定车辆最多连续通过信号交叉口个数的车速控制方法相比,对车辆最多连续通过的信号交叉口个数设定为 2 个时,车辆的平均行程时间减少了 5%,但单位时间的燃油消耗和 CO_2 排放量增加较多。而当对车辆最多连续通过的信号交叉口个数设定为 4 个或 5 个时,各种评价指标的增加或减小范围均在 2%以内,此时对车辆最多连续通过信号交叉口的个数进行限定的意义不大。

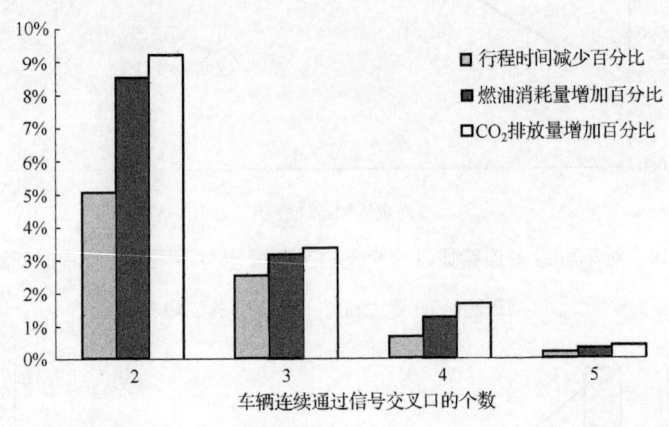

图 2-40 对车辆最多连续通过的信号交叉口个数进行限定时各评价指标增加或减少情况

综合考虑平均行程时间、燃油消耗和 CO_2 排放量的大小,当对车辆最多连续通过的信号交叉口个数进行限定时,以最多连续通过 3 个信号交叉口为宜。

3) 不同交通条件下车速控制效果仿真对比

不同的交通流密度以及不同的信号周期长度可能会对车速控制方法的控制效果产生一定的影响。将道路上的交通流密度划分为低、中、高三个等级:当交通量低于 500pcu/h 时,为低交通流密度状态;当交通量为 500~1000pcu/h 时,为中等交通流密度状态;当交通量高于 1000pcu/h 时,为高交通流密度状态。信号周期长度分别为 70s、90s、110s、130s 和 150s,对应的各相位的有效绿灯时长分别为 30s、40s、50s、60s 和 70s。

为了验证 2.4 节提出的车速控制方法在不同交通流密度以及不同信号周期长度下的车速控制效果,在连续信号交叉口仿真场景下,通过调整仿真路段上的交通量和改变信号周期长度,以传统驾驶环境下车辆的平均行程时间、燃油消耗和 CO_2 排放量为参照,比较在车联网环境下运用车速控制方法相比于传统驾驶环境下车辆平均行程时间、燃油消耗量和 CO_2 排放量减少的百分比。仿真实验结果如图 2-41~图 2-43 所示,在车联网环境下运用本章所述的车速控制方法,在不对车辆的平均行程时间造成较大影响的基础上,可以有效减少车辆通过连续信号交叉口的燃油消耗和 CO_2 排放量,但在不同的交通流密度以及不同的信号周期长度下控制效果会有所差异。

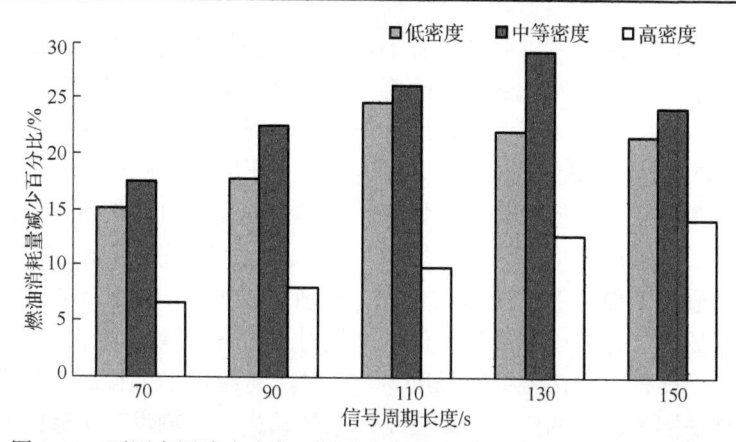

图 2-41　不同交通流密度与不同信号周期长度下燃油消耗量减少百分比

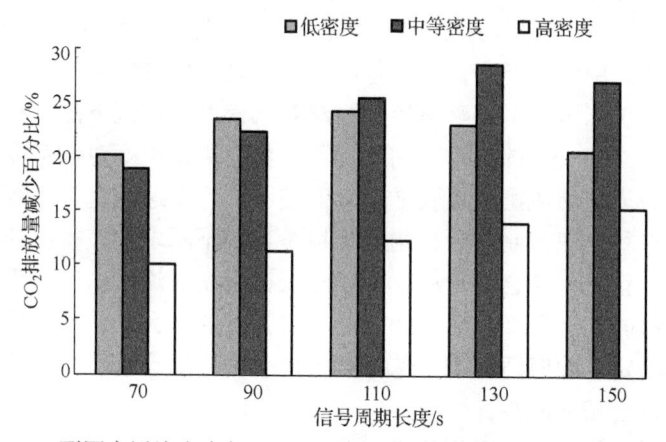

图 2-42　不同交通流密度与不同信号周期长度下 CO_2 排放量减少百分比

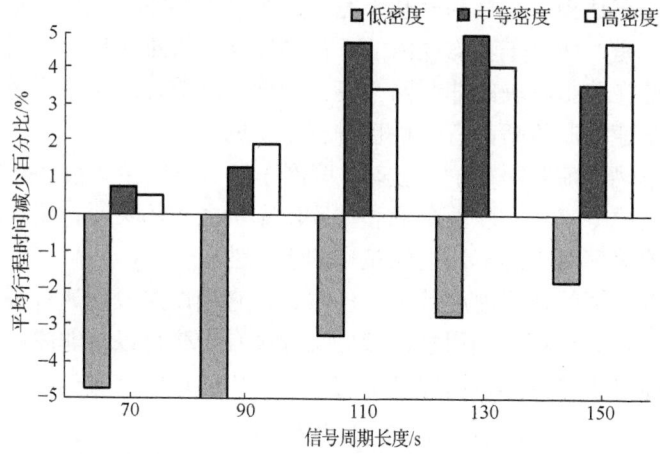

图 2-43　不同交通流密度与不同信号周期长度下平均行程时间减少百分比

从图 2-41 和图 2-42 可以明显地看出，在同一信号周期时长下，连续信号交叉口车速控制方法对中等密度的交通流改善效果最好，最多能够减少车辆燃油消耗和 CO_2 排放量约 30%。并且随着信号周期从 70s 增加到 150s，高密度交通流下车辆的燃油消耗和 CO_2 排放量减少愈加显著，这可能是由于随着信号周期长度和有效绿灯时间的延长，车辆有更多的机会在绿灯期间通过信号交叉口，从而使得高密度交通流下信号交叉口的通行能力得到显著增加。但是，当信号周期长度超过 110s 时，信号周期长度的进一步增加对燃油消耗和 CO_2 排放量减少的影响并不显著，本书认为所设置的仿真场景下存在一个最佳的信号周期时长使得车辆通过连续信号交叉口的控制效果最好。此外，当信号周期长度为 70s 时，油耗和 CO_2 排放量减少的百分比相对较低，这是因为较短的信号周期会增加信号损失，车辆没有足够的时间调整速度使其平滑通过交叉口。

图 2-43 所示不同交通流密度与不同信号周期长度下平均行程时间减少百分比，可以看出，依然是中等交通流密度下行程时间的减少比较明显，最多可以减少车辆平均行程时间约 5%。但是，该车速控制方法对低密度交通流下的行程时间具有负效应，大约会损失 2%～5% 的行程时间，且不同信号周期长度对低密度交通流的影响不大。这是因为当交通流密度比较低时，即使不进行车速控制，车辆的运行也相对比较平稳，而进行车速控制之后，由于目标车速是不断求交集得出的，相较于无车速控制时的自由行驶车速会小一些，所以在低密度交通流状态下运用车速控制方法反而会使得行程时间有所增加。而随着交通流密度的增大，传统驾驶环境下的交通流变得极其不稳定，此时适当的车速控制措施会使交通流重新有序地运行，车辆的平均行程时间也会相应减少。

4) 不同车联网覆盖率情况下仿真对比

以上所述的车速控制策略都是基于完全的车联网环境，在所有车辆均联网的条件下进行的。但是，所有车辆均联网的条件在短期内很难实现，它需要新的联网车辆全部取代目前在路上行驶的非联网车辆。因此，本节针对车联网环境下不同联网车辆覆盖率时车速控制策略的有效性也进行了研究。

当非联网车辆跟随联网车辆行驶时，联网车辆可以间接地被"控制"。因此，可以利用车辆跟驰模型来建立联网车辆和非联网车辆之间的关系，研究车联网环境下不同联网车辆覆盖率时上述车速控制策略的有效性。

假设非联网车辆的期望速度等于路段限速，它们以路段限速行驶，除非受到前方车辆的阻碍，仿真过程中利用智能驾驶员模型（IDM）可以对非联网车辆的行驶轨迹进行预测；而对于联网车辆则遵循上文中所提出的连续信号交叉口自动驾驶车速控制策略。

图 2-44 为中等车流密度下不同联网车辆覆盖率时部分车辆通过连续信号交叉口的时空轨迹。随着联网车辆覆盖率的增加，非联网车辆的运动轨迹与其前方联网

车辆的运动轨迹越来越趋于相似,当联网车辆的覆盖率超过 50%时,这种现象尤为明显。因此,可以通过对联网车辆的车速进行有效控制,使得非联网车辆也可以较好地被控制。从图 2-45 也可以看出,随着联网车辆覆盖率的增加,车辆通过信号交叉口的平均行程时间、燃油消耗量和 CO_2 排放量都在逐渐减小,证明车速控制方法对于车联网环境下不同联网车辆覆盖率时也有一定的控制效果。并且可以发现,当

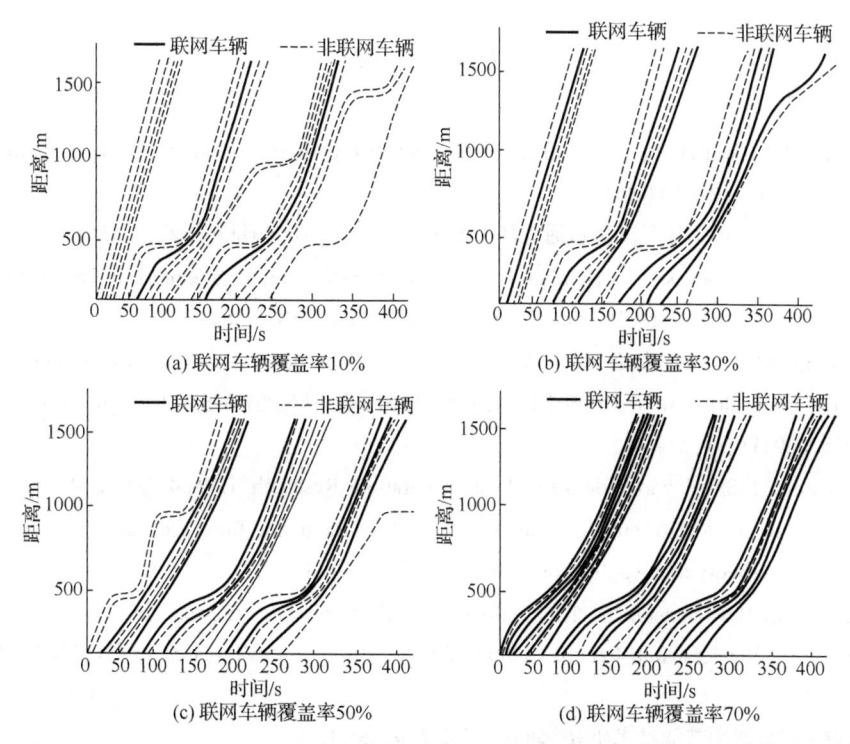

图 2-44 中等车流密度下不同联网车辆覆盖率时部分车辆通过连续信号交叉口的时空轨迹

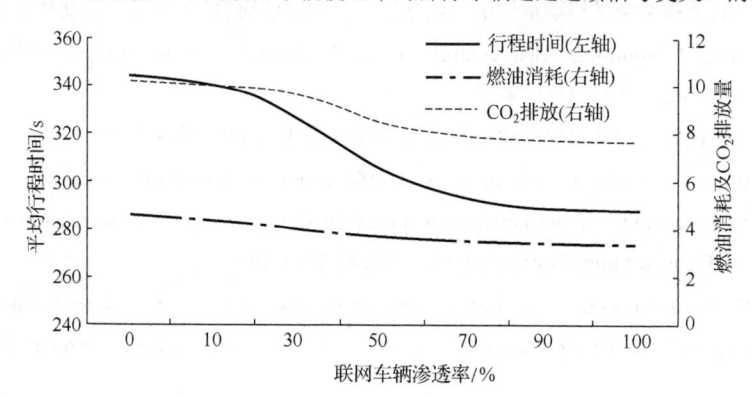

图 2-45 不同联网车辆覆盖率时车辆平均行程时间、燃油消耗量和 CO_2 排放量的变化

联网车辆的覆盖率达到70%时,车辆通过信号交叉口的平均行程时间、燃油消耗量和CO_2排放量已经比较接近完全的车联网环境。这一发现的意义在于,营造完全的车联网环境需要投入大量的人力、物力,短期内很难实现,而随着智能交通基础设施的完善,可以通过逐步提高联网车辆的投放率来优化信号交叉口交通流的运行,达到提高通行效率或者节能减排的目的。

参 考 文 献

[1] Caldwell T. On finding minimum routes in a network with turn penalties. Communication of the ACM, 1961, 4(2): 107-108.

[2] 杜文卫. 城市道路信号交叉口通行能力改善研究. 黑龙江交通科技, 2018, 41(9): 207-209.

[3] Treiber M, Hennecke A, Helbing D. Congested traffic states in empirical observations and microscopic simulations. Physical Review E, 2000, 62(2): 1805-1824.

[4] Lighthill M J, Whitham G B. On kinematic waves II: a theory of traffic flow on long crowded roads. Proceedings of the Royal Society A: Mathematical Physical and Engineering Sciences, 1955, 229(1178): 317-345.

[5] Richards P I. Shock waves on the highway. Operations Research, 1956, 4(1): 42-51.

[6] Li Y F, Sun D. Microscopic car-following model for the traffic flow: the state of the art. Journal of Control Theory and Applications, 2012, 10(2): 133-143.

[7] Barth M, Boriboonsomsin K. Real-world carbon dioxide impacts of traffic congestion. Transportation Research Record Journal of the Transportation Research Board, 2008, 2058(1): 163-171.

[8] 白崎. 汽车驾驶节能技术研究. 西安: 长安大学, 2011.

[9] 吴丽娜. 城市道路交叉口车辆燃油消耗分析及控制方法研究. 哈尔滨: 东北林业大学, 2016.

[10] Yi K, Chung J. Nonlinear brake control for vehicle CW/CA systems. IEEE/ASME Transactions on Mechatronics, 2002, 6(1): 17-25.

[11] 郭毅涛. 能耗优先的交叉口车速引导系统研究与实现. 西安: 长安大学, 2017.

[12] Li M, Boriboonsomsin K, Wu G, et al. Traffic energy and emission reductions at signalized intersections: a study of the benefits of advanced driver information. International Journal of Intelligent Transportation Systems Research, 2009, 7(1):49-58.

[13] Barth M, Boriboonsomsin K. Energy and emissions impacts of a freeway-based dynamic eco-driving system. Transportation Research Part D: Transport and Environment, 2009, 14(6): 400-410.

[14] Xia H, Boriboonsomsin K, Barth M. Dynamic eco-driving for signalized arterial corridors and its indirect network-wide energy/emissions benefits. Journal of Intelligent Transportation Systems,

2013, 17(1):31-41.

[15] Drogoul A, Ferber J. Multi-agent Simulation as a Tool for Studying Emergent Processes in Societies, The Computer Simulation of Social Phenomena. London: University College London Press, 1994.

[16] 刘志强, 王运霞, 黄成. 双车道公路线形连续性及安全性评价研究. 公路工程, 2008, 33(5): 45-47.

[17] 徐进, 杨奎, 罗庆, 等. 公路客车横向加速度实验研究. 西南交通大学学报, 2014, 49(3): 536-545.

[18] Liao T Y, Machemehl R. Development of an aggregate fuel consumption model for signalized intersections. Transportation Research Record Journal of the Transportation Research Board, 1998, 1641(1): 9-18.

[19] Rakha H, Ahn K, Trani A. Development of VT-Micro model for estimating hot stabilized light duty vehicle and truck emissions. Transportation Research Part D: Transport and Environment, 2004, 9(1): 49-74.

[20] Zhou M, Jin H. Development of a transient fuel consumption model. Transportation Research Part D: Transport and Environment, 2017, 51: 82-93.

第 3 章 单点信号交叉口可变车道设计及交通信号协同优化方法

由于受到通勤、节假日等因素的影响，许多交叉口在不同时段各转向交通流需求差异很大，尤其是左转及直行车辆在不同时段表现出了较大的差异，经常会出现某转向车流排队较长而其他转向车流还存在绿灯浪费的现象，这就造成了时间及空间资源的浪费，早期的交叉口优化设计多从时间资源或空间资源出发进行考虑。从时间资源角度出发的研究主要针对的是信号配时优化，比如绿灯相位优化、相序设计优化等。从空间资源角度出发的研究则主要针对的是车道优化，比如设置潮汐车道、设置可变导向车道等。这些方法虽然在一定程度上都可以提高车辆在交叉口的通行效率，但是并未充分将交叉口的时间资源及空间资源协同考虑，尤其是在智能网联自动驾驶环境下，交叉口通行效益仍有较大提升空间。

近年来，随着信息技术和交通控制技术的发展，自动驾驶技术也发展得越来越成熟，逐渐成为未来的发展趋势。在智能网联自动驾驶环境下，通过车车、车路通信，可以实时获取到车辆及交叉口数据，包括车辆的实时运行状态信息及道路交通状态等，基于这些数据，可以实现对智能网联自动驾驶车辆的实时控制以及交通信号配时、车道功能的实时动态变化，以满足在不同交通流条件下交叉口都可以保持最大通行效率，提高交叉口通行能力。

因此，为了缓解进口道不同转向车流分布不均衡时的资源浪费现象，并尽可能提高交叉口通行效率，实现自动驾驶环境下信号交叉口可变导向车道与信号配时协同优化控制，本章通过分析自动驾驶环境下可变导向车道设置条件、探究自动驾驶环境下信号配时方法，提出可变导向车道与信号配时协同优化模型，并搭建多智能体仿真平台，在不同仿真驾驶环境下进行仿真对比实验，研究智能网联自动驾驶环境下对车道、信号配时进行协同优化对交叉口交通流运行的影响。

3.1 可变导向车道及信号自适应设计

首先应分析自动驾驶环境下设置可变导向车道的条件，包括车道渠化条件、交通条件与信号配时条件。在此基础上，提出适用于自动驾驶环境下的信号配时自适应优化方法，为后续搭建可变导向车道与信号协同优化模型提供理论基础。

3.1.1 可变导向车道设置条件分析

当交叉口进口道由于车流分布不均衡而需要设置可变导向车道时,进口道车道需要满足一定的交通渠化条件。

(1)当交叉口进口道设置可变导向车道时,该进口道必须存在专用左转车道,以保证左转车辆的正常通行。通常来说,在交叉口进口道设置可变导向车道时,该进口道至少要有1条左转专用车道。

(2)当交叉口进口道设置可变导向车道时,该进口道必须要保证左转、直行及右转车辆的正常行驶。

(3)设置可变导向车道的进口道应有足够的车道数,以保证各转向车流在运行过程中可以互不干扰,同时还需要有多余的车道用来设置可变导向车道,否则在进口道交通流较大但车道数量不足的情况下,设置可变导向车道反而会对交通造成负面影响。一般地,当进口道存在专用右转车道时,设置可变导向车道的进口道车道数不少于4条,如图3-1所示;当进口道存在直右车道或右转车辆可以提前渠化放行时,设置可变导向车道的进口道车道数不少于3条,如图3-2所示。

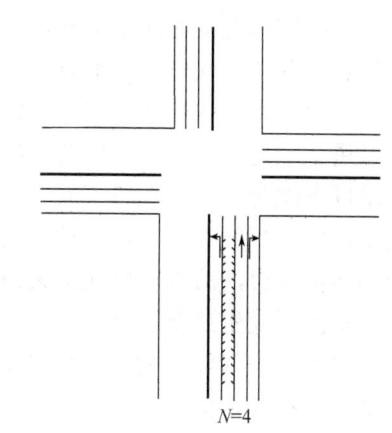

图3-1 进口道存在专用右转车道时交叉口示意图

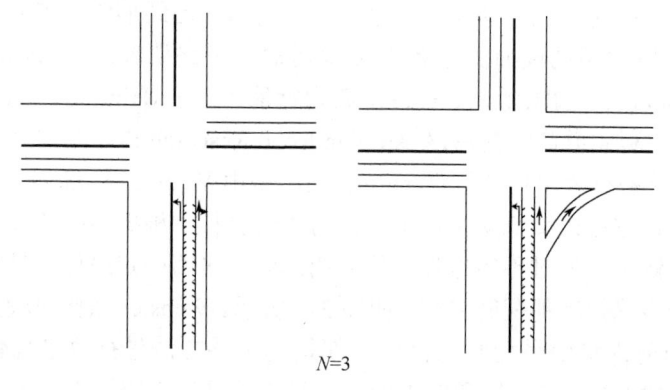

图3-2 进口道存在直右车道或右转车辆可以提前渠化放行时交叉口示意图

由于可变导向车道类型不是固定的,它需要根据实时车流情况进行优化并变换车道类型,所以并不适合设在所有交叉口,在交叉口设置可变导向车道时需要满足以下交通条件。

(1) 交叉口进口道左转及直行车流在不同时间内车流分布不均衡,具有较为明显的差异,即某时段左转交通需求较大而直行交通需求较小,其他时段则反之。

(2) 左转及直行车流至少有一股是不饱和的。如果左转及直行车流长时间均呈现饱和状态,那么道路的空间资源已接近满负荷状态,在这种情况下,设置可变导向车道并对车道类型进行转换可能对交通造成一定负面影响。此时应考虑从其他方面对交通进行优化,如增加车道数、增设左转短车道等。

(3) 左转及直行交通的交通状态可实时获取。由于车道与信号需要进行实时优化,所以需要实时获取各交通流数据,在自动驾驶环境下,车辆可以与车辆、路侧设施及中心控制系统实时通信交互,在车辆进入交叉口控制区域时即实时获取所有车辆的信息,并依据获取到的信息进行优化设计。

当交叉口设置可变导向车道时,为满足不同转向车流的正常通行,需要对交叉口的信号进行一定的控制。在传统环境下,当交叉口进口道存在可变导向车道时,需要满足以下配时条件:左转车流有专用的左转专用信号相位,并且左转车与直行车受到不同信号灯的控制。在自动驾驶环境下,由于可以动态的组织优化不同交通流构成的相位组合,所以可以在交叉口实施信号自适应配时设计,在优化过程中只需满足各车流不发生冲突即可。

基于完全自动驾驶环境来进行建模优化,假定在该环境下机动车、非机动车、行人在空间上不存在交织的现象,认为非机动车、行人不对机动车的行驶造成任何的影响,也不考虑行人及非机动车对信号配时优化所产生的影响。

3.1.2 交叉口信号自适应设计

交叉口信号配时优化方法起源较早,到目前为止已经形成了较为系统的配时理论及方法,比较常用的配时方法包括英国运输与道路研究所(Transport and Road Research Laboratory,TRRL)法、美国道路通行能力手册(Highway Capacity Manual,HCM)法及澳大利亚道路研究院(Australian Road Research Board,ARRB)法等。

TRRL 法又被称为韦伯斯特(Webster)法,是由 Webster 和 Cobbe 于 20 世纪 50 年代提出的,该方法以降低交叉口延误作为优化目标,根据实际条件的各项限制对信号周期进行修正,通过不断地优化信号周期时长进而确定最佳信号周期,之后根据该周期进一步确定其他配时参数,如图 3-3 所示。Webster 法作为较为经典的信号配时方法,当前许多信号配时优化模型都是基于该方法进行改进优化的。区别于 Webster 法,HCM 法是基于饱和度来确定交叉口的最佳周期,进而确定各相位参数。ARRB 法通过引入"停车补偿系数",对 Webster 法进行了修正,建立信号配时优化评价指标(Performance Index,PI),以实现降低运营费用、降低汽车尾气或增加驾驶员舒适度的目标,当 PI 最小时即可得到交叉口最佳周期。

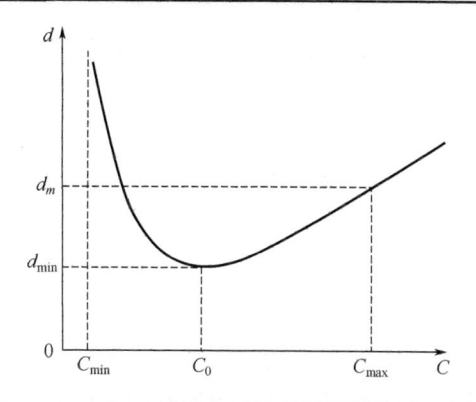

第3章 单点信号交叉口可变车道设计及交通信号协同优化方法

图 3-3 Webster 法确定最佳信号周期时长示意图

上述三种信号配时方法是最基本的交叉口信号配时优化方法，目前已有诸多由这些方法衍生出的模型，但是核心优化思路并没有发生变化，都是传统的固定相位信号配时。如图 3-4 所示，在进行信号配时优化时，在确定好交叉口相位相序后，相位相序并不能随交通量的变化而动态变化，在运行过程中始终保持固定的状态。

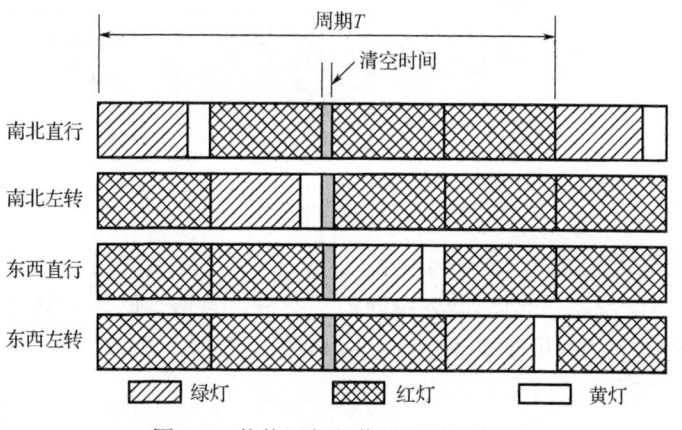

图 3-4 传统四相位信号配时示意图

在智能网联自动驾驶环境下，可以实现实时的信息通信与交互，这就为实现信号配时的实时优化提供了条件，考虑到传统的信号配时方案并不适合用于自动驾驶环境中，因此基于自动驾驶环境提出了一种交叉口自适应优化方法，该方法的核心思路是各相位绿灯时间根据实时的交通流信息来动态优化，同时各相位的相序也可灵活变化，以最大化提高交叉口通行效率。在配时设计中主要考虑两个问题：一是各相位所需最小绿灯时间，二是交通冲突判定，下面分别对这两个问题进行具体分析。

(1) 确定最小绿灯时间。

车辆通过交叉口时是以车队的形式行驶，因此就需要确定给定任意一组车队时该车队通过交叉口所需时间,通过计算该时间即可确定该车队所对应的绿灯相位最小绿灯时间。

①单车道车队通过交叉口最小绿灯时间。

如图 3-5 所示,一组车队列由西向东行驶,车队内的所有车辆速度、加速度、车头间距、行驶方向等状态均保持一致,头车在交叉口停止线的位置,则从此时开始直到车队通过交叉口的时间可表示为

$$t = h_t \times n + h \tag{3.1}$$

其中,h_t 为车队的车头时距,n 为车队包含的车辆数,h 为一个车辆从车头刚好在停止线时行驶到车尾刚好通过交叉口时所需的时间。此时该车队所需最小绿灯时间 G 等价于车队通过交叉口的时间,即

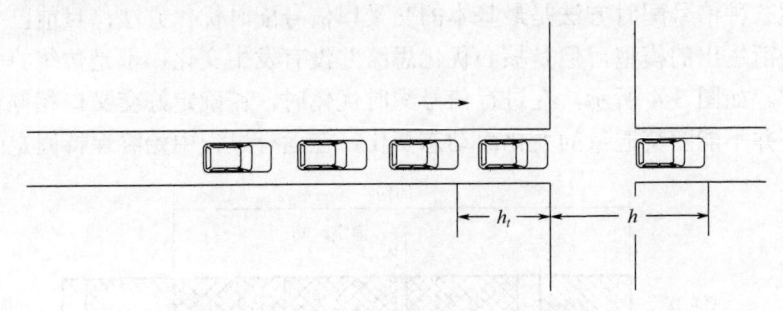

图 3-5 单车道车队通过交叉口示意图

$$G = h_t \times n + h \tag{3.2}$$

②多车道车队通过交叉口最小绿灯时间。

如图 3-6(a)所示,一组车队列由西向东行驶,且该车队内车辆数为偶数($n=2,4,6,8,\cdots$),但是该车队占用多条车道,此时该车队通过交叉口的时间可表示为

$$t = h_t \times \frac{n}{N} + h \tag{3.3}$$

其中,N 为车队占用的车道数,同样地,此时该车队最小绿灯时间 G 可表示为

$$G = h_t \times \frac{n}{N} + h \tag{3.4}$$

若车队内车辆数为奇数($n=1,3,5,7,\cdots$),如图 3-6(b)所示,则在计算该车队所需最小绿灯时应以保证最后一辆车通过交叉口为准。此时该车队最小绿灯时间 G 可表示为

$$G = h_t \times \frac{n+1}{N} + h \tag{3.5}$$

综上所述,车队通过交叉口所需最小绿灯时间为

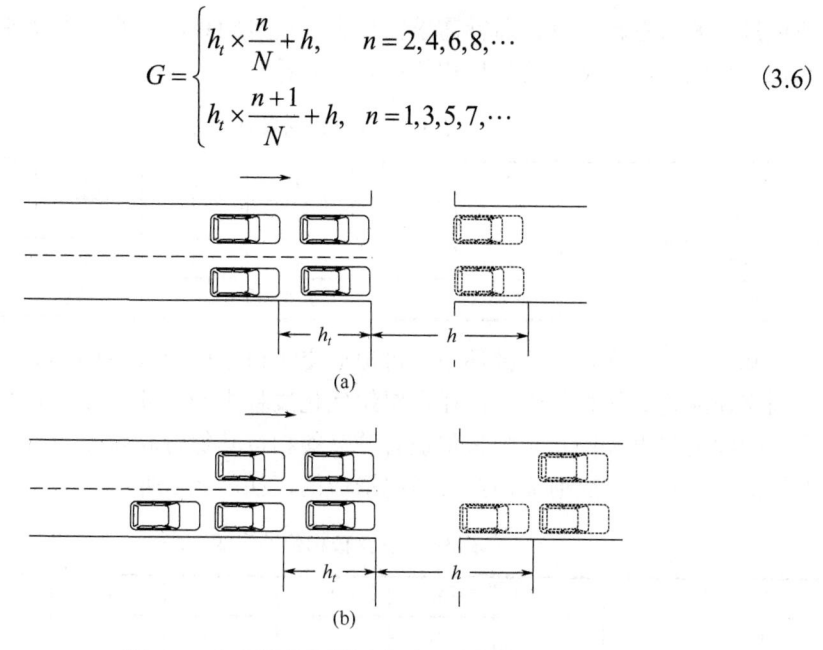

第 3 章 单点信号交叉口可变车道设计及交通信号协同优化方法

$$G = \begin{cases} h_t \times \dfrac{n}{N} + h, & n = 2,4,6,8,\cdots \\ h_t \times \dfrac{n+1}{N} + h, & n = 1,3,5,7,\cdots \end{cases} \tag{3.6}$$

图 3-6 多车道车队通过交叉口示意图

(2) 交通冲突判定。

如图 3-7 所示，交叉口每个进口道均存在左转、直行与右转三个通行需求，共有 12 组通行需求，由于右转车辆有专用右转车道，在通过交叉口时不受到信号控制，

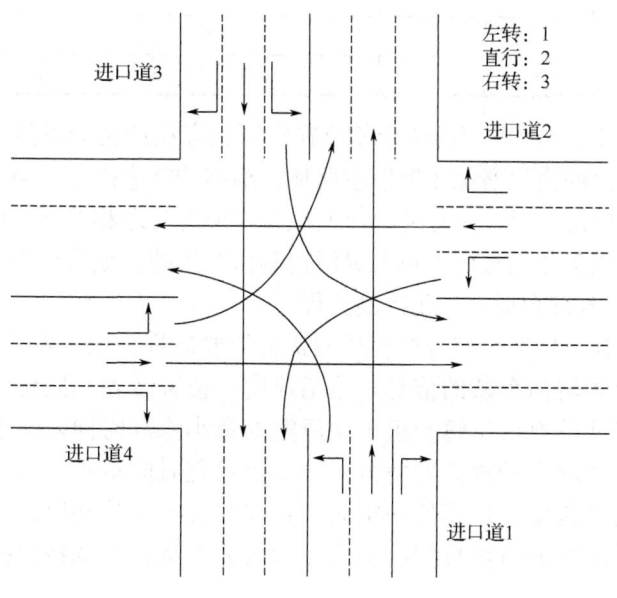

图 3-7 十字交叉口各转向车流通行需求示意图

所以只有 8 组左转与直行通行需求需要进行信号约束，每组通行需求对应一个信号相位，相应地，交叉口信号灯相位如表 3-1 所示。

表 3-1　交叉口信号灯相位

相位编号	1	2	3	4	5	6	7	8
进口道	1	1	2	2	3	3	4	4
转向	1	2	1	2	1	2	1	2
车流	南-左	南-直	东-左	东-直	北-左	北-直	西-左	西-直

基于智能网联自动驾驶环境，可根据交叉口不同交通流的到达情况自组织优化不同交通流构成的相位组合，在自组织优化过程中应当避免车辆在交叉口处发生冲突，因此需要设置冲突矩阵来保证有冲突的相位其绿灯相位不重叠，冲突矩阵是由逻辑信号灯对应的交通流向冲突情况形成的，如表 3-2 所示。

表 3-2　交叉口相位冲突矩阵表

编号	1	2	3	4	5	6	7	8
1			×			×	×	×
2				×				×
3	×	×					×	
4		×			×			
5				×			×	
6	×							×
7	×		×		×			
8	×	×				×		

在该冲突表中，×所对应的两个相位在空间上存在冲突的可能，因此就需要对相位开启时间做出约束以避免车辆发生碰撞。根据冲突矩阵表，当一个交通流拥有通行权时，其对应的信号灯绿灯开启时间应该在所有与之相冲突的信号灯绿灯结束后，这样就可以避免由信号灯的单独灵活控制而产生的交通安全问题。

(3) 交叉口信号灯自适应优化控制流程。

根据上文所述，交叉口信号灯自适应优化控制流程如图 3-8 所示。首先在自动驾驶环境下获取各转向车队的信息，包括速度、位置及各车队包含车辆数。之后根据获取到的车队信息确定每一组车队所需的最小绿灯时间，并进一步确定各相位的先后顺序，该顺序的确定要使得所有车辆行程时间最小，同时根据冲突矩阵表进行交通冲突的判定，以确保在空间上存在冲突的车流在时间上不重叠。最后将优化后的自适应控制方案反馈给所有自动驾驶车辆，车辆按照接收到的指令穿过交叉口。

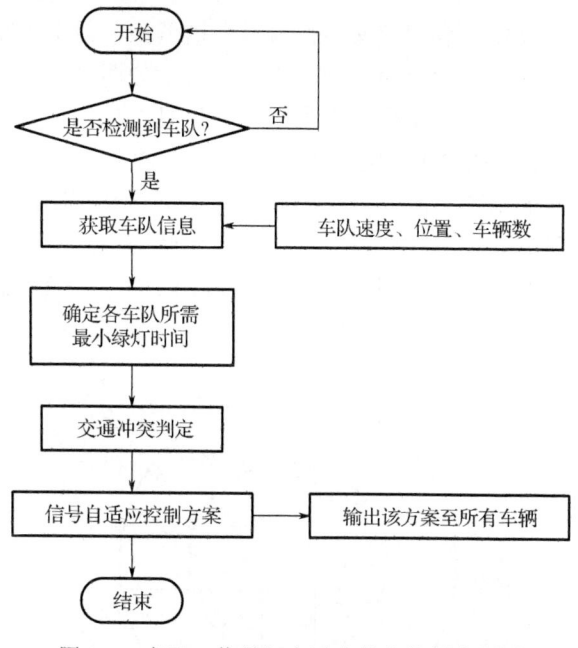

图 3-8 交叉口信号灯自适应优化控制流程图

3.2 可变车道及信号配时协同控制优化模型

本节首先介绍了在自动驾驶环境下信号交叉口进口道设置可变导向车道时的场景，并以具体场景为基础，通过建立数学模型的方法提出自动驾驶环境下信号交叉口可变导向车道及信号配时协同优化模型，并给出了模型动态优化方法，之后分别对单进口道设置可变导向车道和多进口道设置可变导向车道两种典型场景进行了具体分析和模型优化求解。

3.2.1 问题场景

以经典的四进口道信号控制交叉口为研究对象，每个进口道都存在左转、直行及右转车道。由于交叉口进口道不同转向车流量比例随时间变化有较大差异，传统的固定车道设置难以解决由车流的不均衡而造成的交通拥堵问题，所以可在交叉口进口道设置可变导向车道，此车道可根据实时交通状态在左转及直行间进行切换，以提高交叉口运行效率。

在智能网联自动驾驶和车路协同环境下，车辆可与车辆、路侧设施、中心控制系统实时交互，并将自身运行信息发送到与之相关的车辆、路侧系统及中心控制系统，当控制单元接收到这些信息后，将整合接收到的信息对车辆及相关时空资源进行优化设计,从而最大化地利用交叉口信号及车道资源,以达到交叉口系统最优的目的。在本场景中,将交叉口分为区域 1 和区域 2,如图 3-9 所示。当车辆进入区域 2 时,交叉口中心控制系统将会接收到车辆的信息,包括位置、速度、加速度以及期望转向等信息,之后交叉口中心控制系统将会根据接收到的信息对车辆进行控制,使得车辆以车队的形式行驶,每个车队中的车辆具有相同的速度、转向,行驶状态保持一致,同时中心控制系统将会根据所有车队的信息对信号及可变导向车道进行优化,确定最优的信号相位相序以及实时的车道类型,当车辆以车队的形式继续行驶至区域 1 时,将按照优化的方案行驶。

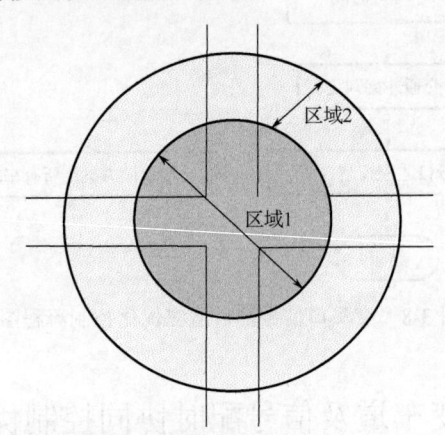

图 3-9 智能交叉口控制区域示意图

在区域 2 中,车辆将形成车队列,车辆形成车队列的条件是预计行驶方向一致,同时前后相邻两辆车的车头时距在 3s 以内,速度差在 5m/s 以内。当车辆进入区域 1 时,将以车队的形式继续行驶,且此区域车道类型为不可变段,车队将在设定的车道内行驶,不考虑变道、超车等特殊情况。

如图 3-10 所示,假定交叉口进口道各转向流量分布不均衡(假定为南进口道),在左转专用车道及直行专用车道之间存在一条可变导向车道,此车道类型可以依据实时交通流数据进行优化。在传统环境下,由于转变车道属性需要一定的过渡时间,在过渡时间内需要考虑清空前面的车辆从而保证车道可以顺利转变。而且,在传统环境下,由于变化车道属性会对交通流造成一定的影响,当车道频繁变化时有可能造成较大的负面影响,所以在这种环境下需要考虑当车流分布不均衡较为严重或信号优化难以满足交叉口通行能力时才变换车道,无法做到实时的优化设计。而在自动驾驶环境下,由于可以做到实时的信息交互,当中心控制系统做出需要改变车道类型的判断时,当前交叉口内所有车辆都会即时接收到这个信息,所以在自动环境下可以忽略由车道的变化而对车流造成的影响,从而做到实时优化,这就进一步提高了交叉口的通行效率,实现了尽可能充分利用交叉口时间和空间资源。

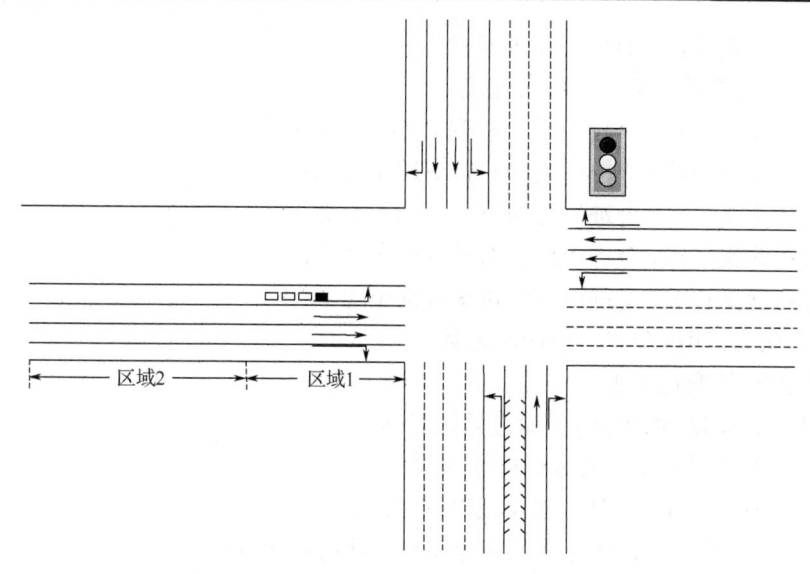

图 3-10 交叉口可变导向车道设置示意图

综上，为具体化研究方向，需要建立以下基本假定。

(1) 所有车辆都是智能网联自动驾驶车辆，且不考虑车辆的类型，均为标准小汽车，交叉口中心控制系统可实时接收所有车辆的信息，包括位置、速度、加速度、预计转向等，同时交叉口中心控制系统可以对车辆进行控制。

(2) 智能控制交叉口被分为区域 1 和区域 2，在区域 2 中，所有的自动驾驶车辆基于行驶路径形成车队列并以车队列的形式继续行驶，中心控制系统将基于实时交通流信息对信号和可变导向车道进行协同优化，并将优化结果反馈给所有相关车辆；在区域 1 中，车队以优化后的方案行驶。

(3) 不考虑行人及非机动车的影响。

(4) 所有右转车辆均不受信号控制，可随时通行。

3.2.2 变量定义

设 $P(i,m)$ 为每个行驶方向的车队，i 为交叉口进口道编号，交叉口存在四个进口道，设 $i=1$ 为南进口道车流，$i=2$ 为东进口道车流，$i=3$ 为北进口道车流，$i=4$ 为西进口道车流；m 为车流转向，$m=1$ 为左转，$m=2$ 为直行，$m=3$ 为右转。例如，$P(1,1)$ 代表南进口左转车流，$P(2,2)$ 代表东进口直行车流。

设交叉口中心控制单元首次接收到所有车队列的信息时 $t=0$，此时每个车队列的车辆速度、距离交叉口停止线的距离、车辆数及相关的输入变量如下。

$v_{i,m}$：车队列 $P(i,m)$ 的速度；

$d_{i,m}$：车队列 $P(i,m)$ 距离交叉口停止线的距离；

$n_{i,m}$：车队列 $P(i,m)$ 中的车辆数；
v_f：自动驾驶车辆的自由流速度；
$N_{i,m}$：交叉口第 i 个进口道车队列 $P(i,m)$ 占用的车道数；
$N_{i,L}$：交叉口第 i 个进口道的左转专用车道数；
$N_{i,T}$：交叉口第 i 个进口道的直行专用车道数；
$N_{i,R}$：交叉口第 i 个进口道的右转专用车道数；
$N_{i,V}$：交叉口第 i 个进口道的可变导向车道数；
N_i：交叉口第 i 个进口道的车道数。

所有的决策变量如下。
$\text{STA}_{i,m}$：车队列 $P(i,m)$ 的绿灯开始时间；
$G_{i,m}$：车队列 $P(i,m)$ 的绿灯持续时间；
$v'_{i,m}$：车队列 $P(i,m)$ 到达停止线时的速度；
$t^0_{i,m}$：车队列 $P(i,m)$ 减速直到在停止线停止时的时间；
$t'_{i,m}$：车队列 $P(i,m)$ 到达停止线时的时间；
α：可变导向车道类型。$\alpha=0$ 代表直行，$\alpha=1$ 代表左转。

3.2.3 目标函数

当有车队列驶入当前交叉口控制区域时，交叉口中心控制系统将获取到车队列的信息并优化所有车队列的绿灯时间，同时也将依据实时交通量及信号配时对可变导向车道进行优化，确定最优的车道类型。优化目标可描述为：给每一个车队列 $P(i,m)$ 绿灯时间保证车队列 $P(i,m)$ 在停止线无须停车等待绿灯亮起。然而，如果每一个车队列 $P(i,m)$ 距离停止线的距离都较近或者每一个车队列 $P(i,m)$ 到达停止线的时间间隔很短时，这样的目标就难以实现。因此，研究目标为最小化所有车辆在交叉口的通行时间。

车队列 $P(i,m)$ 在交叉口存在两种场景：第一种场景是车队列 $P(i,m)$ 到达交叉口时信号灯为红灯，以至于它必须在停止线等待直到绿灯亮起；第二种场景是车队列 $P(i,m)$ 到达交叉口时信号灯已经为绿灯，因此车队列 $P(i,m)$ 可以无延误地穿过交叉口。

对于第一种场景来说，车队列 $P(i,m)$ 的绿灯开始时间 $\text{STA}_{i,m}$ 晚于车队列 $P(i,m)$ 到达交叉口停止线的时间 $t^0_{i,m}$，如图 3-11 所示，有

$$t^0_{i,m} \leq \text{STA}_{i,m} \tag{3.7}$$

在这种场景下，从 $t=0$ 直到车队列 $P(i,m)$ 穿过交叉口的行程时间为车辆行驶至停止线的时间、在交叉口的等待时间以及它穿过交叉口的时间之和。对于自动驾驶车队列来说，假定车队列 $P(i,m)$ 以饱和流率穿过交叉口，则车头时距可设为常数 h_t，

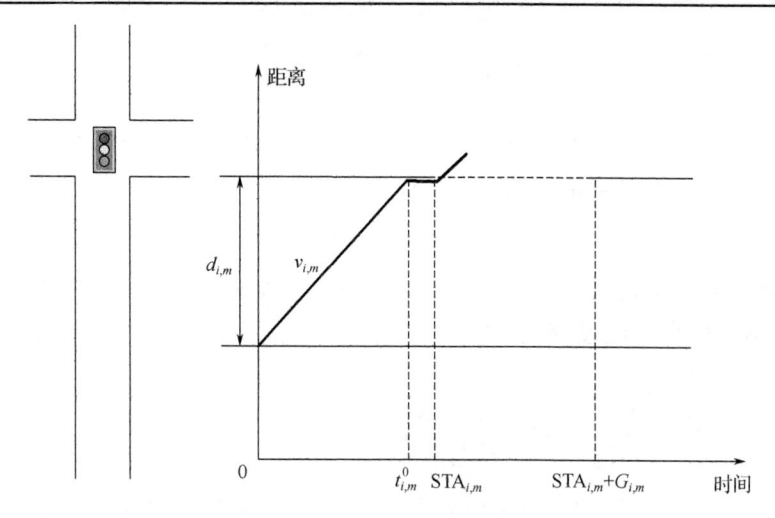

第 3 章 单点信号交叉口可变车道设计及交通信号协同优化方法

图 3-11 车队红灯到达交叉口示意图

每一辆自动驾驶车辆穿过交叉口的时间也为一个常数，设为 h。因此在场景一下，车队列 $P(i,m)$ 通过交叉口的行程时间计算公式可表示为

$$T_{i,m}^1 = (t_{i,m}^0 + \text{STA}_{i,m} - t_{i,m}^0 + h) \times n_{i,m} = (\text{STA}_{i,m} + h) \times n_{i,m} \tag{3.8}$$

对于第二种场景来说，车队列 $P(i,m)$ 到达交叉口停止线的时间 $t'_{i,m}$ 晚于绿灯开始时间 $\text{STA}_{i,m}$，如图 3-12 所示，有

$$\text{STA}_{i,m} \leqslant t'_{i,m} \leqslant t_{i,m}^0 \tag{3.9}$$

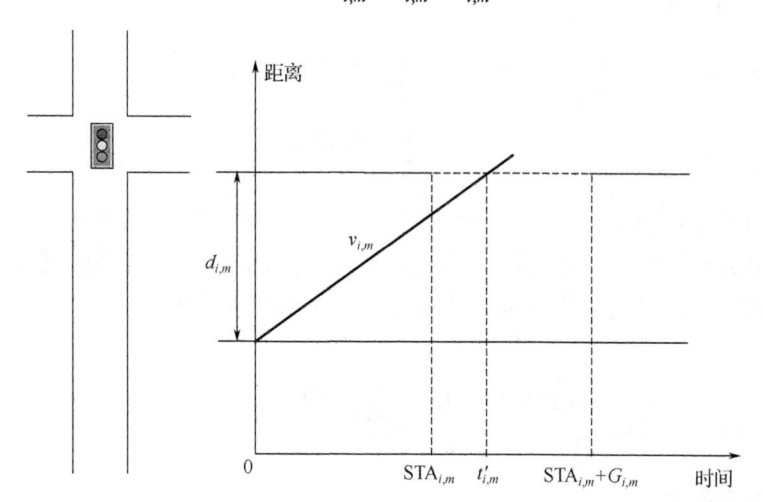

图 3-12 车队绿灯到达交叉口示意图

由于在这种场景下，已有一部分绿灯时间被浪费，为保证 $P(i,m)$ 中包含的所有车辆都可在此周期内通过交叉口，需要对剩余绿灯时间进行约束，即

$$G_{i,m} - (t'_{i,m} - \text{STA}_{i,m}) \geq h_t \times \frac{n_{i,m}}{N_{i,m}} + h \tag{3.10}$$

在该场景下，从 $t=0$ 到车队列 $P(i,m)$ 穿过交叉口的行程时间为车辆行驶至停止线的时间及它穿过交叉口的时间之和。因此在场景二下，车队列的通行时间为

$$T_{i,m}^2 = (t'_{i,m} + h) \cdot n_{i,m} \tag{3.11}$$

定义所有自动驾驶车队列 $P(i,m)$ 集合为 ψ，在交叉口停止线等待的车队列集合为 ψ_1，无须等待直接通过交叉口的车队列集合为 ψ_2，则所有车队列的行程时间可表示为

$$\begin{aligned} T &= \sum_{P(i,m)\in\psi_1} T_{i,m}^1 + \sum_{P(i,m)\in\psi_2} T_{i,m}^2 \\ &= \sum_{P(i,m)\in\psi_1} (\text{STA}_{i,m} + h) \times n_{i,m} + \sum_{P(i,m)\in\psi_2} (t'_{i,m} + h) \times n_{i,m} \\ &= \sum_{P(i,m)\in\psi_1} \text{STA}_{i,m} \times n_{i,m} + \sum_{P(i,m)\in\psi_2} t'_{i,m} \times n_{i,m} + \sum_{P(i,m)\in\psi} h \times n_{i,m} \end{aligned} \tag{3.12}$$

在车队列信息已知的情况下，式(3.12)的第三部分可视为常数，因此为最小化 T，公式可表示为

$$\min T \Leftrightarrow \min \left(\sum_{P(i,m)\in\psi_1} \text{STA}_{i,m} \times n_{i,m} + \sum_{P(i,m)\in\psi_2} t'_{i,m} \times n_{i,m} \right) \tag{3.13}$$

将式(3.9)代入式(3.13)，可得

$$\begin{aligned} \sum_{P(i,m)\in\psi_1} \text{STA}_{i,m} \times n_{i,m} + \sum_{P(i,m)\in\psi_2} t'_{i,m} \times n_{i,m} &\geq \sum_{P(i,m)\in\psi_1} \text{STA}_{i,m} \times n_{i,m} + \sum_{P(i,m)\in\psi_2} \text{STA}_{i,m} \times n_{i,m} \\ &= \sum_{P(i,m)\in\psi} \text{STA}_{i,m} \times n_{i,m} \end{aligned} \tag{3.14}$$

在自动驾驶环境下，交叉口中心控制系统可以控制车队列 $P(i,m)$ 的速度，在车队列到达交叉口停止线时绿灯刚好亮起，使得 $t'_{i,m} = \text{STA}_{i,m}$ 成为可能。因此，最小化所有车队列的行程时间等价于最小化所有车队列绿灯开始时间乘以车队列的车辆数之和，即

$$\min T \Leftrightarrow \min \sum_{P(i,m)\in\Psi} \text{STA}_{i,m} \times n_{i,m} \tag{3.15}$$

3.2.4 约束条件

由于在交叉口进口道设置了可变导向车道，所以首先需要对车道数做出约束。其次，在对车辆到达交叉口停车线时间给定约束条件的基础上，对每一组车队列所

需的绿灯时长进行约束,在构建约束条件中还要同时考虑由车道的变化对绿灯时长造成的影响。最后给出避免冲突约束,保证车辆运行过程中的安全性。

(1) 车道约束。

将可变导向车道类型用 α 表示,α 为一个 0-1 变量,当 α 为 0 时,代表可变导向车道为直行,当 α 为 1 时,代表左转。当可变导向车道类型为直行时,设置可变导向车道的进口道直行车道数总和为直行专用车道数加可变导向车道数;当可变导向车道类型为左转时,该进口道的左转车道数总和为左转专用车道数加可变导向车道数。因此,可变导向车道数量约束为

$$\begin{cases} \alpha = 0, & N_{i,2} = N_{i,T} + N_{i,V} \\ \alpha = 1, & N_{i,1} = N_{i,L} + N_{i,V} \end{cases} \tag{3.16}$$

交叉口第 i 个进口道所有类型车道数的总和应该等于交叉口第 i 个进口道车道总数。车道数量约束为

$$\sum_{m=1}^{3} N_{i,m} = N_i, \quad i = 1, 2, 3, 4 \tag{3.17}$$

(2) 车队列行驶至交叉口的行驶时间约束。

在自动驾驶环境下,考虑车队列 $P(i,m)$ 的加速度或减速度为一个固定的速率,车队列到达停止线的速度满足以下约束

$$v'_{i,m} \geq 0 \tag{3.18}$$

车队列 $P(i,m)$ 减速直到在停止线停止时的时间 $t^0_{i,m}$ 满足以下约束

$$t^0_{i,m} \times \frac{v_{i,m} + 0}{2} = d_{i,m} \tag{3.19}$$

车队列 $P(i,m)$ 行驶至停止线的最短时间可表示为

$$t^s_{i,m} \times \frac{v_{i,m} + v_f}{2} = d_{i,m} \tag{3.20}$$

基于以上约束,车队列 $P(i,m)$ 从 $t=0$ 直到行驶到交叉口停止线时的行驶时间 $t'_{i,m}$ 满足以下约束

$$t^s_{i,m} \leq t'_{i,m} \leq t^0_{i,m} \tag{3.21}$$

(3) 最小绿灯时间。

假定当某转向车队列占用多条车道时,在每条车道上的车辆数是平均分布的,同时为保证车队列包含的所有车辆可以在一个绿灯相位内通过交叉口,需对车队列通行所需最小绿灯时间进行约束

$$G_{i,m} \geq h_t \times \frac{n_{i,m}}{N_{i,m}} + h \tag{3.22}$$

其中，h_t 为车队的车头时距，在计算中取 2s；h 为一辆车从车头刚好在停止线时行驶至车尾刚好通过交叉口时所需的时间，在计算中取 5s。

(4) 避免冲突约束。

出于安全考虑，有必要设置避免冲突约束以确保车队列之间不会发生碰撞。假设两个相冲突的车队列 (i,m) 和 (i',m')，设一个 0-1 变量 $\omega_{i,m,i',m'}$ 表示信号相位顺序，$\omega_{i,m,i',m'}=0$ 代表 (i',m') 的绿灯开始时间在 (i,m) 的绿灯结束之间之后，$\omega_{i,m,i',m'}=1$ 表示 (i,m) 的绿灯开始时间在 (i',m') 的绿灯结束之间之后。M 代表一个无穷大的数，则避免冲突约束可表示为

$$\begin{cases} \omega_{i',m',i,m} + \omega_{i,m,i',m'} = 1 \\ STA_{i,m} + M \times \omega_{i',m',i,m} \geq STA_{i',m'} + G_{i',m'} \end{cases} \tag{3.23}$$

综上，交叉口可变导向车道与信号协同优化模型目标函数为 $\min \sum_{P(i,m) \in \psi} STA_{i,m} \times n_{i,m}$，约束条件为式 (3.16) ~ 式 (3.23)。

3.2.5 动态优化

在给定一组车队列信息的情况下，使用上述协同优化模型可以得到最优的可变导向车道类型及对应的信号配时方案，但是考虑到车流的到达是连续的，因此需要确定如何动态地进行优化设计，这就需要考虑以下几个问题。

(1) 确定合适的车头时距，使得车队列的形成较为稳定。

若设置的车头时距过大，则会导致车队过大；而若设置的车头时距过小，则会导致车队过小，甚至出现多组车队列中每组车队列都只有一个车辆的现象，因此需要确定一个合适的车头时距使得车队列的形成较为稳定。调查显示，车头时距很少会小于 0.5s 或大于 10s，为了确定合适的车头时距，分别选取车头时距为 1.5s、2s、2.5s、3s、3.5s 这 5 种情况进行仿真模拟，并选取车队列大小变化较小且车队大小较为合理时对应的车头时距作为最合适的车头时距。实验结果如表 3-3 所示。

表 3-3 不同车头时距下最小及最大车队规模统计表

车头时距/s	最小车队大小/辆	最大车队大小/辆
1.5	1	4
2.0	1	6
2.5	3	9
3.0	4	10
3.5	4	14

由表 3-3 可发现,当车头时距为 1.5s 和 2.0s 时车队列内存在车辆数为 1 的情况,且此时车队列大小均较小;当车头时距为 3.5s 时,存在车队长度过大的情况;通过比较车头时距为 2.s 和 3.0s 下的车队列情况,可以发现车队长度都较为合理。最终选取车辆形成车队列的条件是相邻两辆车的车头时距在 3.0s 以内,同时速度差在 5m/s 以内,此时车队大小以及车队的产生都较为稳定,为实现动态优化提供了基础条件。

(2)确定区域 1 和区域 2 的长度,以及该区域长度可容忍的车队列长度。

在区域 1 中,车辆将按优化后的方案行驶,不可以换道或超车,相当于实际道路中的不可变段,此时将区域 1 的长度定为 100m。

由于在区域 2 中,车辆需要形成车队列,同时还需要完成优化设计,所以在确定区域 2 长度时需要保证该长度可以满足上述条件。通过上述仿真实验,已经确定了车辆形成车队列的依据为相邻两辆车的车头时距在 3.0s 以内,同时速度差在 5m/s 以内,此时任一组车队列包含的车辆数大概率集中在 4~10 辆。根据实际道路情况,车辆在城市道路行驶时的速度一般在 45km/h 左右,当车队大小为 10 辆车时,所占用的道路长度最多为 125m,并在此基础上预留一定的长度,因此将区域 2 的长度设为 150m,即可满足上述条件。

(3)确定检测时间步长,使得新到达车队列不追赶上前一组车队列。

基于建立的协同优化模型,在 $t=0$ 时中心控制系统会计算每一组车队列 $P(i,m)$ 的绿灯时间及对应的车道优化类型,但是由于车辆的到达是连续的,所以需要设置一个检测时间步长,在每个时间步长内检测新到达的车队列,并对新到达的车队列设置一定约束,避免新队列的到达影响到现有的车队运行。

检测时间步长设置为 5s,即在每个时间步长时检测交叉口控制区域内的所有车队列,包括前一组车队列以及新到达的车队列。同时基于新到达车队列的信息,交叉口中心控制系统计算新到达车队列的绿灯时间及相关车道优化类型,这个过程可称为动态优化。

由于交叉口进口道车队列到达率是随机的且每个时间步长计算的车队列所需绿灯时间是不同的,所以在自动驾驶环境下区别于传统的信号周期概念,定义一组车队列中的首车队列绿灯开始时间直到尾车队列绿灯结束时间为一个周期,这个周期是随检测到的车队列不断变化的。设 STA 和 G 代表当前时间步长的车队列绿灯开始时间及持续时间,STA' 和 G' 代表上一个时间步长的车队列绿灯开始时间及持续时间,C 和 C' 代表当前信号周期和上一个信号周期的结束时间。

假定在第 st 时间步长时,在区域 1 存在 x 组($1 \leqslant x \leqslant 8$)新的车队列,中心控制系统将对这 x 组车队列的信号进行优化,同时根据模型计算最优的车道类型。

此时,在前一个时间步长时中心控制系统将保持原信号及车道优化方案,同时计算当前 x 组新车队列的信号及车道优化方案。这 x 组车队列的绿灯开始、持续时间以及对应的可变导向车道类型可使用 3.2 节建立的优化模型来确定。但是此时需要设置一定的约束条件来避免新的车队列追上前一组车队列，即车队列 $P(i,m)$ 的到达时间需要晚于前一信号周期结束时间 C'，此约束可表示为

$$\text{st} + t_{i,m} > C' \tag{3.24}$$

其中，$t_{i,m}$ 为 st 时车队列 $P(i,m)$ 行驶到停止线所需的时间。

图 3-13 描述了车队列 $P(i,m)$ 到达时间的约束情况，设置时间步长为 5s，在 st=5 时检测到车队列 $P(i,m)$，此时 $P(i,m)$ 到达停止线的时间应该晚于上一个周期的结束时间 $C'=C_1$，同时它也应该在这个周期结束前通过交叉口，在本例中为 C_2。当 st=10 时，检测到的车队列 $P(i,m)$ 同样应满足上述要求，由此可以实现当前车队列的运行不会影响到它前一组及后一组的车队列。

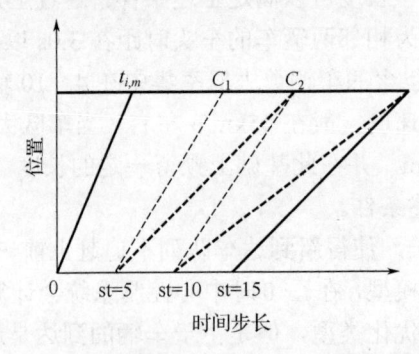

图 3-13　车队列 $P(i,m)$ 到达时间约束示意图

表 3-4 描述了交叉口车队列动态情况，例如，在 st=0 时有 8 组车队列；st=5 时有 1 组车队列；st=10 时有 5 组车队列；st=15 时有 4 组车队列；st=20 时有 5 组车队列；每个信号周期的结束时间分别为 C_1、C_2、C_3、C_4、C_5。

表 3-4　交叉口动态车队列实例

st	(1,1)	(1,2)	(2,1)	(2,2)	(3,1)	(3,2)	(4,1)	(4,2)	信号周期
0	$P(1,1)$	$P(1,2)$	$P(2,1)$	$P(2,2)$	$P(3,1)$	$P(3,2)$	$P(4,1)$	$P(4,2)$	$0\sim C_1$
5	$P(1,1)$	/	/	/	/	/	/	/	$C_1\sim C_2$
10	/	$P(1,2)$	$P(2,1)$	$P(2,2)$	/	$P(3,2)$	$P(4,1)$	/	$C_2\sim C_3$
15	$P(1,1)$	/	/	/	/	/	$P(4,1)$	$P(4,2)$	$C_3\sim C_4$
20	/	$P(1,2)$	$P(2,1)$	$P(2,2)$	/	$P(3,2)$	/	$P(4,2)$	$C_4\sim C_5$

通过以上优化设计，即可实现以静态的方法解决动态的交通流问题，从而实现不断的优化设计。

3.2.6 模型求解

针对数学规划模型的求解方法一般有精确方法、启发式算法及元启发式算法等。比较常用的精确方法包括单纯形法、分支定界法、割平面法等，这些方法的优点是可以求得问题的最优解，缺点是可求解问题的规模较小[1-4]。而以基于贪婪方法的爬山法为代表的启发式算法和以遗传算法为代表的元启发式算法在求解数学规划模型时的优点是可求解的问题规模较大，但是其缺点是无法保证求得最优解[5,6]。考虑到优化模型在求解时只针对单个交叉口最多八组车队列，为了得到问题的最优解，选取精确方法进行求解，这其中具有代表性的求解软件包括 Gurobi、Cplex 等。

Gurobi 是由美国 Gurobi Optimization 公司开发的新一代大规模优化器，它可解决的数学问题包括：线性问题、二次型目标问题、混合整数线性和二次型问题等。Gurobi 求解问题的尺度只受限于计算机内存容量，不对变量数量和约束数量有限制，且支持多目标优化，提供了方便轻巧的接口，支持 C++、Java、Python、MATLAB 和 R 等语言，内容消耗少。同时在理论和实践中，Gurobi 优化工具都被证明是全球性能领先的大规模优化器，无论在单线程还是多线程问题中，解决速度均表现较好，在求解线性混合整数规划问题中，Gurobi 的求解速度是 Cplex 的 1.74 倍，是 MATLAB 的 72.2 倍，且 Gurobi 解决问题的数量也多于其他相关优化器[7-9]。这里选取 R 语言调用 Gurobi 包来对上述建立的优化模型进行求解。

模型求解过程如图 3-14 所示，首先采集交叉口所有自动驾驶车辆信息，同时车辆根据行驶路径形成车队列，并获取车队列信息，包括车队列速度、加速度、队列车辆数、预计行驶方向等。之后将获取的数据作为模型的输入变量，根据车队列到达停车线时是否需要停止等待绿灯将车队列分别两种情况：第一种情况是当车队列到达停止线时无须停车等待，则在优化时需要确保剩余绿灯时间可以满足此车队通行；第二种情况是当车队列到达停止线时需要停车等待，则在优化时需要确定最小绿灯时间以满足此车队通过交叉口，确定可变导向车道类型(左转或直行)及此时的相位相序，计算所有车辆通行时间总和，并选取车辆通行时间最小时的可变导向车道类型及相应的信号配时方案，之后将模型输出的车道类型及信号配时方案发送给所有车辆，直至所有车队列顺利通过交叉口。

在 R 语言中对可变导向车道及信号配时进行优化时，函数的输入变量为各方向车队的状态信息数组 $[d_{1,1}, v_{1,1}, n_{1,1}, N_{1,1}, \cdots, d_{4,2}, v_{4,2}, n_{4,2}, N_{4,2}]$，输出为各绿灯相位开始时间、持续时间及可变导向车道类型。

如图 3-15 所示，假定一个四进口交叉口，考虑交叉口南进口道左转及直行车流在不同时间内分布不均衡，只依靠信号优化难以缓解这种不均衡的现象，因此在南进口的左转专用车道和直行专用车道之间设置一条可变导向车道，此车道可以依据实时交通流在左转及直行间进行切换。而在其他三个进口道分别设置一条左转专用车道、两条直行专用车道以及一条右转专用车道。

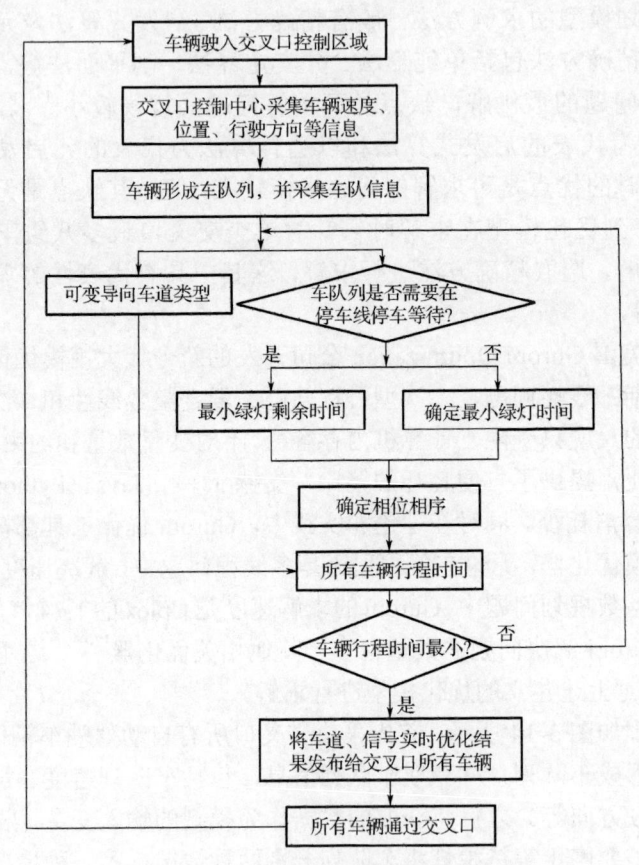

图 3-14 Gurobi 求解优化模型示意图

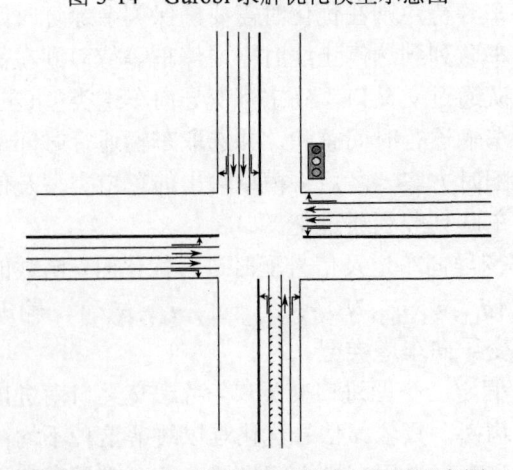

图 3-15 单进口道设置可变导向车道示意图

当自动驾驶车辆进入如图 3-9 所示的交叉口区域 2 并形成车队列时，交叉口控制系统会实时获取到所有车队列信息，包括车队列的速度、位置、加速度、车辆数等，这些信息将会作为输入变量输入到优化模型中，通过求解优化模型，可以确定使所有车辆行程时间最短时的可变导向车道类型及相应的信号配时。假定南进口左转及直行车流分布不均衡，因此将南进口车队列车辆数及车道数设置为可变的状态，以分析在车流动态变化过程中可变导向车道对交叉口的优化效果，其中南进口左转车队车辆数在 6~12 变化，直行车队车辆数在 5~10 变化，左转或直行占用的车道数随着可变导向车道类型的变化而发生变化。假定某时刻在交叉口存在一组车队列，车队列速度、位置、包含的车辆数以及占用的车道数信息如表 3-5 所示。

表 3-5 单进口道设置可变导向车道时输入变量值

车队列	速度/(km/h)	位置/m	车队列车辆数	车道数
南-左	50	40	6~12	1 或 2
南-直	35	30	5~10	1 或 2
东-左	50	50	4	1
东-直	35	30	6	2
北-左	55	40	3	1
北-直	30	10	车	2
西-左	45	60	12	1
西-直	40	45	10	2
右	40	40	8	1

为探究不同转向车流比例的优化效果，通过改变南进口左转及直行车流设置四种不同的情况，分别是初始车流(情况 1)，此时南进口左转及直行车队车辆数分别为 6 和 5；仅增加直行车流(情况 2)，此时南进口左转及直行车队车辆数分别为 6 和 10；仅增加左转车流(情况 3)，此时南进口左转及直行车队车辆数分别为 12 和 5；同时增加左转和直行车流(情况 4)，此时南进口左转及直行车队车辆数分别为 12 和 10。通过比较不同情况下的模型优化效果来探讨模型的适用性。四种情况下南进口左转及直行车队列数据如表 3-6 所示。

表 3-6 四种情况下南进口左转及直行车队列车辆数

车队列	情况 1	情况 2	情况 3	情况 4
南-左	6	6	12	12
南-直	5	10	5	10
南-右	8	8	8	8

以情况 1 中设可变导向车道为例，使用 R 语言调用 Gurobi 进行求解，可得 α=1，模型具体优化结果如表 3-7 所示。

表 3-7　情况 1 下模型优化结果

相位	开始时刻/s	绿灯时长/s	结束时刻/s
1	18	11	29
2	17	15	32
3	32	13	45
4	2	11	13
5	71	11	82
6	71	9	80
7	42	29	71
8	2	15	17

如图 3-16 所示，将优化后的各相位绿灯时间在时间-相位图上表示出来，通过对比上一章提出的冲突矩阵表，可以更直观地看到各冲突相位的绿灯时间不存在重叠的区间，这也验证了该算法的准确性与有效性。可以计算出此时交叉口所有车辆通行时间总和为

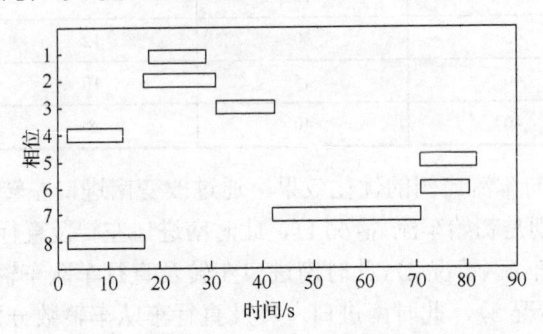

$$T = 18 \times 6 + 17 \times 5 + 32 \times 4 + 2 \times 6 + 71 \times 3 + 71 \times 3 + 42 \times 12 + 2 \times 10 = 1283\text{s}$$

图 3-16　优化后交叉口各相位绿灯时间示意图

根据不同情况的车流数据使用 Gurobi 对所建数学优化模型进行求解，分别得到四种不同情况下的模型优化结果，包括可变导向车道类型及对应的信号时长，优化结果如表 3-8 所示。

表 3-8　单进口道设置可变导向车道优化结果

场景	行程时间/s			信号周期/s		
	不设可变导向车道	设可变导向车道时其类型	设可变导向车道	不设可变导向车道	设可变导向车道时其类型	设可变导向车道
情况 1	1319	左转	1283	97	左转	82

续表

场景	行程时间/s			信号周期/s		
	不设可变导向车道	设可变导向车道时其类型	设可变导向车道	不设可变导向车道	设可变导向车道时其类型	设可变导向车道
情况 2	1520	直行	1520	97	直行	97
情况 3	1798	左转	1529	127	左转	97
情况 4	1990	左转	1927	128	左转	99

从表 3-8 中可以发现，可变导向车道类型会随南进口道左转及直行车流的变化发生变化，并且车道类型的改变可以显著减少车辆行程时间及信号周期。下面分别对这四种情况下模型的优化效果进行讨论。

(1) 情况 1 和情况 4：这两种情况下车流分布比例较为类似，区别在于情况 1 中车队包含车辆数均较少，而情况 4 中车队包括车辆数均较多，这两种情况下通过模型优化后，车辆行程时间分别减少 2.7%和 3.2%。

(2) 情况 2：在该情况下左转车队列及直行车队列包含车辆数分别为 6 和 10，与车道分配是比较匹配的，通过模型优化结果也可以发现在这种情况下可变导向车道类型为直行，与优化前是一致的。

(3) 情况 3：在该情况下左转车队列及直行车队列包含车辆数分别为 12 和 5，与车道原有分配非常不匹配，通过优化结果可以发现在这种情况下模型优化效果最为明显，车辆行程时间显著减少约 15.0%，同时信号周期也显著减少约 23.6%，产生这种现象的原因可能是在情况 3 中南进口左转车队列车辆数远多于直行车队列，而此时该进口道左转车道占用 1 条车道而直行车辆占用 2 条车道，不同转向车流比例与其对应的车道空间资源非常不匹配，通过对可变导向车道进行优化，南进口左转及直行车流对应车道数由原来的 1 条和 2 条分别变为 2 条和 1 条，这种变化有效地减少了车辆通过交叉口的行程时间及信号周期。

通过对这四种情况下模型优化结果进行分析，可以发现优化模型在各种情况下均具有较好的适用性，并且当左转及直行车流分布不均衡时优化效果更为显著，这也进一步验证了该模型在解决不均衡转向交通流方向具有较好的表现。

为寻找可变导向车道类型变化的临界条件，在给定一组南进口道左转车队列时，从 1 开始逐步递增南进口直行车队包含的车辆数，根据优化模型可以找到可变导向车道类型发生变化的临界点，将这些临界点连接起来即可确定可变导向车道类型发生改变的阈值曲线，如图 3-17 所示，当车队列所对应的点位于曲线下方时，可变导向车道优化类型为左转，否则为直行，且经过计算，当左转车辆数占到左转与直行总车辆数的 60%时，可变导向车道类型趋向于由直行变为左转。

该阈值曲线直观地表示出了可变导向车道类型趋向于改变的临界状态，同时可以发现在改变南进口左转车辆数时，阈值曲线呈现上升-平稳的循环状态，这说明小范围内改变左转车辆数并不会引起车道类型的改变,只有车辆数改变较多时车道类型才会随之发生变化,避免了车辆数小范围波动就引起车道类型改变的现象。

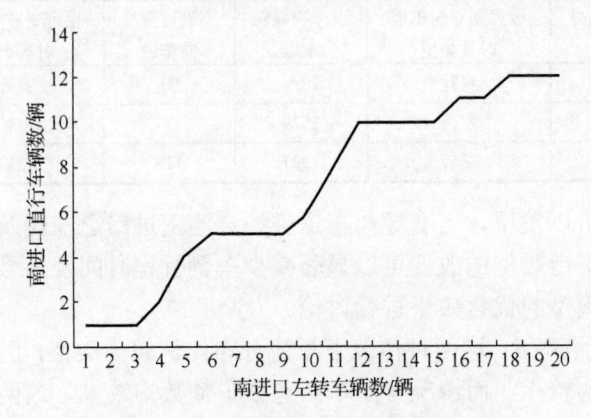

图 3-17 可变导向车道类型变换阈值曲线图

为了验证上述所建优化模型在不同场景下的适用性,进一步考虑了多进口道设置可变导向车道的场景,如图 3-18 所示,同样假定一个四进口交叉口,考虑交叉口南进口道及北进口道左转及直行车流在不同时间内分布不均衡,因此在南、北进口的左转专用车道和直行专用车道之间设置一条可变导向车道,而在东、西进口道分别设置一条左转专用车道、两条直行专用车道以及一条右转专用车道。

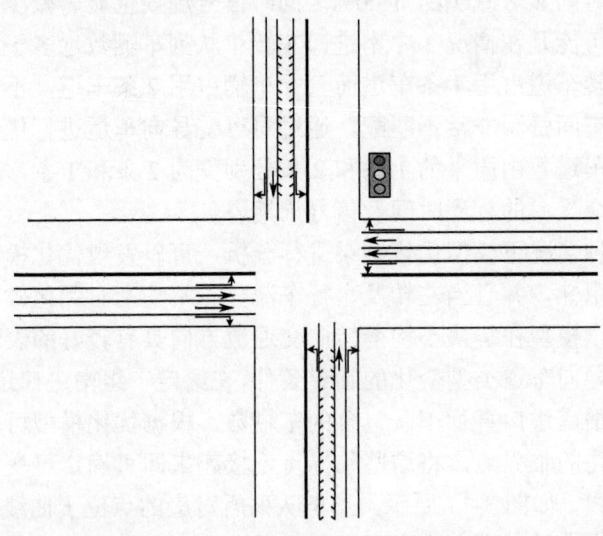

图 3-18 多进口道设置可变导向车道示意图

输入数据如表 3-9 所示,南北进口道直行及左转车队列车辆数及不同转向所占用的车道数均为动态变化。

表 3-9　多进口道设置可变导向车道时输入变量值

车队列	速度/(km/h)	位置/m	车队列车辆数	车道数
南-左	50	40	6~12	1 或 2
南-直	35	30	5~10	1 或 2
东-左	50	50	4	1
东-直	35	30	6	2
北-左	55	40	6~12	1 或 2
北-直	30	10	5~10	1 或 2
西-左	45	60	12	1
西-直	40	45	10	2
右	40	40	8	1

在单进口道设置可变导向车道中，设置了四种不同的情况，即针对南进口分别设置初始车流，只增加左转车流，只增加直行车流以及同时增加左转和直行车流。在本场景中，由于南、北进口左转及车流均为不均衡状态，因此设置了十六种不同的情况。

情况 1~情况 4：北进口为初始车流；南进口分别为初始车流，只增加直行车流，只增加左转车流，同时增加左转和直行车流。

情况 5~情况 8：北进口为只增加直行车流；南进口分别为初始车流，只增加直行车流，只增加左转车流，同时增加左转和直行车流。

情况 9~情况 12：北进口为只增加左转车流；南进口分别为初始车流，只增加直行车流，只增加左转车流，同时增加左转和直行车流。

情况 13~情况 16：北进口为同时增加左转和直行车流；南进口分别为始车流，只增加直行车流，只增加左转车流，同时增加左转和直行车流。

根据不同情况的车流数据使用 Gurobi 对优化模型进行求解，分别确定十六种情况下的可变导向车道优化结果及对应的信号时长，优化结果如表 3-10 所示。

表 3-10　多进口道设置可变导向车道优化结果

场景	行程时间/s 不设可变导向车道	设可变导向车道时其类型	设可变导向车道	信号周期/s 不设可变导向车道	设可变导向车道时其类型	设可变导向车道
情况 1	1623	北：左转 南：左转	1544	97	北：左转 南：左转	96
情况 2	1856	北：直行 南：左转	1819	111	北：直行 南：左转	96
情况 3	2080	北：直行 南：左转	1819	127	北：直行 南：左转	96

续表

场景	行程时间/s 不设可变导向车道	行程时间/s 设可变导向车道时其类型	行程时间/s 设可变导向车道	信号周期/s 不设可变导向车道	信号周期/s 设可变导向车道时其类型	信号周期/s 设可变导向车道
情况 4	2325	北：左转 南：左转	2214	128	北：左转 南：左转	119
情况 5	1861	北：左转 南：直行	1821	97	北：左转 南：直行	96
情况 6	2100	北：左转 南：直行	2100	111	北：左转 南：直行	111
情况 7	2397	北：直行 南：左转	2101	127	北：直行 南：左转	111
情况 8	2644	北：直行 南：左转	2532	128	北：直行 南：左转	124
情况 9	2104	北：左转 南：左转	2101	129	北：左转 南：左转	96
情况 10	2338	北：直行 南：左转	2101	127	北：直行 南：左转	111
情况 11	2586	北：直行 南：左转	2101	127	北：直行 南：左转	111
情况 12	2886	北：左转 南：左转	2532	142	北：左转 南：左转	124
情况 13	2346	北：左转 南：左转	2242	129	北：左转 南：左转	117
情况 14	2617	北：直行 南：左转	2590	127	北：直行 南：左转	97
情况 15	2898	北：左转 南：左转	2590	129	北：左转 南：左转	97
情况 16	3213	北：左转 南：左转	3048	141	北：左转 南：左转	136

从表 3-10 中可以发现，在交叉口设置多条可变导向车道时，各条可变导向车道类型均会随左转及直行车流的变化而发生变化，且设置可变导向车道后，车辆行程时间及信号时长均有效地减少，这也说明优化模型在不同场景下均具有较好的适用性。同时，通过情况 3、7、11 和 15 的优化结果可以发现在左转车流变化较明显时，对可变导向车道进行优化后对整个交叉口通行效率的提升较其他情况更为明显，由此可以推断可变导向车道更适合设在左转车流变化更为明显的交叉口。

3.3 基于多智能体的仿真环境搭建及仿真分析

上节提出了面向自动驾驶的可变导向车道与信号配时协同优化模型，这种模型所产生的控制效果需要通过仿真来验证。本节首先介绍了多智能体仿真环境，然后详细介绍了多智能体仿真平台的搭建过程,在此基础上分别对单进口道设置可变导向车道与多进口道设置可变导向车道这两个场景进行仿真验证,在每个场景下又分别设置了三种不同的驾驶环境仿真实验:固定配时固定车道、配时优化固定车道与车道信号协同优化,在仿真实验中对比分析了不同仿真驾驶环境下车辆通过交叉口的平均行程时间、平均停车次数以及平均延误,以此探究协同优化模型在实际提升交叉口运行效率方面的作用。

仿真平台的搭建主要包括道路及交叉口的搭建、车辆智能体的生成及规则的设定、信息的采集与信号配时的优化、仿真场景设置等,且三类智能体在仿真平台中可进行实时的信息传递与交互,仿真平台搭建流程如图3-19所示。

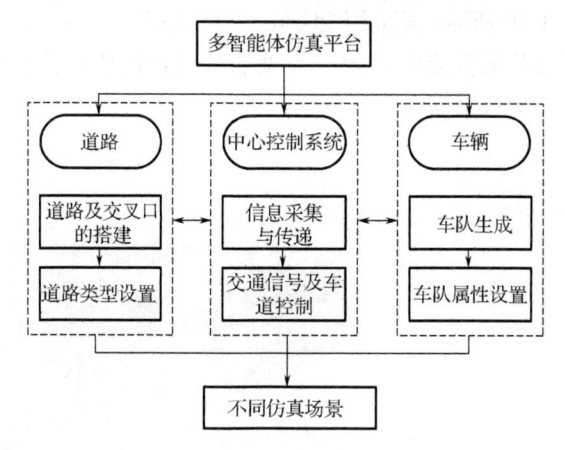

图 3-19 仿真平台搭建流程

3.3.1 道路和交叉口

在 NetLogo 仿真平台中,时间单位为 tick,距离单位为 patch,对应关系为 1tick=1s,1patch=10m。采用的仿真道路为虚拟道路,给仿真世界设置一个坐标原点,仿真世界的坐标范围设置为 $x\in[-60,60]$, $y\in[-60,60]$;交叉口控制区域 1 为以交叉口中心为原点,半径为 10patch 的圆,交叉口控制区域 2 为以交叉口中心为原点,10~25patch 围成的扇形区域。在仿真中,车道宽度为 3.5m,路段最大限速为 60km/h。

通过对交叉口前的瓦片设置不同的颜色来表示信号灯的状态,当相关瓦片为绿色时,车辆正常行驶通过交叉口,当瓦片为红色时,车辆智能体会在停止线前停止等待直到瓦片变绿。在仿真人机交互界面也可以实时监测各相位当前状态。

3.3.2 车辆智能体

在仿真过程中,将仿真道路的起点设置为车辆智能体生成的位置,生成率可在人机交互界面进行调整,且车速在合理范围内随机给定。

当车辆行驶至区域2时进入交叉口控制区域,此时车辆将依据上文所述的规则形成车队。在仿真中车辆形成车队是以控制车辆速度及车距来实现的,当确定几辆车辆形成一个车队后,将调整该车队内所有车辆速度至平均速度,并调整所有车辆有相同的车间距。

3.3.3 仿真场景标定

NetLogo 仿真平台提供了较好的人机交互功能,开发者能够根据不同的控制需求设置人机交互模块,包括仿真控制模块、绘图模块、数据监视模块、仿真 2D/3D 动画显示模块等,通过人机交互模型,开发者可以实时对仿真过程进行监测,仿真平台界面设置如图 3-20 所示。界面中"setup"按钮可实现仿真系统的初始化,"go"按钮用来控制仿真实验的开启和关闭,左侧的各项数据监视器和绘图曲线可实时观察当前交叉口交通流运行情况。

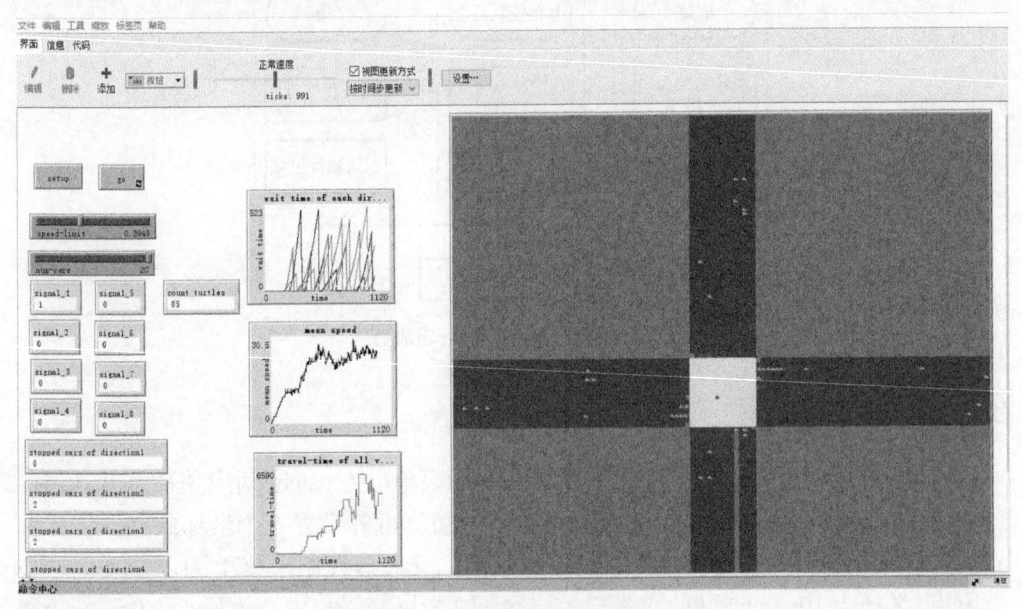

图 3-20 仿真人机交互界面

本节分别搭建了交叉口设置单条可变导向车道和交叉口设置多条可变导向车道两种场景下的仿真实验平台,并在每个实验平台下设置了三种不同的驾驶环境仿真实验。

(1)固定配时固定车道(驾驶环境1):为了与传统环境下信号交叉口交通流状态进行对比,设置了配时及车道均为固定的传统环境。经过测试,在传统固定配时场景下,信号周期时长设置为 160ticks 时车队平均延误最小,因此设置四信号相位配时,每个绿灯相位时长设置为 40ticks,且各进口道车道类型均为固定的状态,即不设置可变导向车道。

(2)配时优化固定车道(驾驶环境2):为了对比车道信号协同优化与仅信号优化对交通效率的影响,设置配时优化而车道固定的驾驶环境。车辆的生成方式与固定配时环境下是一样的,不同的是当车辆行驶至交叉口控制区域时,中心控制系统会采集车辆运动信息并对车辆进行控制。在该驾驶环境下,各进口道车道类型均为固定的状态,但是会依据实时车流信息对信号配时进行优化。

(3)车道信号协同优化(驾驶环境3):车辆生成方式与上述两种环境是一致的,同时当车辆行驶至交叉口控制区域时,中心控制系统同样会采集车辆运动信息并对车辆进行控制。区别在于此驾驶环境下,交叉口会存在可变导向车道,在优化时会同时考虑车道类型和信号配时,在仿真中对车道类型的控制是通过控制车辆转向来实现的。

3.3.4 实时信息的采集

协同优化模型旨在提高车辆在交叉口的通行效率,因此在选择评价指标时也重点选择与车辆通行效率关联性较大的指标,包括平均行程时间、平均延误、平均停车次数,这些交通流评价指标信息都可在仿真过程中实时获取。

(1)平均行程时间。

车辆通过交叉口的行程时间可通过 NetLogo 内置的仿真时钟进行采集并存储,如图 3-21 所示,当车辆驶入交叉口控制区域 1 时,NetLogo 内置仿真时钟会记录当前时刻 t_1,当车辆完全通过交叉口时会记录时刻 t_2,两者之差即为车辆通过交叉口的行程时间。

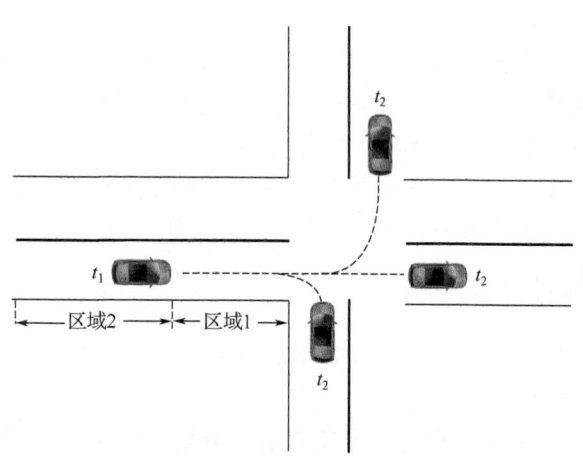

图 3-21 车辆行程时间采集示意图

NetLogo 内置的仿真时钟每个 tick 都可以采集当前时间所有车辆的行程时间,对每个 tick 内车辆的行程时间取均值即可得到车辆平均通行时间。但是由于 1tick

时间较短，可能存在该时间段内无车辆的情况，所以为了避免这种情况，在后续研究中，以 5ticks 为一个单位，即每 5ticks 记录一次仿真数据。

(2) 平均延误。

车辆延误指驾驶员在行车过程中由一些自身无法控制的因素所引起的行程时间损失，比如道路和环境条件、交通干扰、交通管制等，是实际行车时间与理想行车时间的差值，在评价车辆通行效率方面具有较好的表现，也可以用来评价交叉口服务水平，美国信号交叉口服务水平标准如表 3-11 所示，在后续进行交叉口服务水平评价时也以此作为标准[10]。

表 3-11　美国信号交叉口服务水平标准

服务水平等级	平均每辆车的延误/s
A	≤5.0
B	5.1～15.0
C	15.1～25.0
D	25.1～40.0
E	40.1～60.0
F	>60.0

通过计算车辆通过交叉口时的实际时间与计算时间之差可确定车辆平均延误，其中计算时间为车辆以畅行车速通过该路段的时间，实际时间可通过仿真中的 tick 来检测。

(3) 平均停车次数。

停车次数是评价交叉口信号控制效果的另一项重要指标，它可以反映车辆在交叉口前的行驶稳定性，停车次数的降低不仅可以提高车辆通过交叉口的效率，也可以有效地降低车辆行驶过程中的污染物排放量。在仿真中，车辆平均停车次数可在 NetLogo 中编写 collectStopTime 函数来计算，该函数思想为检测车辆在通过交叉口过程中的速度，当速度为 0 时，停车次数=停车次数+1。

3.3.5　仿真实验及结果分析

1) 单进口道设置可变导向车道场景仿真及分析

(1) 平均行程时间。

通过前面描述的车辆行程时间采集方法，分别在固定配时固定车道(驾驶环境 1)、配时优化固定车道(驾驶环境 2)、车道信号协同优化(驾驶环境 3)这三种环境下使用 NetLogo 进行模拟仿真，并实时采集车辆通过交叉口的行程时间，仿真结果如图 3-22 所示。图中每个点代表当前仿真时刻信号交叉口控制区域内的车辆从进入交叉口中心控制区域直至驶出交叉口的平均行程时间，横坐标单位 ticks 为 NetLogo

第 3 章 单点信号交叉口可变车道设计及交通信号协同优化方法

仿真世界中的世界步，是 NetLogo 内置的时钟计数器，在仿真运行过程中可以实时跟踪仿真步长。

从图 3-22 可以直观地看出，相对于驾驶环境 1 来说，驾驶环境 2 和驾驶环境 3 中车辆平均行程时间显著减小，说明通过对信号配时及车道进行优化可以显著提高车辆在交叉口的通行效率；同时也可以发现，相对于驾驶环境 2 来说，驾驶环境 3 中的车辆平均行程时间又有一定程度的减少，并且车辆平均行程时间在整个运行过程中保持一个更为稳定的状态，交通流趋于稳定。

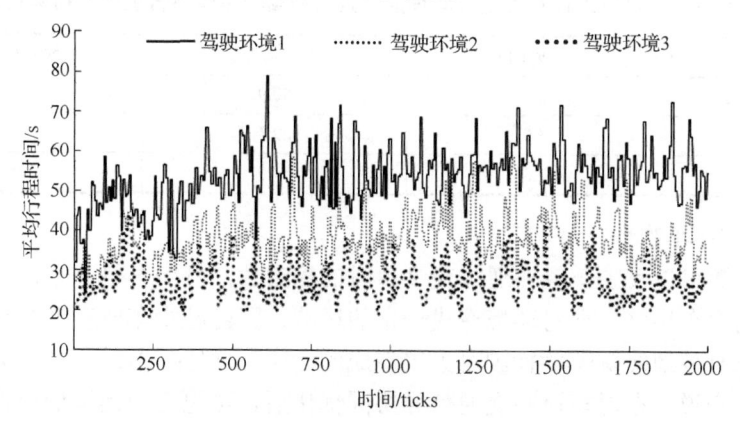

图 3-22 单进口道设置可变导向车道场景下车辆平均行程时间对比

(2) 平均延误。

仿真过程中可以实时记录车辆平均延误，结果如图 3-23 所示，图中每个点代表当前仿真时刻信号交叉口控制区域内车辆的平均延误，可以看出在驾驶环境 1 下，车辆平均延误都处于一个较高的水平，且通过表 3-12 可以发现，在仿真时间内所有车辆平均延误为 50.9s，此时交叉口服务水平为 E，车辆在运行过程中处于较为拥堵

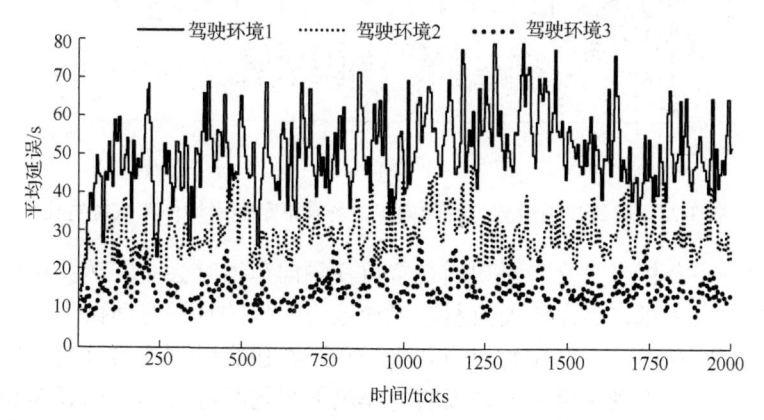

图 3-23 单进口道设置可变导向车道场景下车辆平均延误对比

的状态。当进行信号配时优化后,车辆平均延误有了显著的降低,在仿真时间内所有车辆平均延误为29.3s,交叉口服务水平提升至D,但是从图中可以发现仍然会有较多时刻车辆延误较高,甚至高于驾驶环境1的情况,这也反映出车流运行中的不稳定现象。而采用车道信号协同优化后,车辆平均延误已下降至14.5s,交叉口服务水平提升至B,并且在整个仿真过程中,车辆平均延误趋势较为稳定,较少出现峰值的现象,有效地提高了车辆的通行效率。

表 3-12 单进口道设置可变导向车道场景三种驾驶环境下各项评价指标对比

驾驶环境	行程时间/s	平均延误/s	平均停车次数/次
驾驶环境 1	53.7	50.9	2.5
驾驶环境 2	38.0	29.3	1.5
驾驶环境 3	27.3	14.5	0.7

(3) 平均停车次数。

停车次数可以反映车辆在通过交叉口时的稳定性,且当车辆停车次数过多时会产生较多的汽车尾气,会对环境造成一定的影响,因此减少车辆在通行过程中的停车次数可以有效地缓解车辆行驶对大气造成的污染。通过图 3-24 可以发现,相对于仅信号优化来说,在对车道和交通信号协同优化后,可更有效地降低车辆在交叉口的停车次数,经过优化后,车辆平均停车次数由 2.5 降为 0.7。

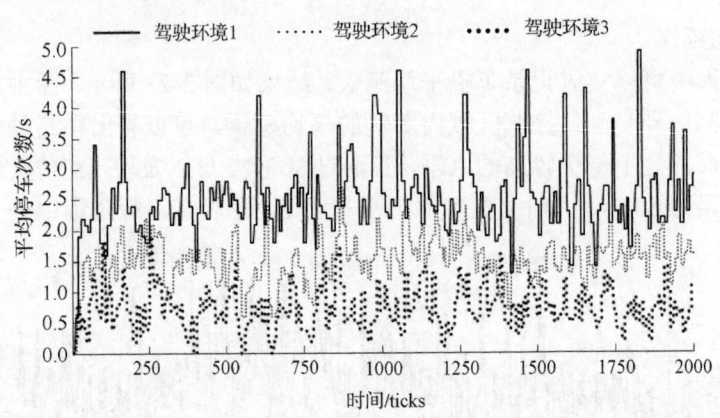

图 3-24 单进口道设置可变导向车道场景下车辆平均停车次数对比

为了进一步分析当交叉口进口道设置可变导向车道时会对左转及直行车流产生怎样的影响,对南进口道左转及直行车辆通过交叉口的行程时间做了一个统计,如图 3-25 和图 3-26 所示,图中每个点代表一辆车在仿真时刻内通过交叉口的行程时间,并统计了两种驾驶环境下左转及直行车辆的平均行程时间,如表 3-13 所示。

由表 3-12 可以得知,在驾驶环境 2 下整个交叉口所有车辆平均通行时间为

第 3 章 单点信号交叉口可变车道设计及交通信号协同优化方法

38.0s，由表 3-13 则可以发现，在驾驶环境 2 下，南进口所有左转车辆平均通行时间为 53.3s，远超过平均水平，并且从图 3-25 可以发现，在驾驶环境 2 下有很多车辆的行程时间都超过了 60s。在通过可变导向车道与信号配时协同优化后，南进口左转车辆行程时间有了非常明显的降低，平均通行时间减少至 24.5s，且各车辆的通行时间变化变得较为平缓，减小了车辆通行的波动性。

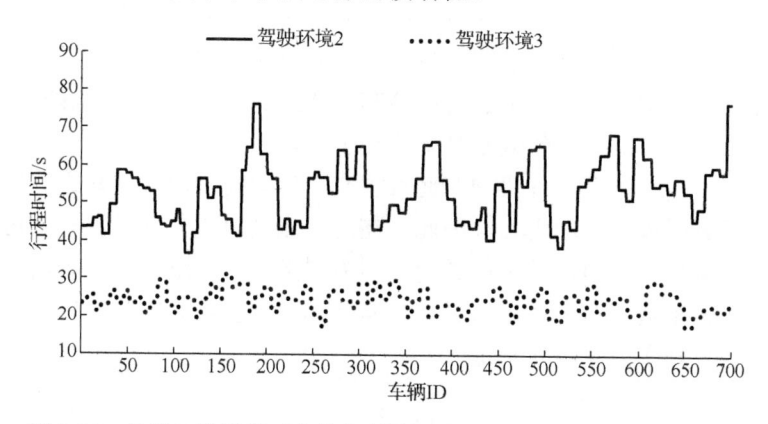

图 3-25 单进口道设置可变导向车道场景下南进口左转车辆行程时间

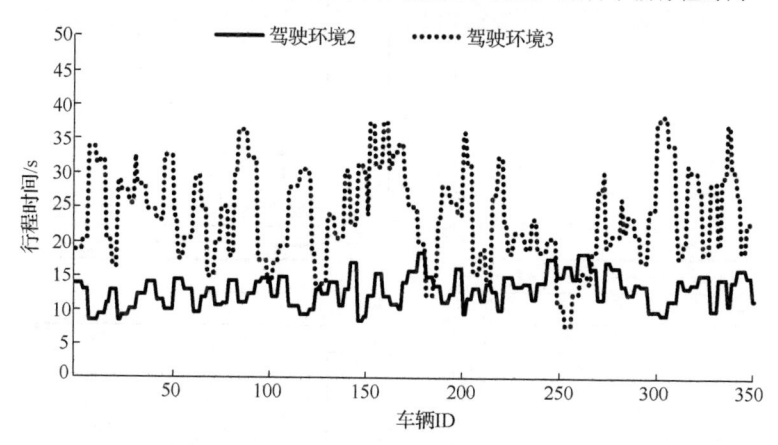

图 3-26 单进口道设置可变导向车道场景下南进口直行车辆行程时间

从图 3-26 可以发现，在驾驶环境 2 下南进口直行车辆通行时间非常短，且所有直行车辆平均通行时间为 13.3s，明显低于交叉口所有车辆平均通行时间，虽然这对直行车辆来说是一个较优的驾驶环境，但是会造成一定的车道资源利用率低下的现象。而在驾驶环境 3 下，经过对车道和信号进行协同优化后，虽然在一定程度上使得直行车辆行程时间有所增加，所有直行车辆平均通行时间增加至为 24.3s，但还是保持在一个可以接受的时间内，与交叉口所有车辆平均通行时间基本持平。

表 3-13　两种驾驶环境下左转及直行车辆平均行程时间对比

驾驶环境	行程时间/s	
	左转	直行
驾驶环境 2	53.3	13.3
驾驶环境 3	24.5	24.3

基于上述分析，在交叉口进口道各转向车流分布不均衡的情况下，虽然在进口道设置可变导向车道一定程度上会对部分车流造成通行时间增加的影响，但从交叉口整体通行效率来看，其优化效果是十分显著的。

如图 3-27 所示，假设一个四进口道交叉口，考虑南进口道及北进口道左转和直行交通在不同时间段内波动较大，因此，在南、北进口道分别设置一条可变导向车道，即南、北进口道从内向外车道类型分别为固定左转车道、可变导向车道、固定直行车道、右转车道，东、西进口道从内向外车道类型均为固定左转车道、固定直行车道、固定直行车道、右转车道。

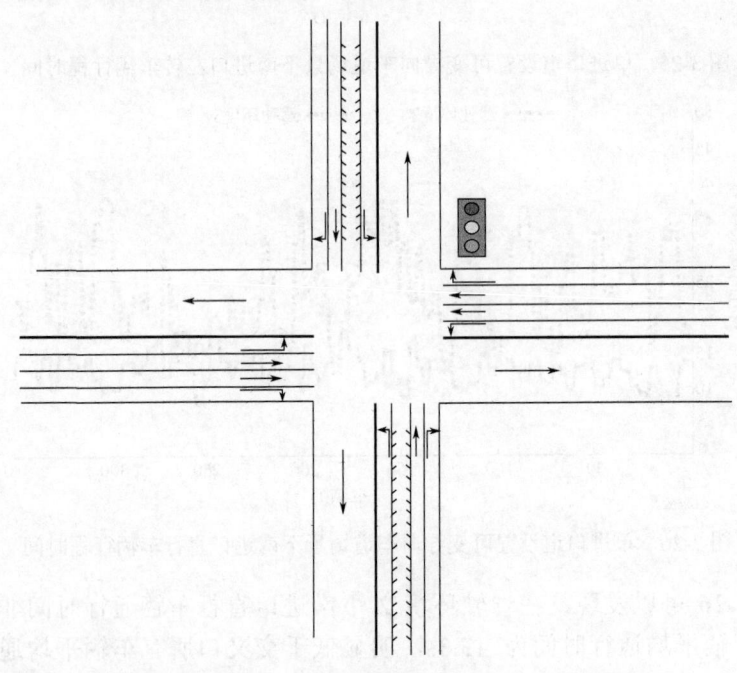

图 3-27　多进口道设置可变导向车道场景示意图

多进口道设置可变导向车道仿真环境与单进口道设置可变导向车道场景基本相同，如图 3-28 所示，区别在于可变导向车道数量及分布不同。

2) 多进口道设置可变导向车道场景仿真及分析

为了探究多进口道设置可变导向车道的优化效果，使用 NetLogo 在车道信号协

第 3 章　单点信号交叉口可变车道设计及交通信号协同优化方法

同优化(驾驶环境 3)下进一步仿真,并实时采集车辆通过交叉口的行程时间、延误以及停车次数,仿真结果如图 3-28～图 3-30 所示。从图中可以直观地看出,各项指

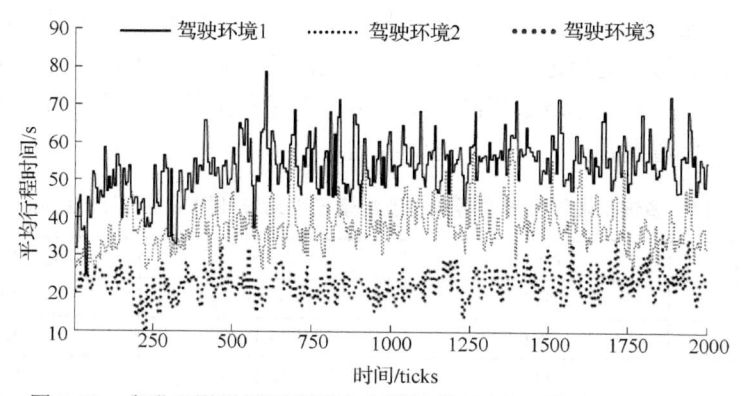

图 3-28　多进口道设置可变导向车道场景下车辆平均行程时间对比

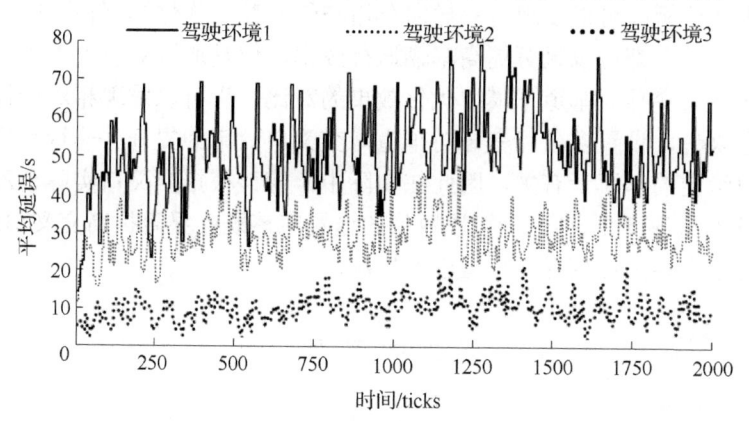

图 3-29　多进口道设置可变导向车道场景下车辆平均延误对比

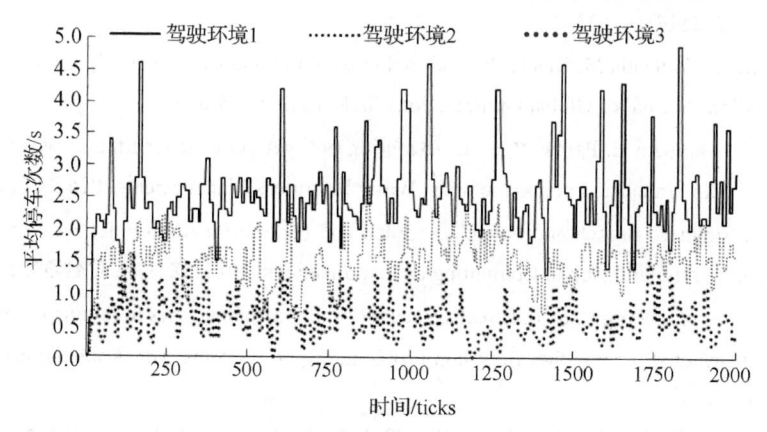

图 3-30　多进口道设置可变导向车道场景下车辆平均停车次数对比

标的优化结果均类似于单进口道设置可变导向车道的情况，且各项指标随时间变化的波动较小，说明车辆行驶更为稳定。

更进一步地，对各项指标的均值做出统计，如表 3-14 所示，可以发现三项指标的优化结果虽然与单进口道设置可变导向车道的情况相差不大，例如，车辆平均行程时间仅减少了 4.5s，车辆延误减少了 4.3s，但是从总体上来看各指标的优化结果还是优于单进口道设置可变导向车道情况的。

表 3-14　多进口道设置可变导向车道场景三种驾驶环境下各项评价指标对比

驾驶环境	行程时间/s	平均延误/s	平均停车次数/次
驾驶环境 1	53.7	50.9	2.5
驾驶环境 2	38.0	29.3	1.5
驾驶环境 3	22.8	10.2	0.6

通过上述分析，可以发现可变导向车道与信号配时优化模型在不同场景下均具有较好的适用性，都可以显著提高车辆通行效率。但是通过对设置单条可变导向车道和设置多条可变导向车道下模型优化效果的对比，也可以发现相对于仅设一条可变导向车道来说，设置多条可变导向车道对交叉口效率的提升并非特别显著，这可能与各进口给定的车流量有关。因此在实际中，应该根据交叉口实际车流量数据来确定具体设置几条可变导向车道，该数量的设置应该既能显著提高交叉口通行效率，又不会产生不必要的可变导向车道浪费情况。

参 考 文 献

[1] 张晗, 陈晓晓, 魏禧辰. 基于分支定界法的整数规划问题研究与应用. 赤峰学院学报（自然科学版）2019, 35(4): 20-23.

[2] Buchheim C, de Santis M, Rinaldi F, et al. A Frank-Wolfe bran-and-bound algorithm for mean-risk optimization. Journal of Global Optimization, 2018, 70(3): 625-644.

[3] Menke R, Abraham E, Parpas P, et al. Exploring optimal pump scheduling in water distribution networks with branch and bound methods. Water Resources Management, 2016, 30(14): 1-17.

[4] Bhati D, Singh P. Branch and bound computational method for multi-objective linear fractional optimization problem. Neural Computing and Applications, 2017, 28(11): 3341-3351.

[5] Pan Q K, Gao L, Wang L, et al. Effective heuristics and metaheuristics to minimize total flowtime for the distributed permutation flowshop problem. Expert Systems with Applications, 2019, 124: 309-324.

[6] 赵甜甜. 基于流量调节的交通配流问题启发式算法. 北京: 中国矿业大学, 2017.

[7] Gurobi Optimization Inc. Gurobi optimization announces the release of Gurobi optimizer 4.5 software. Computers, Networks and Communications, 2011.

[8] Anand R, Aggarwal D, Kumar V. A comparative analysis of optimization solvers. Journal of Statistics and Management Systems, 2017, 20(4): 623-635.

[9] 张津玮, 顾秀芳. 基于 Gurobi 的抽水蓄能电站优化运行分析. 电气技术, 2018, 19(2):22-26.

[10] 李作敏. 交通工程学. 北京: 人民交通出版社, 2017.

第4章 连续信号交叉口可变车道设计及交通信号协同优化方法

得益于车路协同技术的快速发展,数据的采集、传输和集中计算变得愈发方便快捷,交叉口状态可以通过实时地采集车辆数据、道路数据、信号灯数据来获得更为精确的描述。在此基础之上,一种数据驱动的智能体技术可以有效地应用于信号交叉口的车路协同控制。一个智能体可以看成一个信号交叉口的控制大脑,它能够根据交叉口交通环境状态的变化,自动地对控制动作进行调整,并且可以通过积累或学习经验知识达到优化控制目标或适应新环境的目的。智能体可以实时地接收传来的交通环境状态数据,并根据数据实时地调整信号灯的配时和可变导向车道的通行方向,不仅具备较高的灵活性,也能更好地从时间和空间协同的角度优化交叉口的通行效益,减少不同通行方向交通流分布不均衡带来的资源浪费现象。强化学习是一种智能体基于奖惩信息独立进行学习的序贯决策算法,尤其适合应用于状态空间维度较大的情形。近年来,强化学习在交通控制中的应用得到了广泛研究。La 等[1]提出了以车辆排队长度和信号灯时间作为状态描述的强化学习算法。刘义等[2]使用强化学习算法在线学习各种流量负荷,进一步优化了相位、相序、信号周期、绿信比等,取得了一定的改进效果。但是预定义指标作为交通状态描述会导致交通状态细节的丢失。深度学习可以从原始的数据中提取数据的高维表征[3]。喻金忠等[4]使用了深度学习与强化学习相结合的算法,构建了端到端的控制模型,改善了交通状况。徐恩烂等[5]使用异步式的深度强化学习算法来提升强化学习训练效率低的问题。大量研究者开始采用深度强化学习算法来进行交通信号控制研究[6-9],但是现有的研究仅停留在信号灯配时的优化层面上,并且对于信号交叉口这一复杂动态场景的奖励函数设计也缺乏详细的讨论。针对传统信号交叉口优化控制方法难以实现可变车道和信号灯的耦合控制,以及可变车道清空时间造成了车辆二次停车的问题,深度强化学习对有限场景下高维度状态空间问题的适应性特点给该问题提供了新的研究思路[10-12]。

通过第 3 章的分析可知,可变导向车道的设置使得单点信号交叉口获得比以前更好的通行效益。然而,考虑连续信号交叉口场景,却有可能因为上游信号交叉口过大的交通放行流量超出了下游交叉口的承载量,使得下游交叉口陷入了拥堵。因此,相比于对单一的信号控制交叉口进行优化,考虑连续信号交叉口场景的多交叉口协同优化更有价值。

对于连续信号交叉口场景的协同优化主要有两种方式：集中式控制与分布式控制。集中式控制是使用一个智能体同时考虑多个交叉口的情形；分布式控制是指每个交叉口由一个独立的智能体优化控制。由于分布式控制存在天生的缺陷，即当下游交叉口的设计通行能力小于上游交叉口的设计通行能力时，即使两个智能体分别独自进行最优控制，但仍有可能因上游交叉口放行流量过大导致下游交叉口发生拥堵。因此本章重点讨论对于连续信号交叉口可变导向车道场景的多交叉口集中式控制。

4.1 问题场景

考虑一个如图 4-1 所示的东西方向连续信号交叉口场景。中间的信号控制交叉口 2 为正常交叉口不设置可变导向车道，最西边信号控制交叉口 1 的北进口道设置有可变导向车道，最东边信号控制交叉口 3 的南进口道设置有可变导向车道，这使得主干道上的交通流量呈周期性增大。每两个信号控制交叉口之间相隔 1000m。对于每个信号交叉口而言，图 4-2 中灰色标注部分为检测区域，深灰色标注部分为可变导向车道区域，即当车辆驶入这个区域时，便采集它们的通行信息，如速度、位置、加速度、通行方向等。

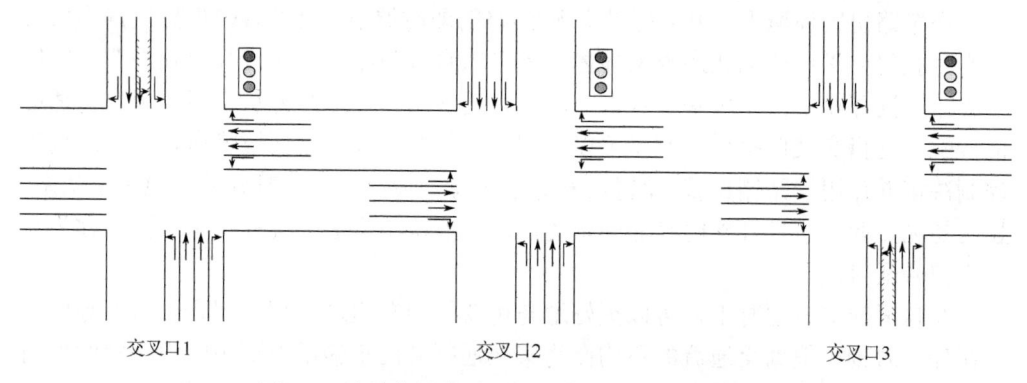

图 4-1 连续信号交叉口可变导向车道场景示意图

在车路协同环境下，交叉口交通环境状态由检测区域内的车辆通行数据、路侧设备信号灯程序数据和可变导向车道数据构成。中央控制器根据采集到的交通环境状态描述数据，实时地与路侧设备进行交互，从而最大化交叉口的时空间资源利用率并最大化车辆通行效益。本场景中，检测区域的长度设置远大于可变导向车道的长度，这是由于车辆在驶入可变导向车道之前有可能需要进行变道，所以需要在车辆距离可变导向车道尚有一定的距离时便采集车辆的通行方向，以便更好地调整可变导向车道的通行方向与之协同。同时，车辆在驶入可变导向车道后不可以临时调整通行方向，否则会直接导致可变导向车道堵塞。

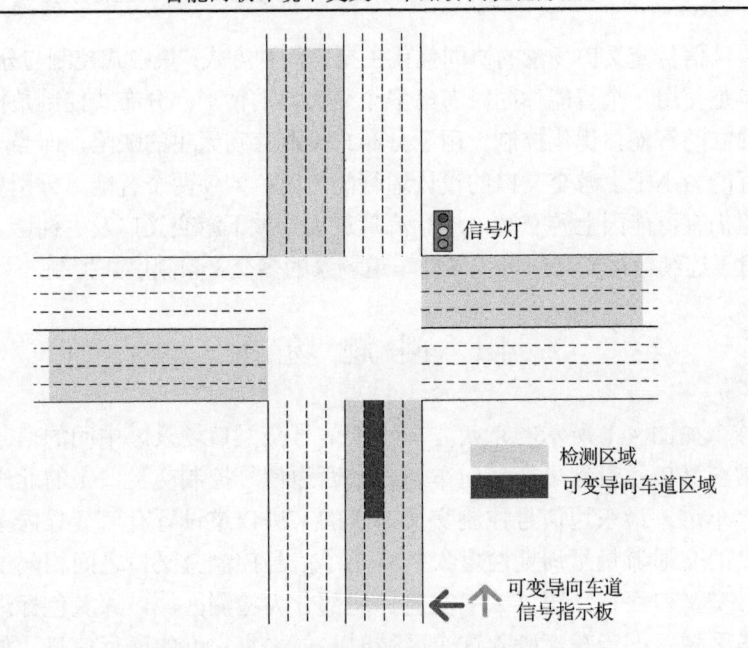

图 4-2 设置可变导向车道信号控制交叉口场景

在车路协同环境下,由于可以实现车-路的即时通信,交叉口中央控制器不仅可以实时获得交叉口环境状态数据描述,还可以直接与路侧设备进行交互控制,所以在车路协同环境下,一种基于数据驱动的自适应信号灯配时方法有望实现。自适应信号配时是指交叉口中央控制器可以根据实时的交叉口交通环境状态,实时地输出控制决策并作用于路侧设备,使得信号灯配时总是最优于每一时刻的交通环境状态。显而易见,此时信号灯配时是非固定的,而是取决于交通环境的状态,因此称为自适应信号配时。

在自适应信号配时下,可以更好地与可变导向车道进行相互配合,可变导向车道在任一时刻可根据交通流的不均衡为某一通行方向车辆赋予更多的道路空间使用权,即更多的通行权。此时,自适应信号配时可以进一步地根据交通流的通行情况,赋予通行车辆恰到好处的相位长度。可见,在车路协同环境下,可变导向车道与自适应信号配时的协同耦合才能赋予交叉口更好的通行效率。

为具体化研究内容,基于以下假定条件开展研究。

(1)所有车辆都是标准小轿车,即不考虑车辆的类型,车辆的运动参数一致,车辆驶入检测区域后可以实时采集通行信息,包括速度、位置、加速度、通行方向等,且车辆驶入可变导向车道后不可临时更改通行方向。

(2)交叉口中央控制器根据实时的交通环境状态采取控制动作,并作用于信号灯和可变导向车道上的信号指示板上。

(3)不考虑行人及非机动车的影响。

(4) 所有右转车辆均不受信号控制，可随时通行。
(5) 车流量不饱和。

4.2 信号交叉口智能体控制逻辑

信号交叉口中央控制器作为一个智能体，信号交叉口的可变导向车道与交通信号协同控制问题可以建模为马尔可夫决策问题。其模型框架如图4-3所示。

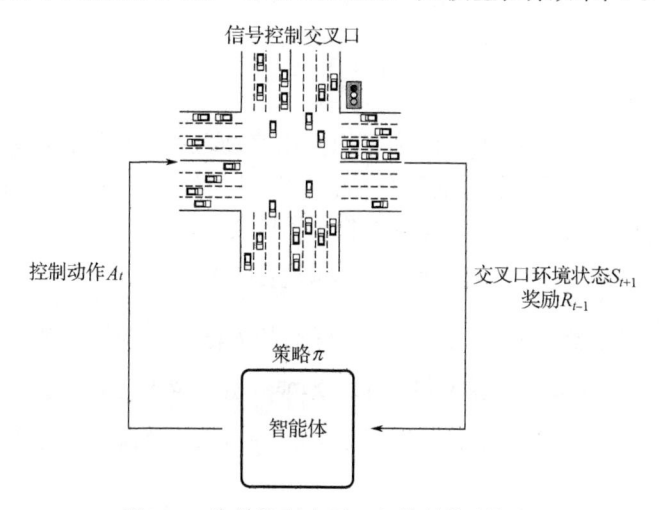

图4-3 信号控制交叉口智能体控制框架

为了更好地描述这个控制框架，定义以下变量。

S_t：信号控制交叉口时刻 t 的环境状态描述。

A_t：智能体时刻 t 所采取的离散控制动作。

R_t：智能体时刻 t 所获得的奖赏值。

π_θ：智能体控制策略，其中 θ 为参数，也可写为 $\pi_\theta(A_t|S_t)$。

得益于车路协同环境，交叉口基础信息可以被采集，所获得的交叉口交通状态数据作为每一时刻交叉口环境状态 S_t。在任意时刻，智能体根据状态 S_t 采取一个控制动作 A_t 作用于交叉口，并返回交叉口的下一时刻环境状态 S_{t+1} 和定义的奖励值 R_{t+1}。智能体的离散控制动作 A_t 由具体的应用场景来确定。奖励值 R_{t+1} 为预先定义好的评价指标，表示在状态 S_t 下智能体采取的控制动作 A_t 的好坏。

智能体的最优控制策略 π^* 在训练过程中获得。在训练过程中智能体与信号交叉口不断交互形成一条状态-动作-奖励轨迹：$(s_0, a_0, r_0, s_1, a_1, r_1, \cdots, s_t, a_t, r_t, \cdots, s_T, a_T, r_T)$。在训练过程中，智能体采取的控制动作按照以下规则生成：智能体以概率 ε 选择随机控制动作，以概率 $1-\varepsilon$ 选择当前最优控制动作，并且概率 ε 随着训练进行不断增大。最后，在训练过程中根据奖励 R_{t+1} 来不断更新智能体的控制策略 π，使得在训练结束后策略 π 达到最优控制策略 π^*。

由于在该问题中信号控制交叉口环境状态有限但数目巨大，且智能体采取的控制动作为离散动作，所以可采用 DQN（Deep Q Networks）算法求解。

DQN 算法通过状态-动作对函数 $Q(s,a)$ 间接地获得智能体的控制策略 π。状态-动作对函数 $Q(s,a)$ 的定义为

$$Q_\pi(s,a) = E_\pi[G_t | S_t = s, A_t = a] \tag{4.1}$$

$$G_t = \sum_{k=0}^{\infty} \gamma^k r_{t+k} \tag{4.2}$$

其中，γ 为折扣因子，$\gamma \in (0,1]$；G_t 为累积折扣奖励之和。智能体的目标是找到最优策略 π^* 以最大化 G_t，换句话说，智能体的目标是最大化未来期望累积折扣奖励之和。

通过函数 $Q(s,a)$ 便可以获得智能体的最优控制策略

$$\pi^* = \arg\max_\pi Q(s,a) \tag{4.3}$$

函数 $Q(s,a)$ 的更新过程采用时间差分学习的方法，更新公式如下

$$Q(s,a) \leftarrow Q(s,a) + \alpha[r + \gamma \max_{a'} Q(s',a') - Q(s,a)] \tag{4.4}$$

其中，$\max_{a'} Q(s',a')$ 为下一个状态 s' 所能获得的最大 Q 值。

4.3 车路协同信息采集处理

4.3.1 车辆运动数据

车辆数据通常为非结构化数据，采用空间矩阵表示法对其进行结构化处理获得车辆通行方向-位移-速度矩阵 $V_{i,j,k}$。采取的处理方式参考 Genders 等[13]的做法，每个进口道从停车线开始按长度 l 划分 m 个小方格，每个小方格内采集车辆的通行方向、车的数量和平均速度，如图 4-4 所示。

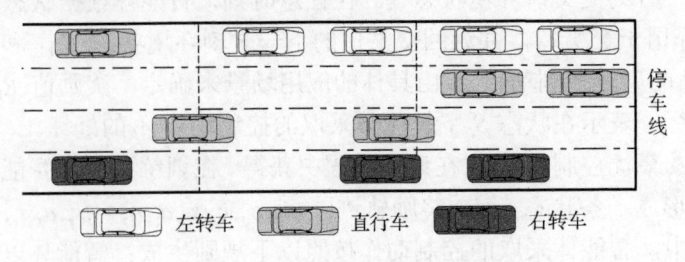

图 4-4 车辆数据采集示意图

矩阵$V_{i,j,k}$中，i=1,2,3,4,5,6,7,8，其中i=1,2,3,4时采集四个进口道直行车辆数据，i=5,6,7,8时采集四个进口道左转车辆数据；j=1,2,…,m，采集m个小方格内的车辆数据；k=1,2，其中k=1时采集位移数据，k=2时采集速度数据。位移数据用小方格内车辆数目来表示，速度数据用小方格内车辆平均速度来表示。值得注意的是，l取值越小，对于车辆信息的表征越精确，但计算量会更大；l取值越大，计算量会降低，但是车辆信息表征精度会下降。综合来讲，l取值适中即可，取为16m。

4.3.2 信号灯数据

用一个 0-1 变量表示两个信号灯程序，其中直行程序是对应可变导向车道通行方向为直行的信号灯程序，左转程序是对应可变导向车道通行方向为左转的信号灯程序。用变量p表示两个信号灯程序包含的相位，p=1,2,3,4,5,6,7,8 分别表示两个通行方向的直行、左转相位以及相应的黄灯相位。直行程序与左转程序的唯一区别是，在直行程序中可变导向车道在直行相位仅允许通行方向为直行的车辆通过停车线，而左转程序中可变导向车道在左转相位仅允许通行方向为左转的车辆通过停车线。分别对以上两个变量进行 one-hot 编码。

设置可变导向车道的信号控制交叉口信号配时相对于传统环境下交叉口信号配时有一些变化，以便适应可变导向车道非固定的通行功能。

对于车道功能固定的信号控制交叉口，信号灯配时仅需要一套程序即可满足各个通行方向车辆的有序通行需求，设置左转车辆通行相位以及直行车辆通行相位，并依次切换即可。以拥有 4 条单车道的进口道为例，以每个单车道的单个通行方向为单位表示，车道功能固定的信号灯程序如表 4-1 所示，其中 G 表示绿灯，Y 表示黄灯，R 表示红灯。例如，表 4-1 中相位编号 1 对应的是南-北向直行车辆通行相位。

表 4-1　车道功能固定的信号灯程序

相位编号	从北进口道开始，顺时针旋转一周，各个单车道单个通行方向信号灯设置															
1	G	G	G	R	G	R	R	R	G	G	G	R	G	R	R	R
2	G	Y	Y	R	G	R	R	R	G	Y	Y	R	G	R	R	R
3	G	R	R	G	G	R	R	R	G	R	R	G	G	R	R	R
4	G	R	R	Y	G	R	R	R	G	R	R	Y	G	R	R	R
5	G	R	R	R	G	G	G	R	G	R	R	R	G	G	G	R
6	G	R	R	R	G	Y	Y	R	G	R	R	R	G	Y	Y	R
7	G	R	R	R	G	R	R	G	G	R	R	R	G	R	R	G
8	G	R	R	R	G	R	R	Y	G	R	R	R	G	R	R	Y

与表 4-1 相对应的交叉口如图 4-5 所示。

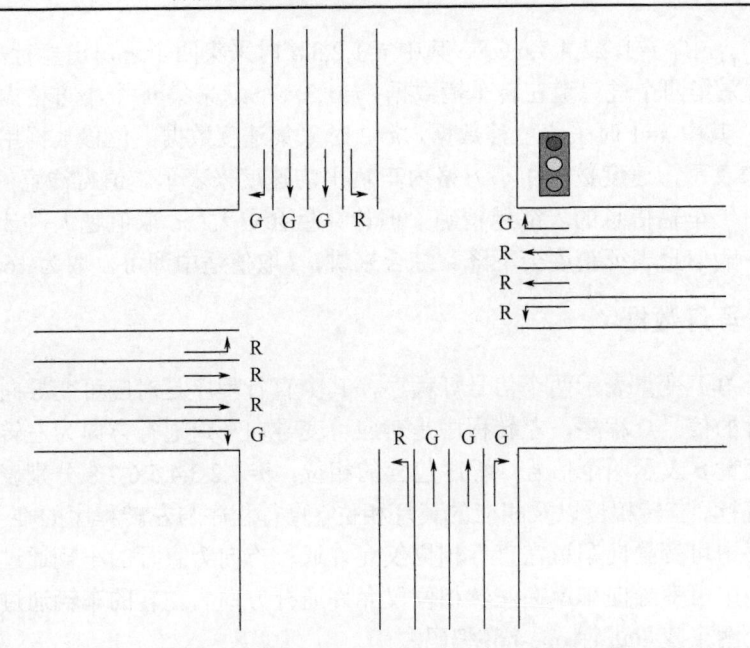

图 4-5 车道功能固定信号灯配时示意图

对于设置可变导向车道的信号控制交叉口，一套信号灯程序无法很好地满足通行需求，此时需要设置两套信号灯程序，一套可变导向车道通行方向为直行的直行信号灯程序以及一套可变导向车道通行方向为左转的左转信号灯程序。同样地以每个单车道的单个通行方向为单位表示，两套信号灯程序如表 4-2 所示。

表 4-2 设置可变导向车道的对应信号灯程序

相位编号	从北进口道开始，顺时针旋转一周，各个单车道单个通行方向信号灯设置															直行程序
1	G	G	G	R	G	R	R	R	G	G	R	R	G	R	R	R
2	G	Y	Y	R	G	R	R	R	G	Y	Y	R	R	R	R	R
3	G	R	R	G	G	R	R	R	G	R	R	G	G	G	R	R
4	G	R	R	Y	G	R	R	R	G	R	R	Y	G	G	R	R
5	G	R	R	R	G	G	G	R	G	R	R	R	G	G	G	R
6	G	R	R	R	G	Y	Y	R	G	R	R	R	G	Y	Y	R
7	G	R	R	R	G	R	R	G	G	R	R	R	G	R	R	G
8	G	R	R	R	G	R	R	Y	G	R	R	R	G	R	R	Y
相位编号	从北进口道开始，顺时针旋转一周，各个单车道单个通行方向信号灯设置															左转程序
1	G	G	G	R	G	R	R	R	G	G	R	R	G	R	R	R
2	G	Y	Y	R	G	R	R	R	G	Y	R	R	G	R	R	R
3	G	R	R	G	G	R	R	R	G	R	R	G	G	G	R	R

续表

相位编号	从北进口道开始，顺时针旋转一周，各个单车道单个通行方向信号灯设置													左转程序	
4	G	R	R	Y	G	R	R	R	G	R	Y	Y	G	R	R	R
5	G	R	R	R	G	G	G	R	G	R	R	R	R	G	G	R
6	G	R	R	R	G	Y	Y	R	G	R	R	R	R	G	Y	Y	R
7	G	R	R	R	G	R	R	R	G	R	R	R	R	G	R	R	G
8	G	R	R	R	G	R	R	Y	G	R	R	R	R	G	R	R	Y

注：灰色标注部分表示可变导向车道上两个通行方向的相位设置。

与表 4-2 相对应的交叉口如图 4-6 所示。

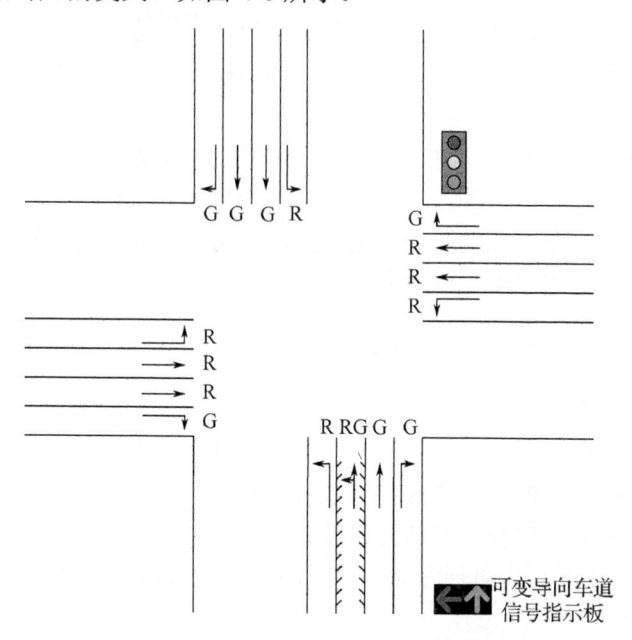

图 4-6 可变导向车道信号灯程序配时示意图

4.3.3 可变车道状态数据

用一个 0-1 变量表示可变导向车道的通行方向。当可变导向车道通行方向为直行时，允许通行方向为直行的车辆驶入可变导向车道；当可变导向车道通向方向为左转时，允许通行方向为左转的车辆驶入可变导向车道。用一个 0-1 变量表示可变导向车道的通行方向与信号灯程序是否一致，该变量将用于可变导向车道的异步式切换过程中。同样地，分别对以上两个变量进行 one-hot 编码。以上全部数据构成了交叉口环境的状态表示。

4.4 可变车道切换逻辑

4.4.1 同步式切换逻辑

传统环境下由于无法实现车-车、车-路通信，所以难以实现实时的可变导向车道切换，往往根据历史车流数据或线圈检测器数据采取人工方式切换可变导向车道通行方向。由于此时可变导向车道的通行方向，允许某一种通行方向的车辆驶入可变导向车道与信号灯程序是同时切换的，故称为同步式可变导向车道切换逻辑。

由于同步式可变导向车道切换的过渡过程要求可变导向车道上不能存在车辆，车辆必须全部清空，所以往往需要一定的清空时间[1]。待可变导向车道清空后，由工作车辆或人工完成可变导向车道通行方向的转换。同步式可变导向车道在切换过程中，由于清空时间的存在，在该时间内车辆不能驶入可变导向车道，造成了可变导向车道空间资源的浪费，同时车辆在清空过程中禁止驶入可变导向车道可能会造成车辆的二次停车等待。另外，人工的切换过程也存在工作时间，切换效率低下，并且道路作业也有一定的危险性。可见，同步式可变导向车道切换逻辑不能很好地满足可变导向车道使用中的工作效率。

4.4.2 异步式切换逻辑

在车路协同环境下，可变导向车道的切换过程可以根据交通环境状态的演变实时地进行。同时，可变导向车道的切换可自动进行，不再需要人工作业。为了提高可变导向车道切换过程的空间资源利用效率以及切换过程的效率，本节提出一种异步式可变导向车道切换逻辑，其切换步骤如下。

(1) 切换可变导向车道通行方向。可变导向车道入口处信号指示牌切换为允许下一通行方向车辆驶入。

(2) 对可变导向车道内进行清空检测。判断可变导向车道内上一通行方向车辆是否有残留。若有残留，则不断重复步骤(2)，直到清空完成。值得注意的是，此时下一通行方向的车辆已允许驶入，车辆驶入后会排队于上一通行方向车辆的尾部。

(3) 切换信号灯程序。使得信号灯程序与可变导向车道通行方向一致，至此完成了可变导向车道的切换过程。

具体的流程如图 4-7 所示。

从图 4-7 可知，信号灯程序的切换与可变导向车道通行方向的切换不是同时完成的，信号灯程序的切换往往会滞后于可变车道通行方向的切换，故称为异步式可变导向车道切换逻辑。异步式可变导向车道切换逻辑的优点在于，可变导向车道切换后，下一通行方向车辆可以直接驶入，无须二次停车等待清空。信号灯程序会随

第4章 连续信号交叉口可变车道设计及交通信号协同优化方法

着上一通行方向的车辆清空完毕而自动切换到下一通行方向。其大大提高了可变导向车道切换效率以及空间资源利用效率。

使用 DQN 算法对信号交叉口智能体控制模型进行求解时，需要对异步式可变导向车道切换逻辑做进一步调整，使其更好地符合 DQN 算法。这里使用如图 4-8 所示的异步式可变导向车道通行方向与

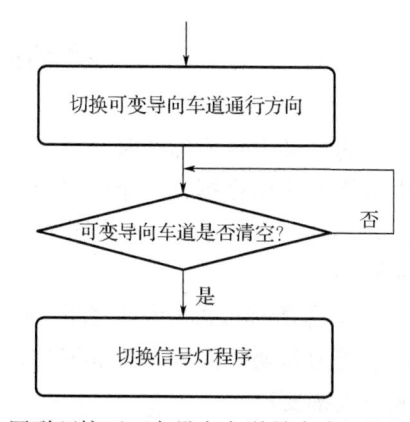

图 4-7 网联环境下可变导向车道异步式切换逻辑流程图

信号灯程序的切换逻辑，与图 4-7 中的切换逻辑略有不同，区别仅在于当智能体发出切换可变导向车道通行方向的命令时才进行可变导向车道的清空检测，这样做的好处是在后续算法求解时，智能体能够更好地学习到每个状态-动作对的 $Q(s,a)$ 值。

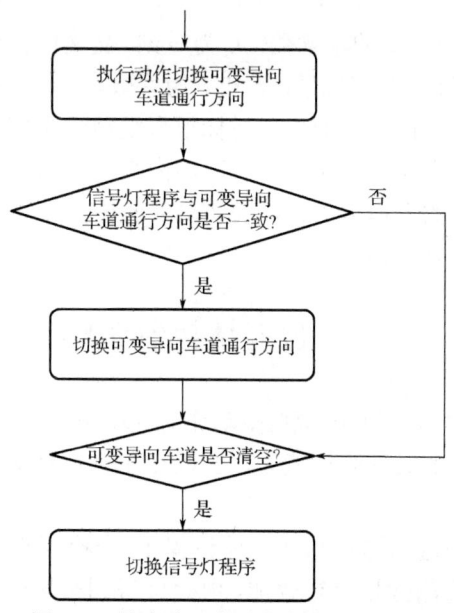

图 4-8 异步式可变导向车道切换逻辑

最终，一个完整的可变导向车道切换周期以一次可变导向车道的切换开始以及一次信号灯程序的切换结束。在周期中每次接收到切换可变导向车道通行方向的命令时进行可变导向车道清空检测，判断上一通行方向的车辆是否清空，若清空则可以执行信号灯程序的切换，否则继续等待进行可变导向车道清空检测。

4.5 奖励函数设计

奖励函数的定义为智能体在某一时刻所能获得的单步奖励。奖励函数通常需要能够反映出最终的优化目标。一个信号控制交叉口的优化目标往往用通行效益、车辆延误、排队长度、车辆平均速度等指标来表征。设计奖励函数时应遵循准确性和无量纲性的原则。

(1)准确性。即所选取的指标是否准确。考虑到交叉口这样一个连续动态变化的场景，准确性尤为重要。例如，所选取的指标是否会由于车辆连续不断地进入与离开检测区域而大幅变动。

(2)无量纲性。即所选取的指标是否不受车流量大小等的影响。若车流量的变化会导致奖励函数分布改变，这就意味着需要重新寻找一组较好的超参数，而调整超参数的过程十分复杂。

本节设计的奖励函数如下

$$r_t = a \times P_t - b \times L_t / F_t \tag{4.5}$$

其中，P_t 为时刻 t 通过交叉口的车辆数，L_t 为时刻 t 交叉口各个进口道的排队长度之和，F_t 为时刻 t 进入交叉口的车流量，a 和 b 为系数。

这样设计奖励函数使得最终的优化目标很直观地变为使一段时间内通过交叉口的总车辆数的期望值最大化，以及使一段时间内交叉口的总排队长度的期望值最小化，同时实现了车流量的近似无关化。在仿真实验中，会通过详细的对比分析验证本节所设计奖励函数的有效性。

4.6 智能体控制策略

由式(4.3)可知，可以通过求解状态-动作对 $Q(s,a)$ 函数间接获得策略 π。由于深度学习拥有非常强的非线性表征能力，所以在 DQN 算法中使用一个深度神经网络来拟合 $Q(s,a)$ 函数。

在每个交叉口每个进口道停车线之前设置 11 个检测小方格来构成检测区域，将三个交叉口所获得检测数据进行叠加，由此可得到车辆通行方向-位移-速度矩阵 $V_{i,j,k}$ 的大小为 8×11×6。该场景中三个交叉口分别拥有各自的信号灯程序，故需要分别对其编码。信号灯相位数据经过 one-hot 编码分别构成 3 个大小为 8×1 的矩阵，类似地，信号灯程序数据经过 one-hot 编码分别构成 3 个大小为 2×1 的矩阵、可变导向车道通行方向数据经过 one-hot 编码分别构成 2 个大小为 2×1 的矩阵以及可变导向车道与信号灯程序是否一致数据经过 one-hot 编码分别构成 2 个大小为 2×1 的矩阵。

第4章 连续信号交叉口可变车道设计及交通信号协同优化方法

该场景下，由于采用集中式控制，所以智能体所采取的离散控制动作作用于全部 3 个交叉口上。智能体所采取的离散控制动作共 6 个，分别为：1 保持不变，即不采取任何动作；2 切换交叉口 1 信号灯的相位；3 切换交叉口 2 信号灯的相位；4 切换交叉口 3 信号灯的相位；5 切换交叉口 1 的可变导向车道通行方向；6 切换交叉口 3 的可变导向车道通行方向。

根据输入输出确定 DQN 算法中用来表征状态-动作对 $Q(s,a)$ 函数的神经网络结构。该场景中，3 个交叉口的形状一致，故可以将 3 个交叉口的状态数据叠加在一起作为主输入；若 3 个交叉口的形状不一致，则需要将 3 个交叉口分为主输入、副输入。其余信号灯数据、可变导向车道数据采用副输入的形式。最终连续信号交叉口可变导向车道场景神经网络结构如图 4-9 所示。

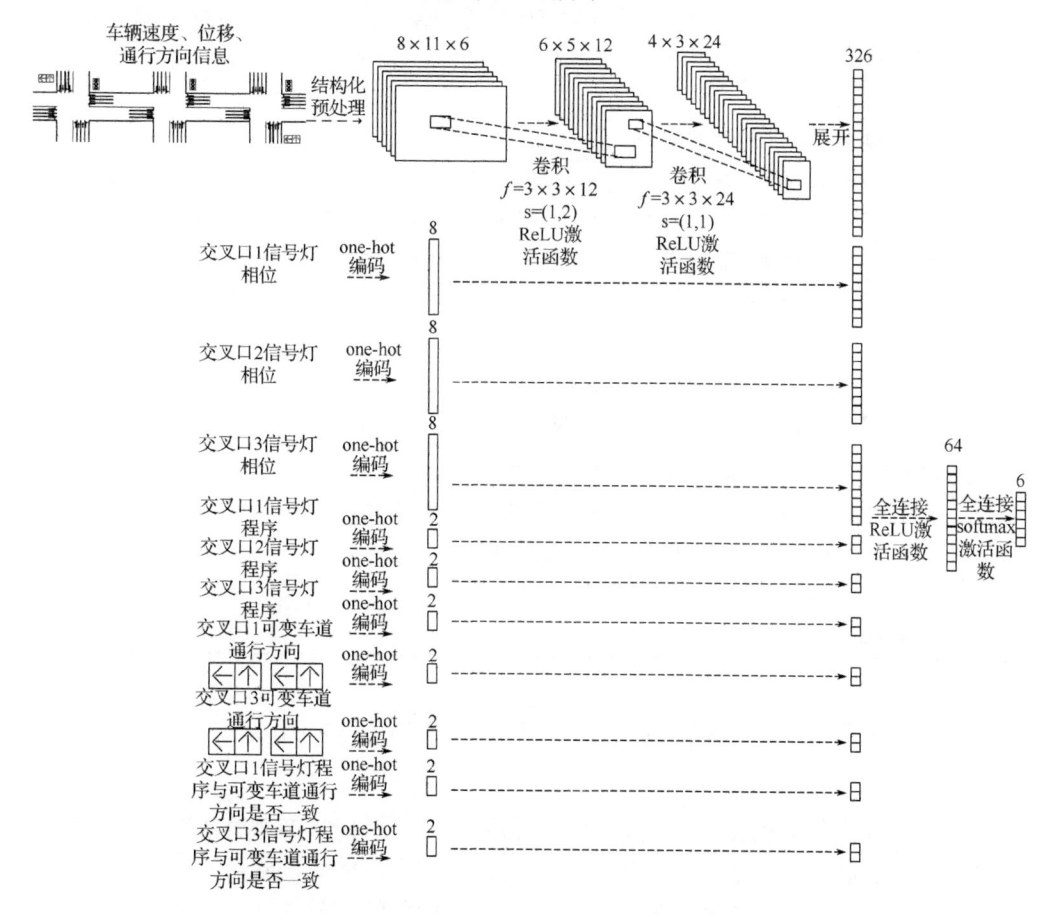

图 4-9 连续信号交叉口可变导向车道场景神经网络结构示意图

主输入层大小为 8×11×6，辅助输入层大小为 8×1、8×1、8×1、2×1、2×1、2×1、2×1、2×1、2×1、2×1。第一层卷积层的卷积核大小为 3×3，通道数为 12，滑动步长

为 (1,2)，并采用 ReLU 激活函数；第二层卷积层的卷积核大小为 3×3，通道数为 24，滑动步长为 (1,1)，并采用 ReLU 激活函数；第三层中将主输入层经过两层卷积运算后的矩阵展开并与辅助输入层拼接；第四层为拥有 64 个神经元的全连接层，并采用 ReLU 激活函数；输出层为拥有 6 个神经元的全连接层，并采用 softmax 激活函数。该神经网络中没有使用池化层以避免车辆数据丢失细节信息。

求解策略 π 的算法训练流程如表 4-3 所示。

表 4-3 算法流程

	可变导向车道与交通信号协同控制的深度强化学习算法
1	创建容量大小为 N 的记忆库 D
2	使用随机权重 θ 初始化状态动作对函数 $Q(s,a)$
3	使用同样的权重 θ 初始化目标状态动作对函数 $\hat{Q}(s,a)$
4	For 训练周期=1, M:
5	初始化仿真场景得到初始状态 s_1
6	For 训练步=1, T:
7	以概率 ε 选择一个随机动作 a_t 或者 $a_t = \arg\max_a Q(s_t, a; \theta)$
8	在仿真环境中执行 a_t 并接收返回的奖励 r_t 以及下一状态 s_{t+1}
9	将 (s_t, a_t, r_t, s_{t+1}) 存储到记忆库 D 中
10	令 $s_t = s_{t+1}$
11	从记忆库 D 随机抽取小批量 (s_t, a_t, r_t, s_{t+1}) 作为训练集
	计算时间差分目标 y_j，若在训练步 $j+1$ 时一个周期结束，$y_j = r_j$；否则
12	$y_j = r_j + \gamma \max_{a'} \hat{Q}(s_{t+1}, a'; \theta^-)$
13	根据误差公式 $(y_j - Q(s_t, a_t; \theta))^2$ 的梯度对神经网络参数 θ 进一步更新
14	每隔 C 个训练步，拷贝 Q 网络到 $\hat{Q}$ 网络
15	End For
16	End For

4.7 基于 SUMO 的仿真环境搭建及仿真分析

本节首先介绍如何搭建可变导向车道仿真框架，对仿真框架所需要的几个模块及各自需要具备的功能进行了详细描述。在此基础上，针对信号交叉口可变导向车道场景，通过设计两组对比试验验证所设计奖励函数的有效性，并针对奖励函数设计进行更深入的讨论；通过与随机控制策略的对比验证智能体控制模型的有效性，并详细讨论模型扩展时可能会遇到的问题。

4.7.1 仿真平台搭建

智能体仿真框架需要智能体能够与信号交叉口仿真环境持续交互，并且信号交叉口仿真环境是一个离散的仿真环境，在每个时间步智能体都可以向信号交叉口仿真环境发送控制动作命令。除此之外，由于现有的交通仿真平台大多不支持原生的可变导向车道功能，所以所选取的仿真平台必须具备二次开发的能力，并且可以通过一定手段实现可变导向车道的切换功能与相对应的信号灯配时设计。

SUMO (Simulation of Urban Mobility)[14]是一款免费的开源离散交通仿真平台，可以实现交通流的微观控制，即具体到道路上每一辆车的每个时间步的状态控制、行为规划。SUMO 最大的特点是不是单个软件程序，而是提供了大量的包以及函数库，使用者可以方便快速地挑选出需要的组件构建自己的交通仿真模型，并且 SUMO 提供了仿真环境与外部的通信接口，使得支持智能体与仿真环境能够实时通信。

在本节中，智能体是算法策略的主要组成模块，需要接收交叉口仿真环境每一时刻传输的状态描述，并根据自身的策略计算输出控制动作。交叉口仿真环境在每次接收到控制动作后执行一个仿真步长。SUMO 提供的函数包 Traci 可以实现从外部控制交通仿真环境。如图 4-10 所示，仿真框架中的智能体模块与交通环境模块由 Traci 连接实现实时数据交互。

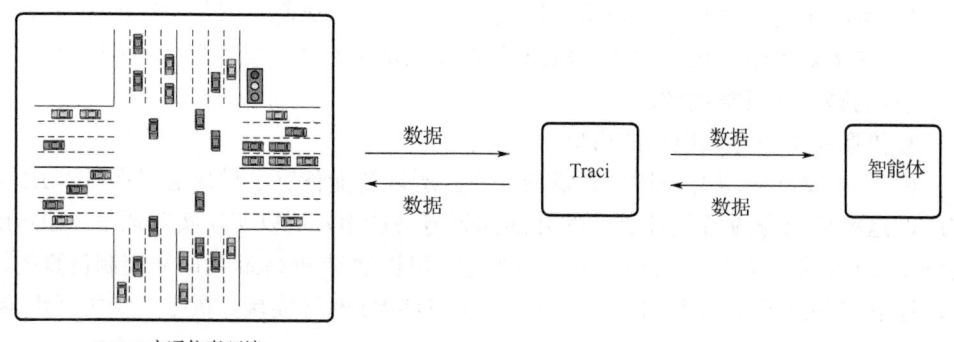

图 4-10 SUMO 中智能体和交通仿真环境的数据交互方法

SUMO 提供了大量的函数可直接输出描述交通状态的指标，比如可以直接获得某条单车道上的排队长度、平均速度、车辆的等待时间等。但值得注意的是，直接调用 SUMO 函数得到的指标并不一定适合作为奖励函数。

1) 可变导向车道仿真环境模块

基于 SUMO 开发可变导向车道仿真环境利用了 SUMO 以下特性。

(1) SUMO 通过绘制点并将点连接成线来定义车道。每条单车道之间进行连接以定义通行方向。基于此可以开发出可变导向车道功能，使一条单车道拥有多个通行方向。

(2) SUMO 可以通过定义车辆的属性，以区分车辆的通行方向。另外，每条单车道都可以实时地设置允许车辆驶入的类型。基于此可开发出仅允许特定通行方向的车辆驶入可变导向车道的功能。

(3) SUMO 允许基于单车道单个通行方向定义信号灯程序，可以灵活地设置仅允许某种特定类型的车辆驶过停车线穿过交叉口。

基于以上特性可以开发出可变导向车道仿真环境模块，可变导向车道仿真环境模块还需要具备以下功能。

(1) 可以实时地采集交叉口环境内车辆数据，包括速度、位置、通行方向等，并将以上数据打包作为交叉口环境状态输出。

(2) 可以实时地计算交叉口通行状态评价指标，用做奖励函数设计的一部分。

(3) 可以接收来自于智能体的控制动作，并执行相应动作后进入下一仿真步。

(4) 可以将环境重置到初始状态。

2) 智能体算法模块

智能体算法模块在仿真框架中起着关键的决策作用，需要根据可变导向车道仿真环境模块输入的信号交叉口交通状态和评价指标，调整自己的策略并输出控制动作。因此智能体算法模块需要具备以下功能。

(1) 接收来自可变导向车道仿真模块的信号交叉口交通状态和评价指标输入。

(2) 基于输入数据进行决策，输出控制动作给可变导向车道仿真环境模块。

(3) 能够保存策略函数。

3) 仿真环境与算法模块的通信

由于 SUMO 本身并不适合做复杂计算，所以智能体算法模块需要在 SUMO 外完成，这就要求完成智能体算法的外部代码与 SUMO 可以实现实时通信。SUMO 提供了 Traci 这一基于 Python 的仿真控制包，可以通过 Python 代码来控制仿真的过程，包括与 SUMO 建立连接、开始仿真、与 SUMO 断开连接、执行一个仿真步等。

4.7.2 奖励函数设计仿真实验及结果分析

对于信号交叉口这样一个连续动态环境，设计一个合理的奖励函数十分必要。从不同的优化角度出发有多种交叉口评价指标可供选择，如车辆延误、排队长度、车辆平均速度、尾气排放量、单位时间内通过率等，然而并不是所有的评价指标都适合用来作为奖励函数。

以连续信号交叉口的其中一个为例(如图 4-6 所示)，每个进口道拥有 4 条单车道，各进口道均设置 1 条右转专用道及 1 条左转专用道。考虑南进口道左转车流量与直行车流量随时间分布不均衡，将南进口道的第 3 条单车道设置为可变导向车道，可变导向车道的进口处设置信号指示板,指示可变导向车道的通行方向,即仅允许某种特定通行方向的车辆驶入可变导向车道。进口道长度为 500m,可变车道长度约为 100m。智能体的训练阶段设置 4000 个训练周期,每个周期仿真步长设置 300 步。设置如表 4-4 所示不同的奖励函数,通过仿真实验对比分析其有效性。

表 4-4 奖励函数设置

智能体	奖励函数	流量/(vehicle/h)			
		北进口道	南进口道	西进口道	东进口道
智能体 1	$a_1 \times (AW_{t-1} - AW_t)$	711	701	701	698
智能体 2	$a_2 \times (SW_{t-1} - SW_t)$	711	701	701	698
智能体 3	$a_3 \times P_t$	711	701	701	698
智能体 4	$a_4 \times P_t - b_4 \times L_t$	711	701	701	698

注:AW_t 为 t 时刻平均等待时间,SW_t 为 t 时刻总等待时间,a_1、a_2、a_3、a_4、b_4 为缩放系数。

4 个智能体在训练时车流量相同且恒定。智能体 1 和智能体 2 均用等待时间作为奖励函数,若 t 时刻的等待时间比 $t-1$ 时刻小,则智能体获得正的奖励,若 t 时刻的等待时间比 $t-1$ 时刻大,则智能体获得负的奖励。智能体 3 和智能体 4 则使用单位时刻通过车辆数作为奖励函数,其中智能体 4 使用了排队长度作为惩罚项。仿真训练结果如图 4-11~图 4-13 所示。

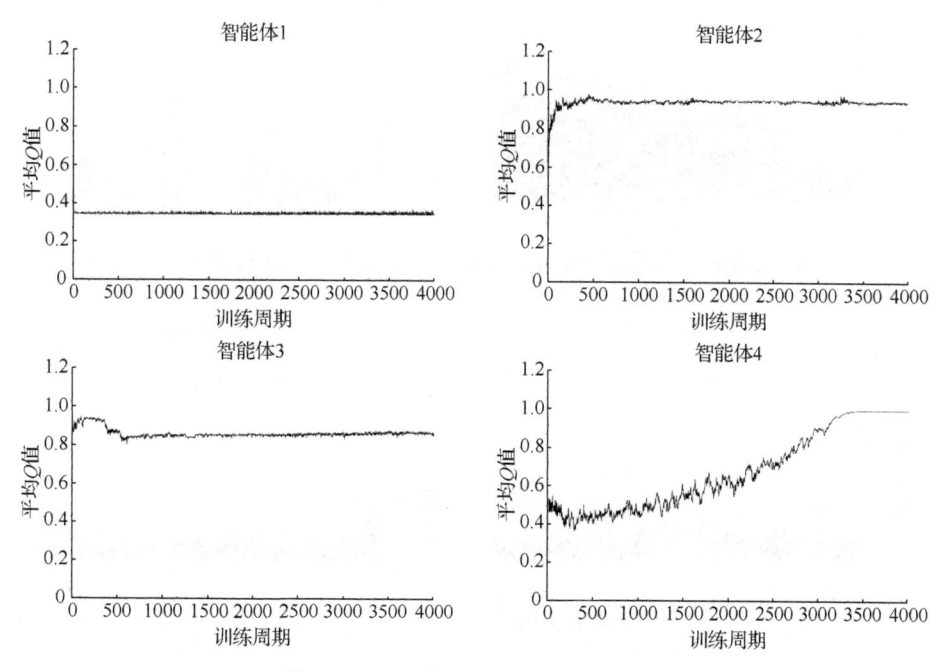

图 4-11 不同奖励函数下的平均 Q 值

图 4-12 不同奖励函数下的最大 Q 值

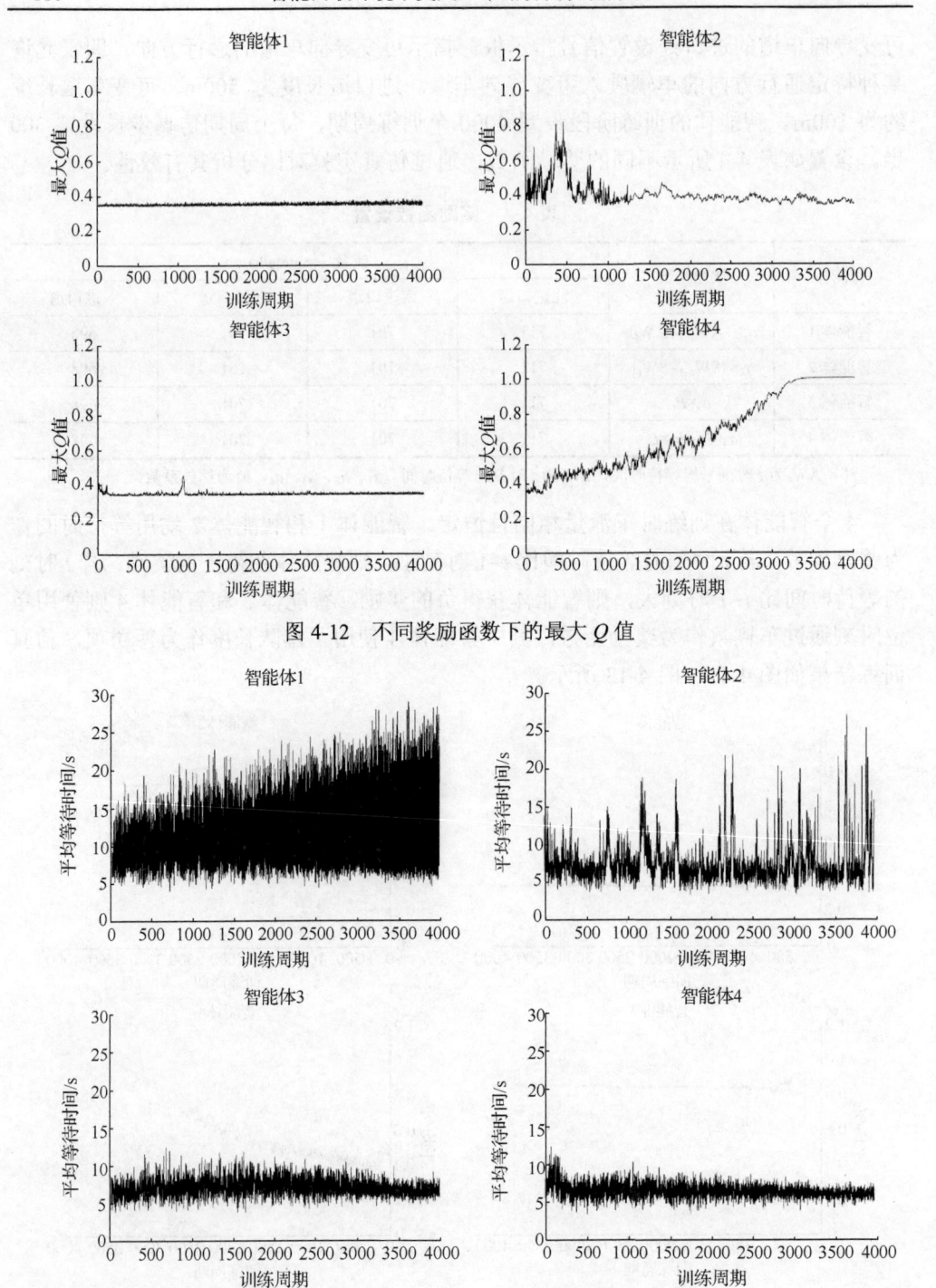

图 4-13 不同奖励函数下的车辆平均等待时间

结果表明，智能体 1 完全没有收敛，智能体 2 和智能体 3 均收敛较差，智能体 4 收敛较好，如图 4-11 和图 4-12 所示。在平均等待时间曲线中，智能体 1 的平均等待时间随训练周期增加没有下降反而大幅上升，智能体 2 平均等待时间存在较大方差不能稳定下降，智能体 3 的平均等待时间随训练周期增加而下降，但是平均等待时间期望值高于智能体 4。总体来看，智能体 4 获得了最好的训练效果。

智能体 1 的奖励函数在不考虑折扣系数的情况下 $G=AW_0-AW_n$。初始时刻 $AW_0=0$，则 $G=-AW_n$，即累积奖励之和等价于最终时刻平均等待时间的负值。随着车辆连续不断地进入与离开检测区域，AW_t 取值明显上下跳动，这是因为刚进入检测区域的车辆还未产生等待时间却消减了总平均等待时间，而离开检测区域的车辆则使得总等待时间骤减，这也是智能体 1 不能收敛和智能体 2 收敛较差的主要原因。对于智能体 3 而言，$G=\sum_{t=1}^{n}P_t$，即累积奖励之和等价于整个时间段内通过交叉口的总车辆数。在有限的时间内使更多的车辆通过交叉口符合最大化通行效益的优化目标，然而智能体 3 较早地陷入了局部最优。对于智能体 4 而言，$G=\sum_{t=1}^{n}P_t-\sum_{t=1}^{n}L_t$，即累积奖励之和等价于整个时间段内通过交叉口的总车辆数减去整个时间段内交叉口的总排队长度，既符合最大化交叉口通行效益的优化目标，同时又额外引入了排队长度信息进行约束。

对训练完成后的智能体进行 100 次仿真实验，并与随机控制策略进行对比。如图 4-14 所示，结果表明，没有收敛的智能体 1 和收敛较差的智能体 2 的平均等待时间远高于随机控制策略，智能体 3 和智能体 4 的平均等待时间好于随机控制策略，智能体 4 的平均等待时间结果要好于陷入局部最优的智能体 3。

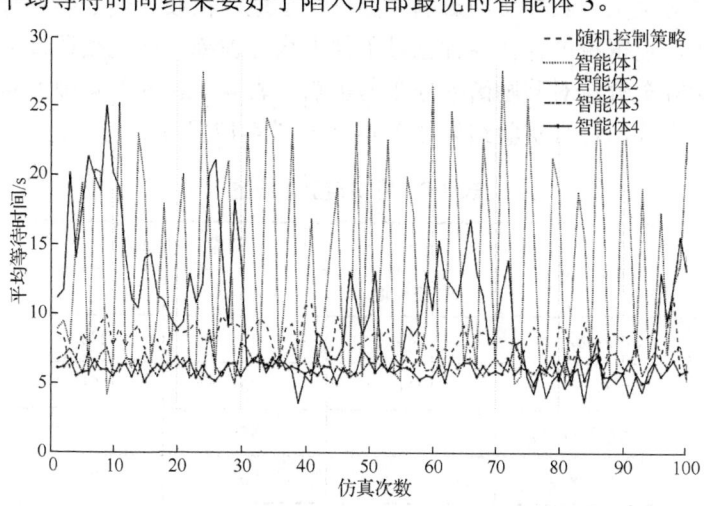

图 4-14 不同控制策略下的车辆平均等待时间

进一步地，计算100次实验的车辆平均等待时间均值如表4-5所示。统计结果表明，智能体执行随机控制策略时，车辆平均需要停车等待8.2048s才能通过交叉口。智能体1和智能体2的车辆分别需要平均停车等待13.4426s和10.2467s才能通过交叉口，车辆平均等待时间相比于随机控制策略分别提高了63.84%和24.89%。智能体3和智能体4的车辆平均等待时间为6.4665s和6.0537s，相比于随机控制策略分别降低了21.19%和26.22%。

表4-5 车辆平均等待时间均值

智能体	100次仿真平均等待时间均值/s	相比于随机控制策略优化率/%
随机控制策略	8.2048	/
智能体1	13.4426	−63.84
智能体2	10.2467	−24.89
智能体3	6.4665	21.19
智能体4	6.0537	26.22

综上，智能体4所使用的奖励函数获得了最好的优化效果。仿真实验表明，设计奖励函数的同时设置奖赏项与惩罚项或使用多个维度的评价指标可以使智能体更好地收敛，取得更好的优化效果。然而，在选择评价指标时也应考虑指标的无量纲性，即是否对于不同的交通流条件都具备适用性。

4.7.3 车流量对奖励函数的影响分析

由于进入信号交叉口环境的车流量通常是动态变化的，所以设计奖励函数时必须考虑车流量对奖励函数分布的影响。更进一步地，在设计奖励函数时应消除车流量规模的影响，使得智能体在各种流量条件下均可训练，而无须调整奖励函数中的系数。为了探究车流量对奖励函数分布的影响，表4-6展示了4种不同的奖励函数与车流量设置方式，仿真实验结果如图4-15～图4-17所示。

表4-6 进口道流量设置

智能体	奖励函数	流量/(vehicle/h)			
		北进口道	南进口道	西进口道	东进口道
智能体1	$a_1 \times P_t - b_1 \times L_t$	240	456	276	276
智能体2	$a_1 \times P_t - b_1 \times L_t$	711	701	701	698
智能体3	$a_2 \times P_t - b_2 \times L_t / F_t$	240	456	276	276
智能体4	$a_2 \times P_t - b_2 \times L_t / F_t$	711	701	701	698

注：a_1、a_2、b_1、b_2为缩放系数。

图 4-15　不同奖励函数和车流量下的平均 Q 值

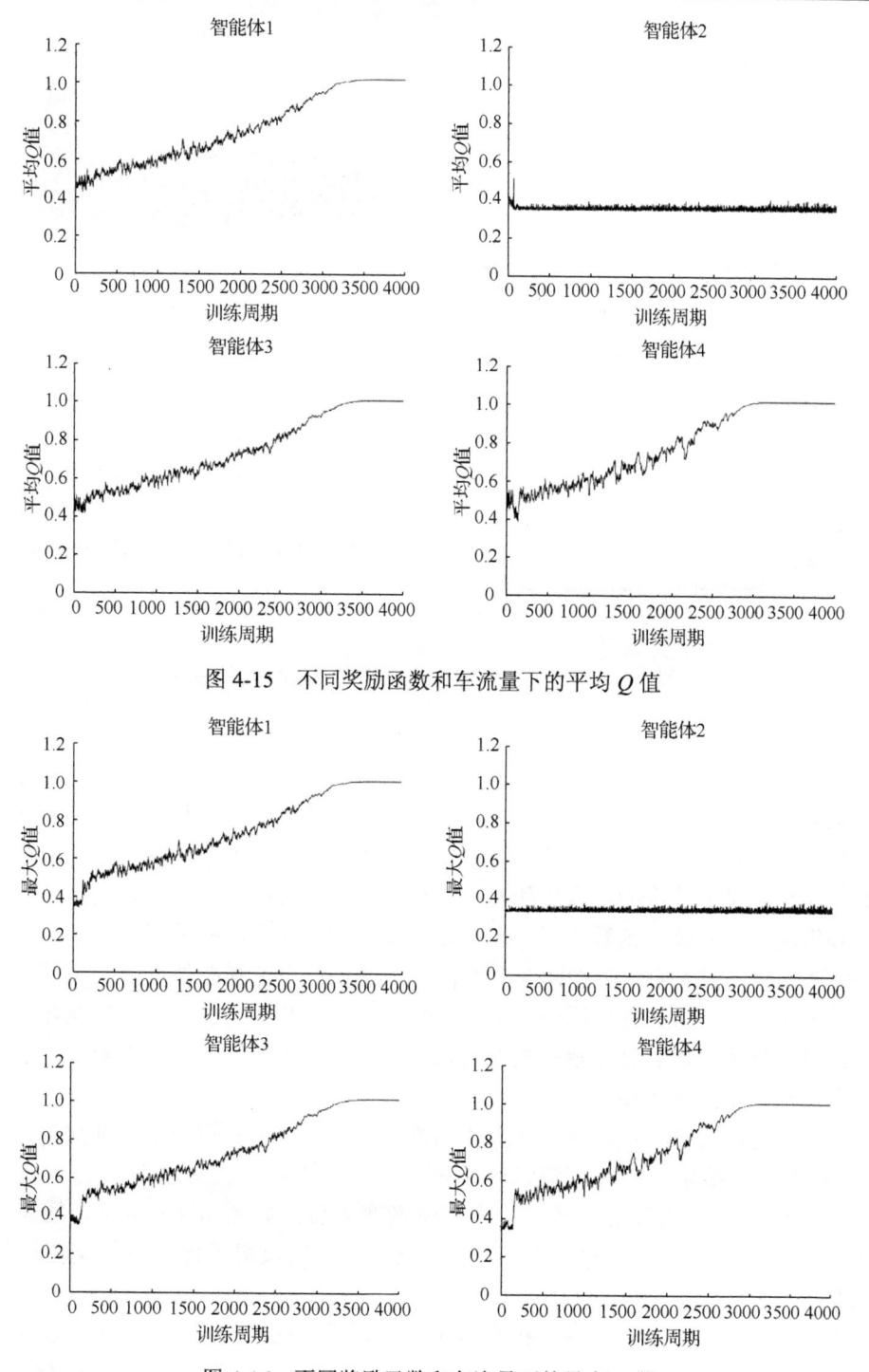

图 4-16　不同奖励函数和车流量下的最大 Q 值

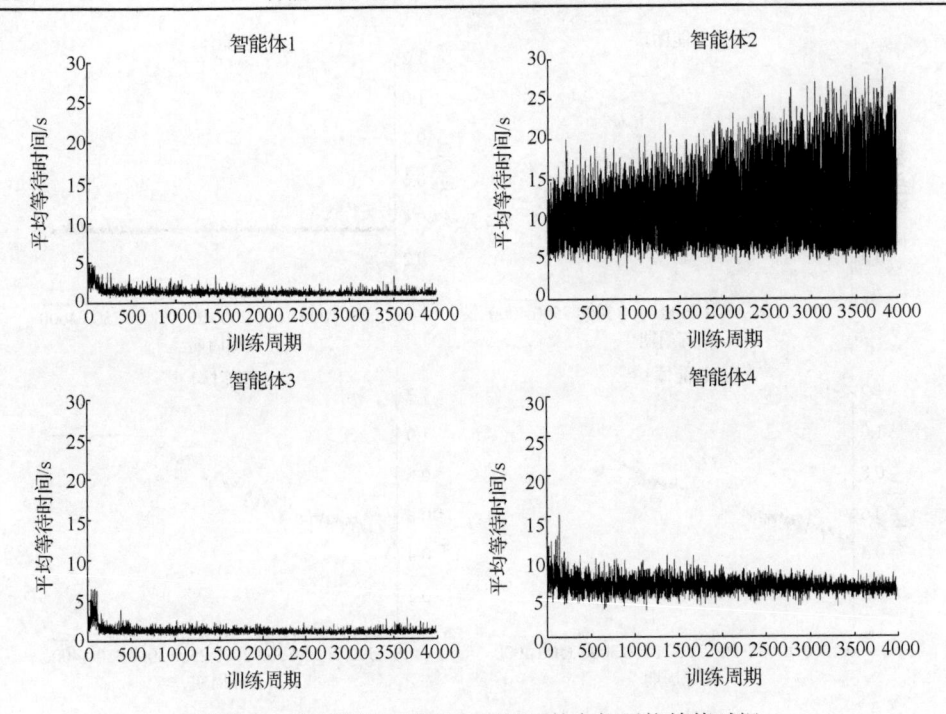

图 4-17　不同奖励函数和车流量下的车辆平均等待时间

结果表明，原本收敛的智能体 1 在增大车流量后，采用同一组系数 a_1、b_1 的智能体 2 变得无法收敛，如图 4-15 和图 4-16 所示。其主要原因是车流量的变化导致了奖励函数分布的改变。在这种情况下，只有重新调整奖励函数的系数才能够使得智能体 2 重新收敛。这就意味着对每一个不同的车流量设置都需要重新调整出一组系数，这显然是不可取的。采用影响交叉口车流量的关键因素排队长度指标，智能体 3 和智能体 4 对奖励函数进行了车流量近似无关化处理，并采用同一组系数 a_2、b_2。仿真实验结果表明，智能体 3 和智能体 4 在不同车流量条件下都能保证收敛效果，而无需对奖励函数进行额外调整。从图 4-17 可看出，智能体 3 和智能体 4 在不同车流量条件下都可以使车辆平均等待时间随着训练周期的增大而下降，对于车流量较小的场景下降更为明显。

对训练完成后的智能体进行 100 次仿真实验，并与随机控制策略进行对比。如图 4-18 所示，结果表明，车流量较小时，智能体 1 和智能体 3 均获得了比随机控制策略更好的优化效果。然而，当车流量增大后，如图 4-19 所示，智能体 2 的平均等待时间远大于随机控制策略，智能体 4 依然取得了比随机策略更好的优化效果。

进一步地，计算 100 次实验的车辆平均等待时间均值如表 4-7 所示。统计结果表明，车流量较小时，智能体执行随机控制策略时车辆平均等待时间为 3.9601s，智

第 4 章　连续信号交叉口可变车道设计及交通信号协同优化方法　　　　　　　　　· 115 ·

能体 1 和智能体 3 的车辆平均等待时间则分别为 0.8650s 和 0.8541s，分别降低了 78.16%和 78.43%。车流量较大时，智能体执行随机控制策略时车辆平均等待时间为 8.2048s，智能体 2 由于未收敛，平均等待时间为 11.8518s，远高于随机控制策略，平均等待时间提高了 44.45%。智能体 4 依然取得了较好的优化效果，平均等待时间为 5.9732s，降低了 27.2%。

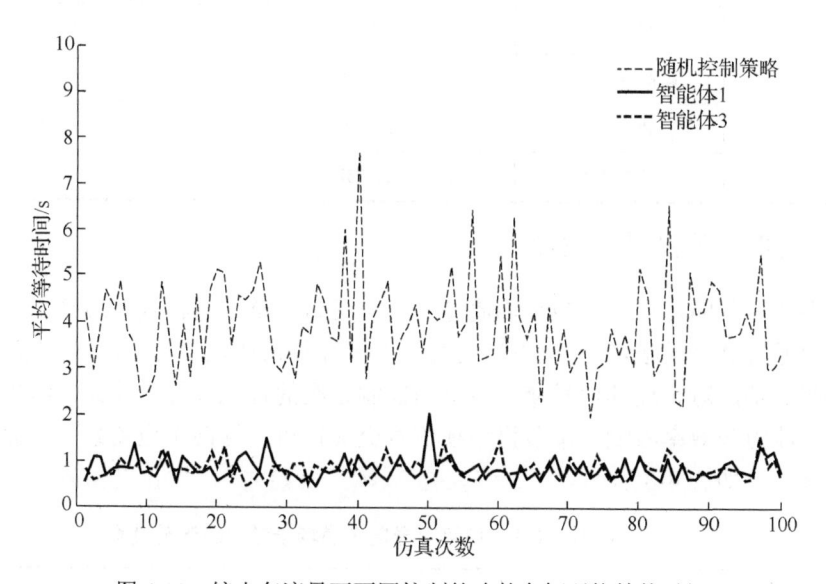

图 4-18　较小车流量下不同控制策略的车辆平均等待时间

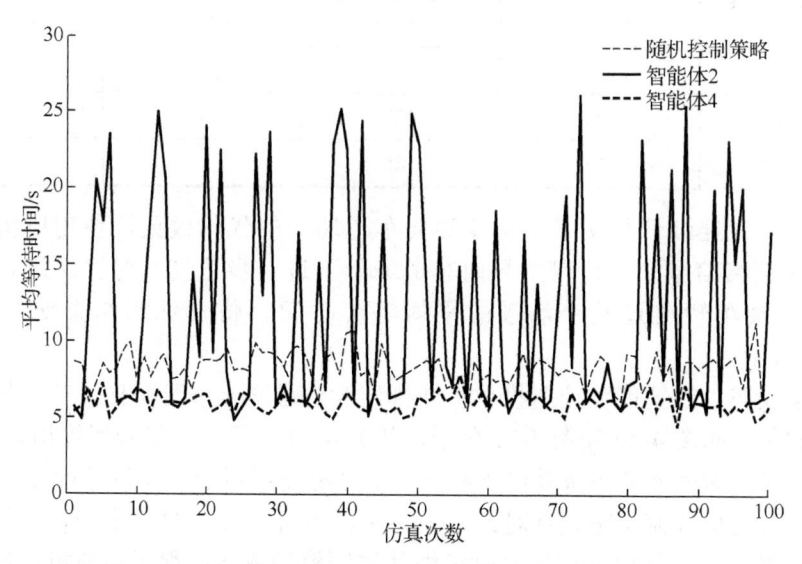

图 4-19　较大车流量下不同控制策略的车辆平均等待时间

表 4-7　车辆平均等待时间均值与随机控制策略对比

流量设置	智能体	100 次仿真平均等待时间均值/s	相比于随机控制策略优化率/%
小流量	随机控制策略	3.9601	/
	智能体 1	0.8650	78.16
	智能体 3	0.8541	78.43
大流量	随机控制策略	8.2048	/
	智能体 2	11.8518	−44.45
	智能体 4	5.9732	27.2

4.7.4　仿真实验及结果分析

集中式控制的优化目标为车辆通过 3 个交叉口的整个过程效率最高，即车辆能够最快地通过这个场景，因此上下游交叉口之间往往需要在放行车流量上进行协调。需要说明的是，对于连续信号交叉口协同控制方案的优化计算量较大，考虑到计算机的运算能力和效率限制，本节将连续信号交叉口可变导向车道场景交通流量设置为中低流量，如表 4-8 所示。

表 4-8　连续信号交叉口可变导向车道场景进口道流量设置

信号控制交叉口	流量/(vehicle/h)			
	北进口道	南进口道	西进口道	东进口道
交叉口 1	175	180	176	/
交叉口 2	182	176	/	/
交叉口 3	179	181	/	175

为了探讨连续信号交叉口可变导向车道场景的优化效果，使用所搭建的仿真平台在连续信号交叉口可变导向车道场景下进一步仿真，对算法进行相应的调整并记录车辆通过整个场景的平均等待时间。仿真训练结果如图 4-20～图 4-22 所示。

结果表明，当智能体控制模型扩展到连续信号交叉口可变导向车道场景后依然能够收敛，如图 4-20 和图 4-21 所示。从图 4-22 可看出，随着训练周期的增加，车辆平均等待时间不断下降并趋于稳定。对训练完成后的智能体进行 100 次仿真实验，并与随机控制策略进行对比。如图 4-23 所示，仿真结果表明，当扩展到连续信号交叉口可变导向车道场景时智能体控制模型依然取得了比随机控制策略更好的优化效果。

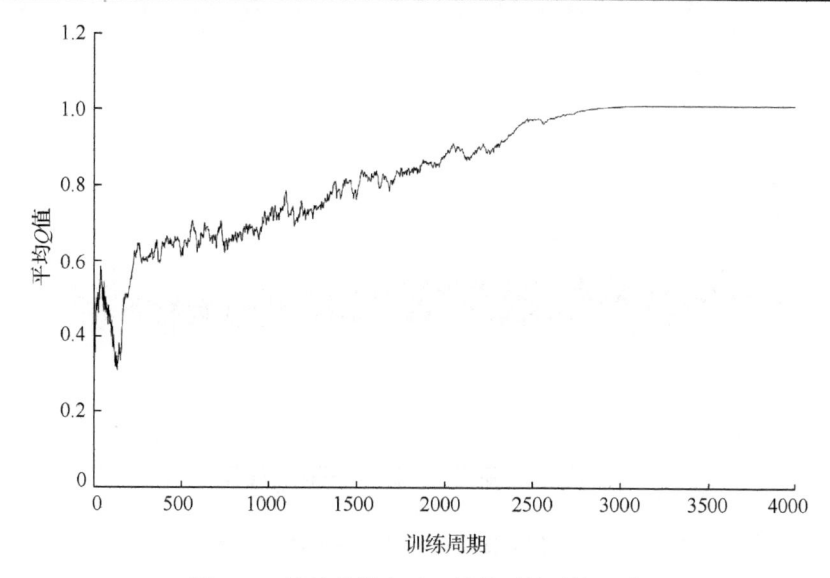

第 4 章　连续信号交叉口可变车道设计及交通信号协同优化方法

图 4-20　连续信号交叉口场景下的平均 Q 值

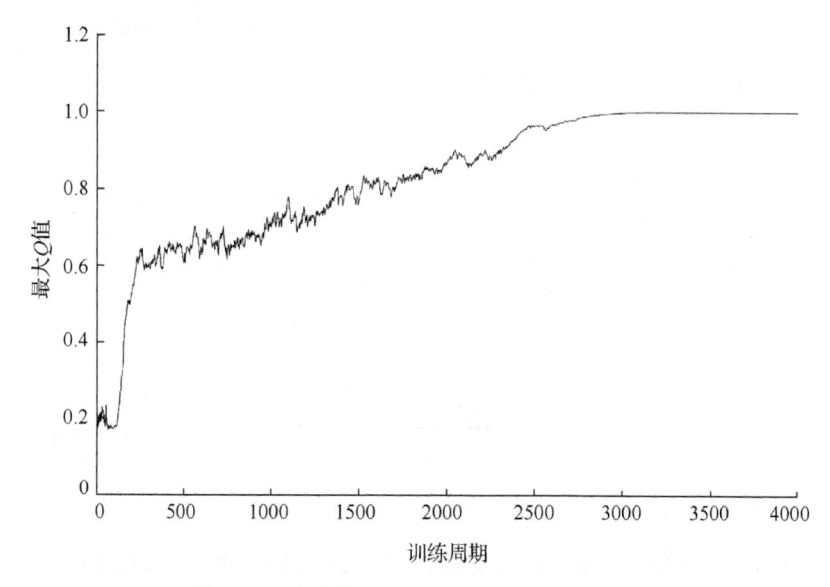

图 4-21　连续信号交叉口场景下的最大 Q 值

更进一步地，统计 100 次试验的车辆平均等待时间均值如表 4-9 所示。结果表明，执行随机控制策略时车辆平均等待时间为 5.0836s，采用智能体控制时车辆平均等待时间为 3.6481s，相比于随机控制策略降低了 28.23%。由此可看出，基于深度强化学习的连续信号交叉口可变车道与交通信号协同控制方法能够提升车辆的通行效益。

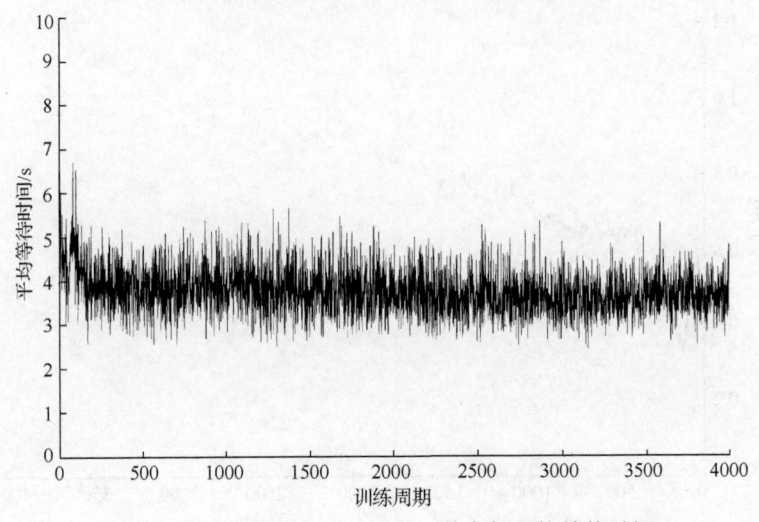

图 4-22　连续信号交叉口场景下的车辆平均等待时间

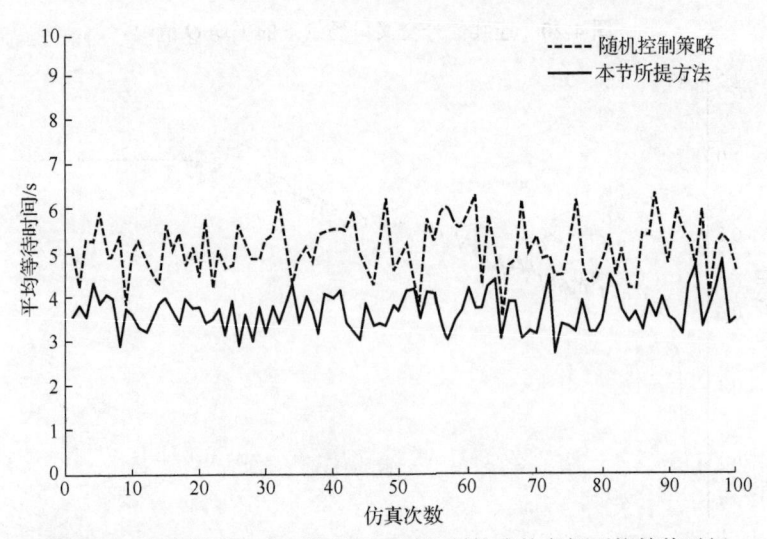

图 4-23　连续信号交叉口场景下不同控制策略的车辆平均等待时间

表 4-9　干线路段设置可变导向车道场景车辆平均等待时间均值结果对比

控制策略	平均等待时间均值/s	相比于随机控制策略优化率/%
随机控制策略	5.0836	/
连续信号交叉口控制策略	3.6484	28.23

利用深度强化学习方法对单点信号交叉口场景亦进行了应用，结果表明，虽然从单点信号交叉口扩展到连续信号交叉口场景时依然能够取得不错的优化效果，但有以下几个注意事项。

(1) 从单一信号交叉口场景扩展到连续信号交叉口场景时，状态空间大小呈指数级增长。状态空间的大幅增加使得智能体需要更长的时间进行探索，并且智能体需要更长的训练时间来获得准确的状态-动作值函数。

(2) 连续信号交叉口场景应协调交叉口上下游放行的车流量。由于上游交叉口驶出的车辆需要一定时间才会进入下游交叉口，所以智能体在计算状态-动作值时需要考虑更长时间的历史信息，即奖励函数的折扣系数相比于单一信号交叉口可变导向车道场景需要设置得更大。

(3) 从单一信号交叉口场景扩展到连续信号交叉口场景时，排队长度指标影响不大，而单位时刻内通过车辆数指标则受到较大影响。其原因主要是在连续信号交叉口场景中，车辆需要行驶更长的时间和路程才能驶出连续信号交叉口，意味着智能体的奖励延迟更长了，这不利于算法的收敛。在训练时应在每个训练周期内设置更多的训练步长，以防止一个训练周期结束了而奖励还没有得到。

(4) 由于状态空间、动作空间、奖励函数分布的改变，智能体在训练时需要重新调整各种超参数以寻求最优的优化效果。

(5) 对于距离较远的连续信号交叉口场景，由于车辆行驶距离和时间过长，可以直接对每个单一信号交叉口进行分布式控制；对于距离较近相互之间影响较大的连续信号交叉口，建议采用集中式控制的方法。

参 考 文 献

[1] La P, Bhatnagar S. Reinforcement learning with function approximation for traffic signal control. IEEE Transactions on Intelligent Transportation Systems, 2011, 12(2): 412-421.

[2] 刘义, 何均宏. 强化学习在城市交通信号灯控制方法中的应用. 科技导报, 2019, 37(6): 84-90.

[3] LeCun Y, Bengio Y, Hinton G. Deep learning. Nature, 2015, 521: 436-444.

[4] 喻金忠, 曹进德. 深度强化学习在交通控制中的应. 工业控制计算机, 2019, 32(6): 88-89, 92.

[5] 徐恩炷, 朱海龙, 刘靖宇, 等. 基于异步深度强化学习的城市智能交通控制方法. 智能计算机与应用, 2019, 9(6): 164-167.

[6] Li L, Lv Y, Wang F Y. Traffic signal timing via deep reinforcement learning. IEEE/CAA Journal of Automatica Sinica, 2016, 3(3): 247-254.

[7] Mousavi S S, Schukat M, Howley E. Traffic light control using deep policy-gradient and value-function based reinforcement learning. IET Intelligent Transport Systems, 2017, 11(7): 417-423.

[8] Coskun M, Baggag A, Chawla S. Deep reinforcement learning for traffic light optimization// IEEE International Conference on Data Mining Workshops, 2018.

[9] Liu X Y, Ding Z, Borst S, et al. Deep reinforcement learning for intelligent transportation systems. ArXiv: 1812. 00979, 2018.

[10] Mnih V, Kavukcuoglu K, Silver D, et al. Human-level control through deep reinforcement learning. Nature, 2015, 518: 529-533.

[11] Mnih V, Kavukcuoglu K, Silver D, et al. Playing atari with deep reinforcement learning. ArXiv: 1312. 5602, 2013.

[12] 宫晓燕, 康胜. "潮汐式"交通中可变通道的通行方向切换算法的研究与应用. 交通运输系统工程与信息, 2006, 6: 33-40.

[13] Genders W, Razavi S N. Using a deep reinforcement learning agent for traffic signal control. ArXiv: 1611. 01142, 2016.

[14] Lopez P A, Behrisch M, Bieker-Walz L, et al. Microscopic traffic simulation using SUMO// The 21st IEEE International Conference on Intelligent Transportation Systems, Maui, 2018.

第 5 章　无信号交叉口混行车辆博弈通行决策建模及分析

随着自动驾驶汽车技术的发展，在可预见的未来会出现网联人工驾驶车辆(Connected Manual Vehicle，CMV)和网联自动驾驶车辆(Connected Automated Vehicle，CAV)在道路上中共存的场景。在信息接收层面上，网联人工驾驶车辆与网联自动驾驶车辆均具有信息接收功能，通过路侧设备获得其他车辆的速度位置信息；在驾驶决策层面上，由于网联人工车辆仍由人类驾驶员驾驶，所以系统提供信息辅助驾驶员决策，网联自动驾驶车辆则完全按照系统指令驾驶。

无信号交叉口是道路交通系统的重要连接点，也是交通事故的易发地点，据统计，交叉口发生的交通事故占交通事故总数的 30%～35%[1]。由于没有信号灯控制管理，驾驶员在进入交叉口之前必须判断驶入交叉口的安全时刻，使车辆安全、快速地通过交叉口，同时机动车、非机动车、行人穿插其中，造成交通事故的频发。

因为有驾驶员的参与，网联人工驾驶车辆与网联自动驾驶车辆在驾驶策略选择上存在差异，人工驾驶与自动驾驶混行环境下的车辆交互运动耦合关系与传统人工驾驶环境不同。在交通环境中，车与车交互影响下的通行决策行为构成了微观交通状态变化的基础，也影响着宏观交通状态的演变过程。同时，无信号交叉口是道路交通事故的多发地点，直行通行是交叉口最为常见的交通行为，其对交叉口的交通安全和通行效率均具有重要影响。在保障车辆行驶安全的基础上，提高交叉口通行能力，针对网联人工驾驶与自动驾驶混行环境下的车辆通行决策研究十分必要。本章重点关注混行车辆之间通行博弈的情况，在建模过程中简化了决策空间，忽略交叉口其他交通参与者如非机动车、行人的干扰。

5.1　车辆冲突界定及参数选取

驾驶员在行车过程中遇到冲突时，必须在很短的时间内对道路情况和车辆运动状态做出准确分析和判断，并及时采取相应的决策行为。驾驶员的通行决策是在人、车辆、道路、环境等相互作用的因素组成的复杂条件下进行的，要研究混行环境下混行车辆博弈通行决策行为，首先应充分考虑其关键影响因素。

5.1.1 冲突界定

交通冲突本质上是不安全交通行为的表现，国内学者通过大量实体调查发现，每 8 万～10 万次严重冲突可换算成一次事故[2]。交叉口冲突点是车辆行驶轨迹的交叉点，是交叉口冲突高发的地点，对冲突进行有效界定，可更好地识别冲突、及时采取措施减小或消除冲突，为车辆通过交叉口提供安全保障。

交通冲突判别方法主要包括空间距离法、时间距离法和能量判别法。空间距离法将冲突双方之间的距离作为判别参数，距离越小，相撞的可能性就越大，这种方法虽然简便易行，但在车速较低的状态下，会产生较大的判别偏差。能量判别法则是根据汽车碰撞理论，计算冲突演变成事故会产生多少碰撞能量，进而度量交通冲突的严重性，这种方法受制于车型质量。相比之下，时间距离法用车辆以当前速度匀速行驶到达冲突点的冲突时间作为判别参数，同时考虑了速度和距离两个关键因素，适用于有确定冲突点的交叉口的冲突界定。

度量交通冲突常用的指标包括距离碰撞时间(Time to Collision，TTC)和后侵占时间(Post Encroachment Time，PET)。距离碰撞时间更适用于道路使用者具有相同运行轨迹的情况，如跟驰、追尾冲突的分析。相较于距离碰撞时间，后侵占时间度量的前提条件比较宽松，只要求涉及的道路参与者之间存在冲突点或冲突面，可作为一个重要的指标来描述车辆之间任何角度的碰撞，因此后侵占时间更多地被用于具有相交运行轨迹的冲突度量，如交叉口范围内的冲突。考虑到交叉口正交场景，选取后侵占时间作为交通冲突界定指标，其定义为车辆实际到达潜在冲突点的时间和冲突车辆侵占结束时间之间的时间差[3,4]

$$\mathrm{PET} = \left| \frac{L\_WE}{v\_WE} - \frac{L\_SN}{v\_SN} \right| \tag{5.1}$$

其中，L_WE 为东西向车辆到达冲突点的距离，L_SN 为南北向车辆到达冲突点的距离，v_WE 为东西向车辆当前速度，v_SN 为南北向车辆当前速度。

关于冲突严重性的界定，使用安全时间阈值 T_M 和严重冲突阈值 T_N。T_M 作为判断车辆交互运动状态是否安全的时间阈值，T_N 是判断车辆交互运动状态是否存在严重冲突的时间阈值。假设当后侵占时间大于安全时间阈值 T_M 时，即不存在交通冲突，车辆可以正常匀速行驶通过，表达式为

$$\mathrm{PET} > T_M \tag{5.2}$$

当后侵占时间小于等于 T_M 且大于 T_N 时，即存在交通冲突，需要博弈

$$T_N < \mathrm{PET} \leqslant T_M \tag{5.3}$$

当后侵占时间小于等于 T_N 时，即存在严重交通冲突，应采取强制措施

$$PET \leq T_N \tag{5.4}$$

在正常情况下，车辆 C_WE 和 C_SN 通过交叉口时，其运动过程将经历发现冲突对象、识别冲突、调整车速、安全通过四个步骤，而调整车速可以概括为加速、减速和匀速三种决策行为。从发现冲突对象到安全通过交叉口，驾驶员会对两车相互作用关系进行分析，决定自身的驾驶策略。车辆通行决策框架如图 5-1 所示。

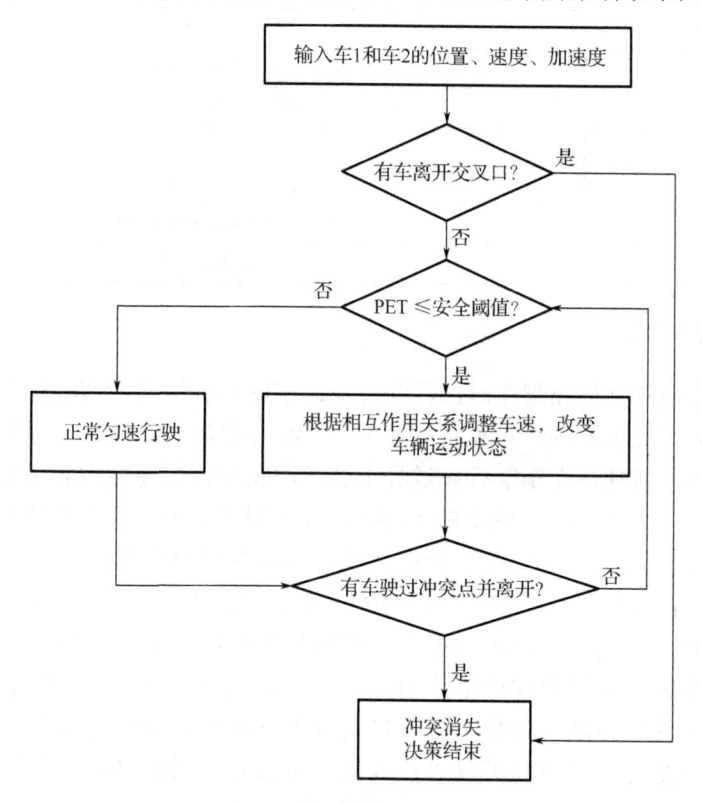

图 5-1　车辆通行决策框架

5.1.2　参数选取

影响车辆通行决策判断的因素有很多，首先是车辆自身的运动状态，驾驶员要对车辆的位置、速度和加速度有清楚的认识。其次是两车的相对位置关系和相对运动关系及其变化趋势，驾驶员在做出自己的行为决策过程中需要考虑到对方可能采取的行为策略。在驾车行驶过程中，安全快速地通过交叉口是驾驶员普遍的心理预期，驾驶员往往通过一系列的决策来达到预期效果，而不同驾驶风格的驾驶员在车辆操纵行为上存在显著差异，因此驾驶风格这一因素不能忽视。本章选取的用于分析交叉过程中直行车的通行决策关键参数如表 5-1 所示。

表 5-1　车辆通行决策影响因素

参数	含义
L_WE	东西向车辆到达冲突点的距离
L_SN	南北向车辆到达冲突点的距离
v_WE	东西向车辆速度
v_SN	南北向车辆速度
a_WE	东西向车辆加速度
a_SN	南北向车辆加速度
L_s	车辆间的相对距离
PET	后侵占时间
ΔT	选择不同驾驶策略对应的时间差
ρ	驾驶员驾驶风格

5.1.3　驾驶风格

驾驶风格是驾驶员在驾车时的行为特征，不同驾驶风格的驾驶员在驾车过程中对车辆控制的响应也不同。根据相关研究[5]，将驾驶员的驾驶风格分为保守型、普通型和冲动型。驾驶员在车辆行驶过程中遇到冲突时，保守型驾驶员更注重安全，倾向于选择匀速前进策略或减速避让策略。普通型驾驶员对安全和效率同等看待，倾向于加速抢先策略或匀速前进策略。冲动型驾驶员更侧重效率，倾向于加速抢先策略。结合智能化等级不同车辆的特性，由于网联人工车辆是人类驾驶员操作、系统辅助驾驶，存在系统发出的指令与驾驶员预期决策之间有偏差的情况，因此将网联人工驾驶车辆的驾驶风格分为冲动型、普通型与保守型。由于网联自动驾驶车辆完全由系统控制运动状态，且自动驾驶车辆在博弈通行决策过程中以人的安全作为第一要义，必要时可以放弃效率，所以将网联自动驾驶车辆的驾驶风格定为保守型。

5.2　博弈论理论基础

为研究无信号交叉口冲突车辆间的通行决策行为，从博弈角度出发，建立基于重复博弈下车辆通行决策模型，确定车辆通行决策收益函数。根据车辆在行驶过程中的不同驾驶策略组合，分析相应决策行为下得到的收益，确定博弈过程存在纳什均衡，利用相关均衡规则得到重复博弈中车辆的最优策略组合，通过时间细化，车辆会根据收益和驾驶状态改变运动状态。博弈论亦可称为对策论，是研究具有竞争色彩的问题的有效工具，目前已被广泛应用在经济学、政治学、计算机科学和交通科学等。

5.2.1 基本要素

局中人、行动、信息、策略、收益、结果和均衡是博弈论的基本概念,其中描述一个博弈的基本要素是局中人、策略和收益,而行动和信息是"构件",局中人、行动和结果统称为"博弈规则"。

局中人又称为参与人,是博弈的决策主体。行动是指局中人在博弈的某个时点的决策变量。信息是局中人有关博弈的知识,比如其他局中人的特征和行动的知识。策略是局中人在给定信息情况下选择行动的行为规则。收益是指局中人在特定的策略组合下得到的期望收益水平。均衡是所有局中人的最优策略组合。

5.2.2 博弈分类

博弈的信息由策略空间、赢利函数和局中人相关特征等构成。从参与者掌握的信息完整程度来讲,博弈可分为完全信息博弈和不完全信息博弈两类。完全信息博弈是指所有局中人准确获悉自己以及其他局中人的策略空间、赢利函数等信息,如果局中人对信息了解得不够翔实,此博弈就属于不完全信息博弈。

根据局中人行动的时间序列性,博弈还可以分为静态博弈和动态博弈。如果局中人会同时行动或虽然不是同时行动,但前行动者选择了何种行动,后行动者并不清楚,就称此博弈是静态博弈。如果局中人的行动有先有后,前行动者的行动策略能够被后行动者观察到,并以此来选择使自己收益最优的策略,则博弈就称为动态博弈。另外,博弈还可以根据局中人之间是否建立联盟合作分为合作博弈与非合作博弈。各局中人的行为在相互作用时能否产生一个具有约束力和强执行力的协议,是合作博弈与非合作博弈的不同之处。如果局中人能达成具有可执行性的协议,此博弈就是合作博弈;否则就是非合作博弈。

重复博弈是指重复多次具有同样结构的博弈,在重复博弈中,博弈过去的历史是每一个局中人都能够观测到的,并且所有局中人都同时采取行动。道路参与者面对交叉口冲突时,其决策受到对方决策的影响,二者之间形成竞争关系,为安全快速地通过交叉口,道路参与者会通过观察对方行驶状态,通过博弈来改变行动策略,不断地调整车速,从而得到最优收益。同时,一旦有车辆驶过并离开冲突点,冲突解除,判定博弈过程结束,所以无信号交叉口车辆通行决策博弈模型是一个典型的二人有限次重复博弈。

车联网环境下,车辆间的相互通信使得网联人工驾驶车辆与网联自动驾驶车辆可以精确获知冲突车辆的运动信息,决定了两种类型车辆混行的协调过程是基于完全信息的博弈过程[6]。根据双方的运动信息,按照收益函数计算双方的收益值,得到不同策略选择的收益矩阵,计算纳什均衡得到最优策略组合。

5.2.3 纳什均衡

假定有 n 个人参与博弈，在给定其他局中人策略的条件下，每个局中人选择自己的最优策略，这里个人最优策略可能依赖于也可能不依赖与其他局中人的策略。将所有局中人的最优策略组合在一起，将构成一个策略组合，这就是纳什均衡。以完全信息静态博弈为例，其纳什均衡定义如下。

假设 s_i 和 s_i^* 是局中人 C_i 可选择的两个策略。如果给定其他局中人的策略组合 s_{-i}，局中人 C_i 选择 s_i 得到的收益严格小于选择 s_i^* 得到的收益，即

$$U_i(s_i^*, s_{-i}) \geqslant U_i(s_i, s_{-i}) \tag{5.5}$$

称策略 s_i 严格劣于策略 s_i^*，即 s_i 是相对于 s_i^* 的劣战略。

对于有 n 个局中人的博弈策略 $G = G(C_1, C_2, C_i, \cdots, C_n, S_1, S_2, S_i, \cdots, S_n, u_1, u_2, \cdots, u_n)$，策略组合 $S^* = \{s_1^*, \cdots, s_i^*, \cdots, s_n^*\}$ 是一个纳什均衡，如果对于每一个局中人 C_i，s_i^* 是给定其他局中人选择 $S_{-i}^* = \{s_1^*, \cdots, s_{i-1}^*, s_{i+1}^*, \cdots, s_n^*\}$ 的情况下局中人 C_i 的最优策略，则有

$$U_i(s_i^*, s_{-i}^*) \geqslant U_i(s_i, s_{-i}^*), \ \forall s_i \in S_i, \forall i \tag{5.6}$$

在一些特殊的博弈中，一个局中人的最优策略可能并不依赖于其他局中人的策略选择，无论对方的策略如何选择，当事人一方都会选择某个确定策略，即他的最优策略是唯一的，则该策略被称为占优策略。在一个博弈过程中，如果两个当事人都有占优策略存在，那么由占优策略组成的均衡是可以预测到的唯一的均衡，这个组合就被定义为占优均衡(Dominant Equilibrium, DE)，它是纳什均衡中特殊的一类均衡。

由于每个局中人的收益是博弈中所有局中人的策略的函数，所以每个局中人的最优策略选择依赖于其他局中人的策略选择。对于真实交通环境，道路参与者所期望的策略组合大多数是对方减速避让、自己加速通过。二车博弈模型存在两个纳什均衡：车辆 C_1 选择加速、车辆 C_2 选择减速与车辆 C_1 选择减速、车辆 C_2 选择加速，即车辆 C_1、C_2 没有占优策略。

5.2.4 相关均衡

当一个博弈有多个纳什均衡时，要求所有局中人选择同一个纳什均衡是非常困难的[7]。在这种情况下，引入相关的设置机制，旨在找出更好的均衡策略，改善整体的期望水平，使交叉口冲突消解更加彻底，以保障车辆安全通行。

针对纳什均衡的多重性，学者们提出了"相关均衡"的概念，如果局中人可以根据某个共同观测到的信号选择行动，就可能出现相关均衡，相关均衡可以使所有局中人受益。以交通调度为例，调度员只需分别告诉每个驾驶员他该选取哪一条路

线，在给定其他驾驶员都会服从调度员的安排的情况下，每个驾驶员都会发现服从调度是最优的。结合交叉口道路参与者不同驾驶策略对应的到达冲突点时间差，设置冲突时间差 ΔT 作为信号规则，当博弈存在多个纳什均衡时，计算 ΔT 并进行比较，可取 ΔT 大的策略组合作为两车的行动策略组合，如图 5-2 所示。

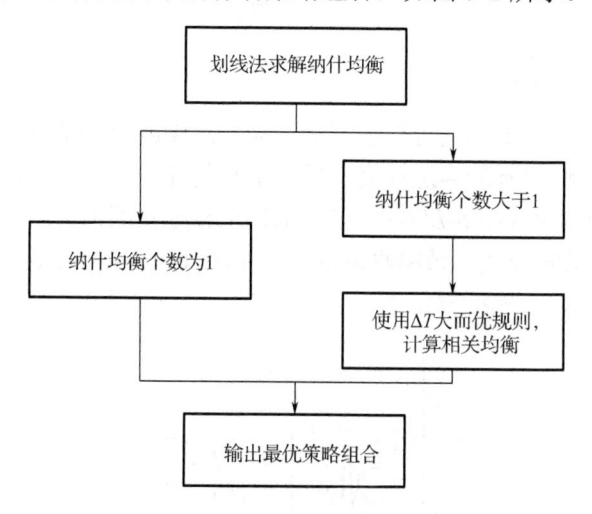

图 5-2　最优策略组合求解推理图

5.3　博弈通行效用函数

在分析车辆通行决策影响因素基础上，从行车安全收益和行车效率收益两方面来构建车辆通行决策的驾驶收益函数

$$U_j^i = m_j U_j^i(\text{safe}) + n_j U_j^i(\text{efficiency}) \tag{5.7}$$

其中，m_j、n_j 分别为安全收益和效率收益的权重，$m_j + n_j = 1$。

5.3.1　行车安全效用

安全因素主要指是否会导致两车发生碰撞或冲突严重性增加的因素，用两车到达冲突点的时间差 ΔT 表示，ΔT 越小，冲突严重性增加，行车安全收益越小，反之行车安全收益越大。时间差 ΔT 计算公式为

$$\Delta T^i = \left| \left(\sqrt{\left(\frac{v_1^i}{a_1^i}\right)^2 + 2\frac{L_1^i}{a_1^i}} - \frac{v_1^i}{a_1^i} \right) - \left(\sqrt{\left(\frac{v_2^i}{a_2^i}\right)^2 + 2\frac{L_2^i}{a_2^i}} - \frac{v_2^i}{a_2^i} \right) \right| \tag{5.8}$$

其中，L^i、v^i、a^i 分别为两车第 i 次计算时的到达冲突点的距离、速度、加速度，$V_{\min}$

与 V_{max} 分别为道路及交叉口的速度限制,车辆不能无限加速或减速。

在两车到达冲突点的时间差 ΔT 计算基础上,设定行车安全收益函数[5]

$$U_j^i(\text{safe}) = \frac{\exp(\Delta T^i) \times L_j^i}{L_1^i + L_2^i} \tag{5.9}$$

5.3.2 行车效率效用

效率因素主要是指车辆通过改变车辆运动状态来减少到达冲突点用时的因素,用采取相应驾驶策略得到的到达冲突点用时 t 与匀速到达冲突点的用时 L/v 的差表示,当车辆采取加速策略,$t-L/v<0$,当车辆采取减速策略时,$t-L/v>0$,$t-L/v$ 越小,效率收益越大,$t-L/v$ 越大,效率收益越小。车辆 C_j 以当前加速度或减速度到达冲突点的用时 t_j^i 由位移公式推导得到

$$\begin{cases} L_j^i = v_j^i t_j^i + \frac{1}{2} a_j^i t_j^{i2} \\ t_j^i = \sqrt{\left(\frac{v_j^i}{a_j^i}\right)^2 + 2\frac{L_j^i}{a_j^i}} - \frac{v_j^i}{a_j^i} \end{cases} \tag{5.10}$$

本章行车效率效用函数设定为

$$U_j^i(\text{efficiency}) = 1 - \exp\left[t_j^i - \frac{L_j^i}{v_j^i}\right] \tag{5.11}$$

5.4 驾驶员危险感知可接受水平分析

驾驶员在行车过程中会接收由路侧和周围车辆发送的各种信息,驾驶员应在短时间内准确分析和筛选有用的交通信息,并采取相应决策。多数情况下,驾驶员都是依靠主观的危险感知及其可接受水平来控制车辆。基于量化的危险感知,有必要分析驾驶员危险感知的可接受水平,在此基础上确定驾驶收益函数中安全收益和效率收益各自的权重。

5.4.1 危险感知量化

由于选取后侵占时间作为车辆交通冲突的界定参数,所以使用后侵占时间来量化驾驶员的危险感知水平

$$R = \exp\left(-\frac{\text{PET}}{\theta}\right) \tag{5.12}$$

其中，R 为量化得到的危险感知量化值，θ 为比例因子，取值为 10。

5.4.2 危险感知的可接受水平

对每一个驾驶员来说，在实际的道路行驶过程中，其危险可接受水平都存在一个潜在的"范围"，结合感知到的危险及其可接受水平做出驾驶决策，如图 5-3 所示。当驾驶员的危险感知量化值高于这个"范围"阈值时，驾驶员通常会采取刹车减速或停车措施来确保安全；当驾驶员的危险感知量化值低于这个"范围"时，驾驶员往往会采取加速措施以达到快速通过的目的；当驾驶员的危险感知量化值在这个"范围"当中，驾驶员的将保持匀速行驶[8]。这一"范围"称为驾驶员的危险可接受水平。

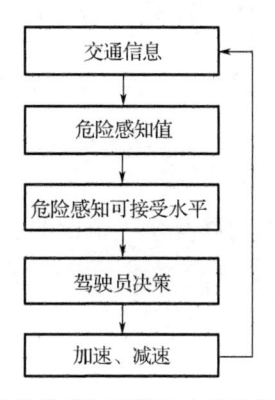

图 5-3 基于危险感知可接受水平的驾驶行为决策

不同驾驶员因为驾驶风格的差异，其危险可接受水平会具有一定差异。总体而言，保守型风格的驾驶员的危险可接受水平比普通型风格的驾驶员要低。当驾驶员的危险感知量化值低于其危险可接受水平时，驾驶员会更注重效率收益的变化；当驾驶员的危险感知量化值高于其危险可接受水平时，驾驶员会更注重安全收益的变化；当驾驶员的危险感知量化值在其危险可接受水平之间时，驾驶员会认为效率收益与安全收益对决策收益的影响同等重要。依照对驾驶员危险感知水平的量化，本章使用后侵占时间来表征驾驶员的危险可接受水平，如表 5-2 所示。

表 5-2 基于后侵占时间的驾驶危险可接受水平划分

类型	网联人工驾驶车辆			网联自动驾驶车辆
	保守型	普通型	冲动型	保守型
严重冲突时间点/s	3	1.5	1	4
安全通过时间点/s	6	5	4	8

以网联人工驾驶车辆保守型风格的驾驶员为例，当后侵占时间小于 3s 时，驾驶

员会认为冲突比较严重,更注重安全收益的变化;当后侵占时间大于 6s 时,驾驶员会认为冲突完全消解,更注重效率收益的变化;当后侵占时间处于 3~6s 时,驾驶员会认为冲突存在但不严重,认为效率收益与安全收益对决策收益的影响同等重要。

根据危险感知量化公式,结合后侵占时间的阈值可计算出不同类型驾驶员的危险可接受水平的范围。网联人工驾驶车辆保守型风格、普通型风格和冲动型风格的危险可接受水平范围分别为[0.54,0.74]、[0.60,0.86]和[0.67,0.90]。保守型风格的网联自动驾驶车辆的危险可接受水平范围为[0.45,0.67]。

根据驾驶员危险可接受水平范围,对式(5.7)中效率收益的权重 n 的取值加以分段,形成取值函数如下

$$n_j^i = \begin{cases} 1 - \dfrac{0.5}{\alpha_j} R^i, & R^i < \alpha_j \\ 0.5, & \alpha_j \leq R^i \leq \beta_j \\ \dfrac{0.5(1-R^i)}{1-\beta_j}, & R^i > \beta_j \end{cases} \tag{5.13}$$

其中,α 和 β 分别为驾驶员危险可接受水平范围的上下限。效率收益权重取值函数的示意图如图 5-4 所示。

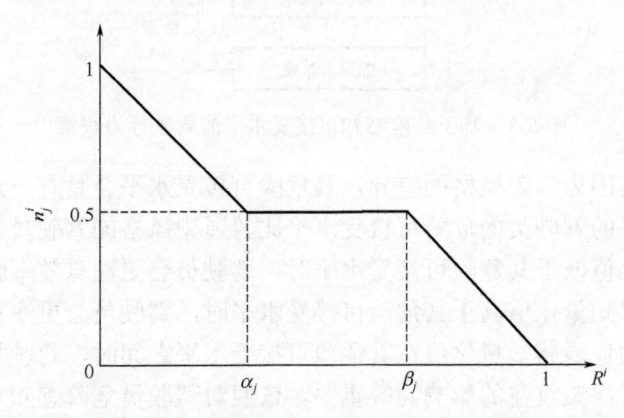

图 5-4 效率收益权重系数取值函数示意图

5.5 仿真实验及结果分析

5.5.1 无信号交叉口物理环境

某一双向两车道无信号交叉口如图 5-5 所示,交叉口进口道视线不受阻。假设车辆 C_1 由西向东直线行驶(W→E),车辆 C_2 由南向北直线行驶(S→N),O 点为潜

在冲突点。车道宽度为 3.5m，车道长度为 200m，车辆半径为 2m，交叉口进口道车辆限速为 50km/h，加速度最大阈值设为 1.5m/s²[9]。

假设车辆 C_1、C_2 到达冲突点的初始距离分别为 L_WE=150m、L_SN=140m，初始速度分别为 v_WE=45km/h、v_SN=40km/h，初始加速度分别为 a_WE=0、a_SN=0。在博弈过程中，冲动型、普通型和保守型的驾驶员选择加速抢先通过冲突点的加速度分别为 a_1=1.5m/s²、a_2=1m/s²、a_3=0.5m/s²，选择减速避让通过冲突点的减速度分别为 a_1=−0.5m/s²、a_2=−1m/s²、a_3=−1.5m/s²[10]。

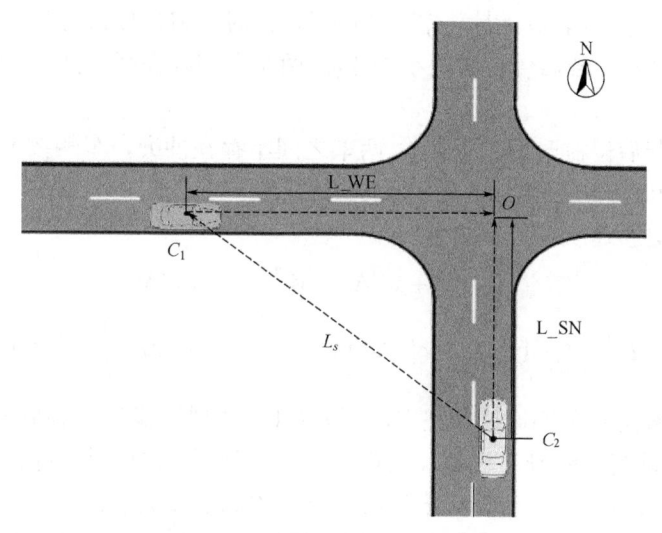

图 5-5 无信号交叉口物理场景

根据文献，将判断车辆交互运动状态是否安全的时间阈值 T_M 设置为 3s，将判断车辆交互运动状态是否存在严重冲突的时间阈值 T_N 设置为 1s[11,12]。L_s 是两车相对距离，设定两车起始均匀速前进，当 $L_s \leqslant 100$m 时，认为双方均观察到对方，博弈开始，仿真时间步长为 0.5s。当 C_1 和 C_2 中任意一辆车通过冲突点后，两车之间的冲突解除，同时博弈过程结束。

为防止车辆一直减速导致效率损失过大，当后侵占时间大于安全时间阈值 T_M 时，决策系统认为交通冲突不严重，视为冲突解除，车辆加速度变为 0，即匀速运动。为防止车辆过于追求效率导致冲突严重无法消解，在博弈过程中，当后侵占时间小于严重冲突时间阈值 T_N 时，对于匀速到达冲突点用时大的车辆，将对其采取强制减速措施，保证交叉口冲突消解。为了体现车辆初始状态下的最优策略选择，在第一次博弈中不将后侵占时间与严重冲突时间阈值 T_N 进行比较。

5.5.2 车辆通行决策博弈过程算法

车辆都希望安全高效地通过交叉口，结合对不同车型的驾驶决策博弈策略分析，基于重复博弈的车辆通行决策过程算法如下。

步骤 1：令 $i=0$，输入初始时刻的 C_1 和 C_2 的位置、速度和加速度：L_1^i、L_2^i、v_1^i、v_2^i、a_1^i、a_2^i。

步骤 2：根据式(5.8)计算 C_1 和 C_2 到达冲突点 O 的时间差，即后侵占时间。

步骤 3：将后侵占时间与安全时间阈值 T_M 进行比较。

步骤 4：如果后侵占时间小于 T_M，两车之间存在冲突，需要博弈，将数据代入式(5.7)～式(5.11)，求出 C_1 和 C_2 的收益值 U_j；根据博弈规则搜索最优策略组合，双方选择下一步行动策略 a_1^{i+1}、a_2^{i+1}；当 $i \geqslant 2$ 时，将后侵占时间与严重冲突时间阈值 T_N 进行比较，若后侵占时间小于 T_N，两车之间存在严重冲突，将对车辆采取强制措施。

步骤 5：若后侵占时间大于 T_M，两车之间不存在冲突，车辆按匀速正常行驶，$a_1^{i+1}=0$，$a_2^{i+1}=0$。

步骤 6：更新速度及位置数据

$$v_1^{i+1} = v_1^i + a_1^{i+1}\Delta t，\quad v_2^{i+1} = v_2^i + a_2^{i+1}\Delta t$$

$$L_1^{i+1} = L_1^i - (v_1^i \Delta t + \frac{1}{2}a_1^{i+1}\Delta t^2)，\quad L_2^{i+1} = L_2^i - (v_2^i \Delta t + \frac{1}{2}a_2^{i+1}\Delta t^2)$$

步骤 7：若没有车辆通过冲突点，则 $i=i+1$，转到步骤 2，否则停止计算。

本算法根据初始时刻的速度及位置数据，判断两车之间是否存在冲突，计算博弈双方各自的收益，然后用最优策略组合对应的加速度更新计算下一时刻车辆的位置和速度信息，再判断双方之间是否存在冲突，再次计算下一时刻博弈双方各自的收益。以此类推，经过多次迭代，直至交叉口冲突完全消解。

5.5.3 混行车辆间的博弈决策分析

在智能网联环境下，基于车路协同技术，网联人工驾驶车辆与网联自动驾驶车辆可实现动态实时通信，参与者对博弈通行车辆的运动状态信息、策略空间和收益完全了解，因此网联环境下的人工驾驶车辆与自动驾驶车辆的博弈是基于完全信息的重复博弈。根据式(5.7)，计算博弈车辆在下一时刻选择加速抢先和减速避让策略时对应的收益值，如表 5-3 所示。

根据双方博弈的驾驶收益，得到的最优驾驶策略如表 5-4 所示。例如，当东西向网联人工驾驶车辆(普通型)与南北向网联自动驾驶车辆(保守型)博弈通行时，最优策略为网联人工驾驶车辆加速，网联自动驾驶车辆减速。

由表 5-4 可知，东西向车辆采取加速抢先策略的比例比南北向车辆的高。主要原因在于发现冲突对象时，东西向车辆与南北向车辆距离冲突点的距离相差 1m 左右，东西向车辆的速度大于南北向车辆的速度，计算得到东西向车辆匀速行驶到达冲突点的时间小于南北向车辆。若博弈出现两个纳什均衡，需要使用相关均衡规则选取策略，系统更倾向于指示用时更短的东西向车辆采取加速策略，用时更长的南北向车辆采取减速策略。

表 5-3　东西向与南北向车辆博弈通行收益值

驾驶收益				南北向车辆							
				网联人工驾驶车						网联自动驾驶车	
				保守型		普通型		冲动型		保守型	
				加速	减速	加速	减速	加速	减速	加速	减速
东西向车辆	网联人工驾驶车	保守型	加速	0.47 0.46	**1.34** **1.12**	0.50 0.47	**1.34** **0.81**	0.53 0.47	0.61 0.41	0.47 0.47	**1.34** **1.20**
			减速	<u>1.16</u> <u>1.35</u>	0.25 0.25	<u>1.27</u> <u>1.32</u>	0.25 0.04	<u>**1.35**</u> <u>**1.28**</u>	0.81 0.73	<u>1.16</u> <u>1.38</u>	0.25 0.30
		普通型	加速	0.45 0.47	**1.30** **1.21**	0.44 0.44	**1.30** **0.89**	0.46 0.44	0.60 0.44	0.45 0.48	**1.30** **1.29**
			减速	<u>0.59</u> <u>0.81</u>	0.54 0.55	<u>0.65</u> <u>0.80</u>	0.54 0.30	<u>**0.69**</u> <u>**0.79**</u>	0.40 0.41	<u>0.59</u> <u>0.83</u>	0.54 0.61
		冲动型	加速	0.45 0.50	**1.25** **1.28**	0.42 0.44	**1.25** **0.96**	0.42 0.42	<u>**0.59**</u> <u>**0.46**</u>	0.45, 0.51	**1.25** **1.36**
			减速	0.41 0.58	0.80 0.85	<u>0.45</u> <u>0.58</u>	0.80 0.57	<u>0.48</u> <u>0.58</u>	0.33 0.31	0.41, 0.59	0.80 0.91
	网联自动驾驶车	保守型	加速	0.48 0.46	**1.37** **1.12**	0.51 0.47	**1.37** **0.81**	0.54 0.47	0.62 0.41	0.48 0.47	**1.37** **1.20**
			减速	<u>1.24</u> <u>1.35</u>	0.31 0.25	<u>1.35</u> <u>1.32</u>	0.31 0.036	<u>**1.43**</u> <u>**1.28**</u>	0.87 0.72	<u>1.24</u> <u>1.38</u>	0.31 0.30

注：划横线的数据为博弈双方的纳什均衡，加粗划横线的数据为最优均衡。

表 5-4　东西向与南北向车辆最优驾驶策略

驾驶策略			南北向车辆			
			网联人工驾驶车			网联自动驾驶车
			保守型	普通型	冲动型	保守型
东西向车辆	网联人工驾驶车	保守型	加速、减速	加速、减速	减速、加速	加速、减速
		普通型	加速、减速	加速、减速	减速、加速	加速、减速
		冲动型	加速、减速	加速、减速	减速、加速	加速、减速
	网联自动驾驶车	保守型	加速、减速	加速、减速	减速、加速	加速、减速

(1) 东西向网联自动驾驶车与南北向网联人工驾驶车(保守型)博弈通行。

当东西向网联自动驾驶车与南北向网联人工驾驶车(保守型)博弈通行时，车辆的驾驶收益值、加速度、速度和车辆到达冲突点的距离变化如图 5-6 所示。

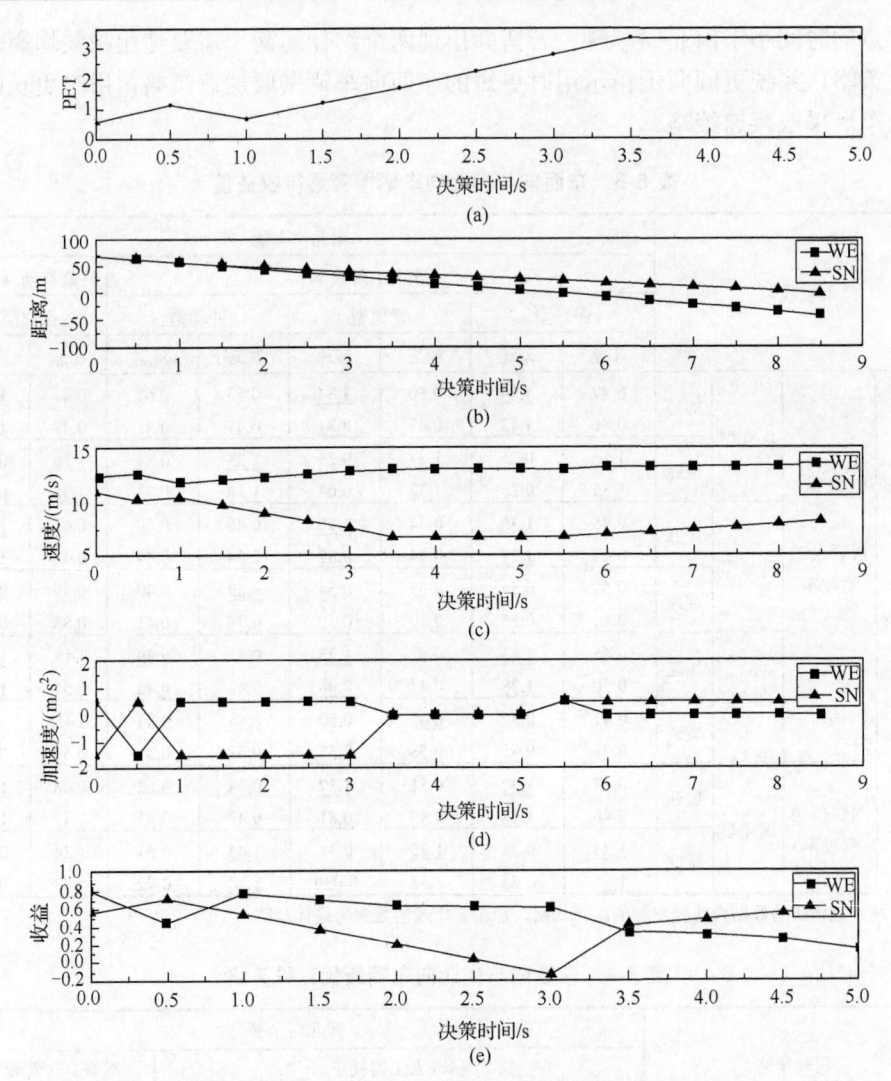

图 5-6 东西向网联自动驾驶车与南北向网联人工驾驶车(保守型)博弈通行仿真结果

如图 5-6(d)所示,东西向网联自动驾驶车和南北向网联人工驾驶车(保守型)的最优初始策略组合为(加速、减速)。网联自动驾驶车的加速度为 0.5m/s²,网联人工驾驶车(保守型)的加速度为-1.5m/s²。经过一个时间步长后,两辆车再次计算后侵占时间 PET,并将其与时间阈值 T_M 和 T_N 进行比较,发现后侵占时间小于 T_M,大于 T_N,如图 5-6(a)所示。对于匀速到达冲突点用时较长的车辆,不必采取强制减速措施。两车继续博弈,通过计算收益得到的最优策略组合为(减速、加速)。再过一个时间步,与时间阈值比较后发现小于 T_N,因此对匀速到达冲突点用时较长的网联人工驾驶车(保守型)进行强制减速。在 1.5s 时,两车重新博弈,决策为(加速、减速),如图 5-6(c)所示。图 5-6(b)显示了车辆的位置信息。在 5.5s 时,发现网联自动驾驶车先到达冲突点。此时,网联自动驾驶车速度已达到最高速度,而后以匀速通过冲突点,冲突得到解决。冲突解决后,在 5.5s 时,网联人工驾驶车(保守型)的策略由匀速改为加速通过冲突点。所有车辆通过冲突点后,仿真结束。

(2) 东西向网联自动驾驶车与南北向网联人工驾驶车(普通型)博弈通行。

当东西向网联自动驾驶车与南北向网联人工驾驶车(普通型)博弈通行时,车辆的驾驶收益值、加速度、速度和车辆到达冲突点的距离变化如图 5-7 所示。

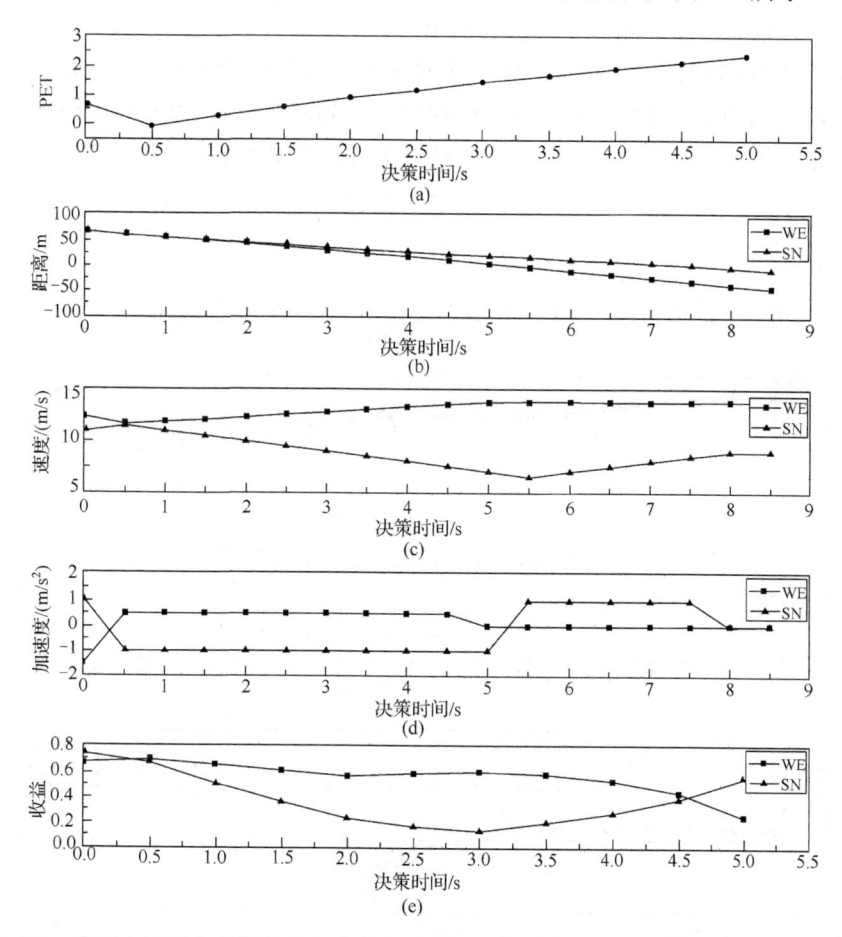

图 5-7 东西向网联自动驾驶车与南北向网联人工驾驶车(普通型)博弈通行仿真结果

如图 5-7(d)所示,东西向网联自动驾驶车和南北向网联人工驾驶车(普通型)的最优初始博弈策略组合为(减速、加速),网联自动驾驶车的加速度为 -1.5m/s^2,网联人工驾驶车(普通型)的加速度为 1.0m/s^2。经过一个时间步长后,再次计算后侵占时间 PET,并与 T_M 和 T_N 进行比较,发现后侵占时间小于严重冲突阈值 T_N,如图 5-7(a)

所示。对于匀速到达冲突点用时较长的车辆,应采取强制减速措施。因此,对网联人工驾驶车采取减速措施,并将最优策略组合改为(加速、减速)。在 2.5s 时,发现后侵占时间小于 T_M,大于 T_N,因此对于保持匀速到达冲突点时间较长的车辆不必采取强制减速措施。两车继续博弈,最优策略组合计算为(加速、减速),如图 5-7(c)所示。图 5-7(b)显示了车辆的位置信息。在 5.5s 时,东西网联自动驾驶车首先通过冲突点,冲突得到解决。同时,网联自动驾驶车也达到了最大速度限制,因此从加速改为匀速。当网联自动驾驶车通过冲突点后,网联人工驾驶车的策略由减速变为加速,并在 7.5s 内通过冲突点,仿真结束。

(3) 东西向网联自动驾驶车与南北向网联人工驾驶车(冲动型)博弈通行。

当东西向网联自动驾驶车与南北向网联人工驾驶车(冲动型)博弈通行时,车辆的驾驶收益值、加速度、速度和车辆到达冲突点的距离变化如图 5-8 所示。

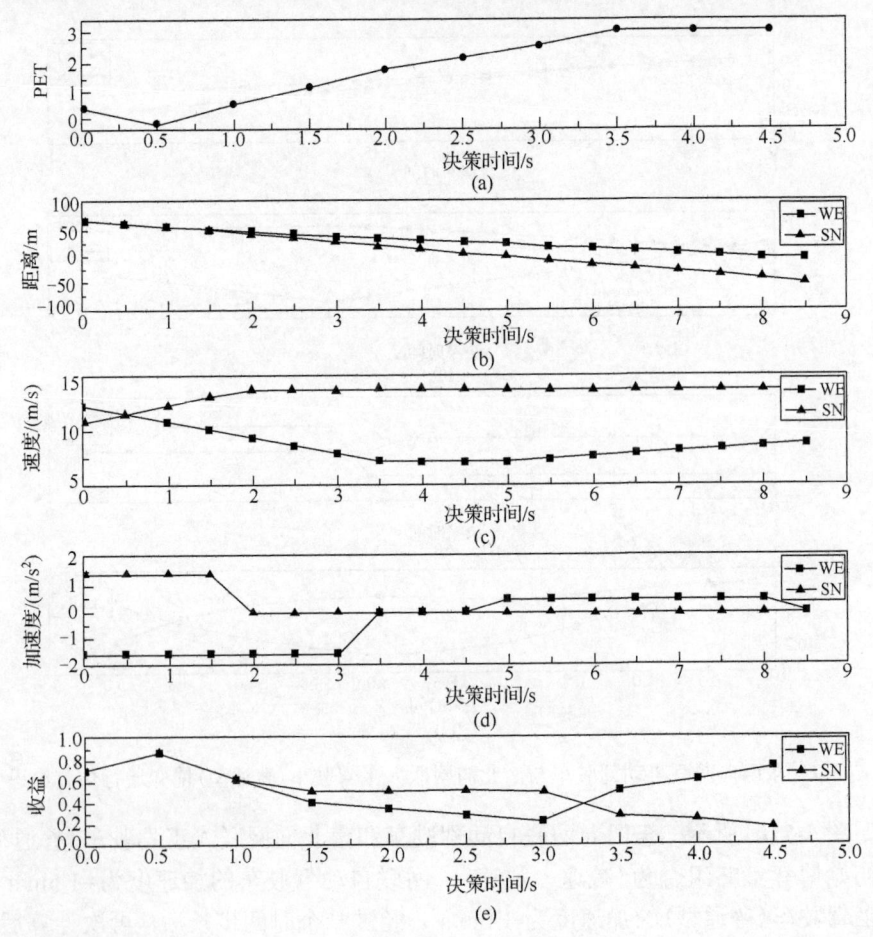

图 5-8 东西向网联自动驾驶车与南北向网联人工驾驶车(冲动型)博弈通行仿真结果

如图 5-8(d) 所示，东西向网联自动驾驶车和南北向网联人工驾驶车(冲动型)的最优初始策略组合为(减速、加速)。网联自动驾驶车的加速度为 -1.5m/s^2，网联人工驾驶车(冲动型)的加速度为 1.5m/s^2。经过一个时间步长后，再次计算后侵占时间 PET，并与 T_M 和 T_N 进行比较，发现后侵占时间小于严重冲突阈值 T_N，如图 5-8(a) 所示。对于匀速到达冲突点用时较长的车辆，应采取强制减速措施。因此，对网联自动驾驶车采取减速措施，最优策略组合仍为(减速、加速)。在 1.5s 时，发现后侵占时间小于 T_M，大于 T_N，因此对于保持匀速到达冲突点时间较长的车辆不必采取强制减速措施，两车继续博弈，最优策略组合计算为(减速、加速)。在 2s 时，网联人工驾驶车(冲动型)已达到最高速度限制，因此将策略改为匀速行驶，如图 5-8(c) 所示。图 5-8(b) 显示了车辆的位置信息。在 5s 时，发现网联人工驾驶车(冲动型)率先到达冲突点，在 5.5s 时通过冲突点，冲突得到解决。冲突解决后，在 5s 时，网联自动驾驶车的策略由匀速改为加速通过冲突点。所有车辆通过冲突点后，仿真结束。

(4) 东西向网联人工驾驶车(保守型)与南北向网联自动驾驶车博弈通行。

当东西向网联人工驾驶车(保守型)与南北向网联自动驾驶车博弈通行时，车辆的驾驶收益值、加速度、速度和车辆到达冲突点的距离变化如图 5-9 所示。

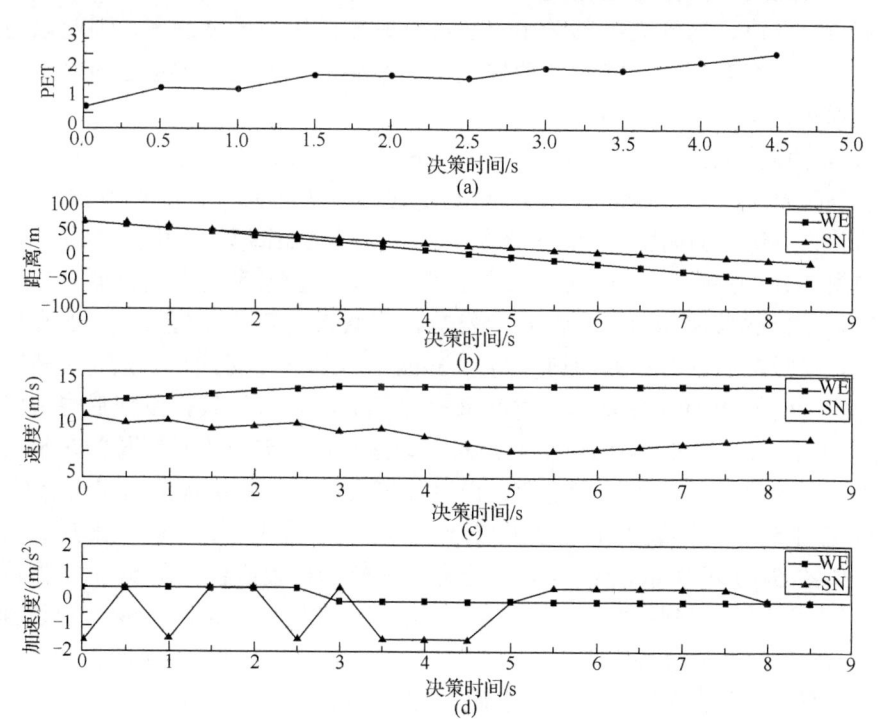

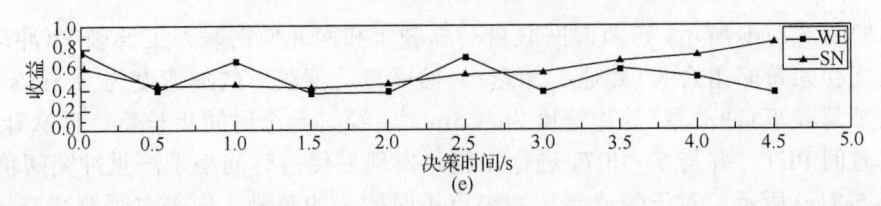

图 5-9 东西向网联人工驾驶车(保守型)与南北向网联自动驾驶车博弈通行仿真结果

如图 5-9(d)所示,东西向网联人工驾驶车(保守型)和南北向网联自动驾驶车的最优初始策略组合为(加速、减速)。网联人工驾驶车(保守型)的加速度为 0.5m/s^2,网联自动驾驶车的加速度为 -1.5m/s^2。经过一个时间步长后,两辆车再次计算后侵占时间 PET,并将其与时间阈值 T_M 和 T_N 进行比较,发现后侵占时间小于 T_M,大于 T_N,如图 5-9(a)所示。对于匀速到达冲突点用时较长的车辆,不必采取强制减速措施。两车继续博弈,通过计算收益得到的最优策略组合为(加速、减速)。再过一个时间步,与时间阈值比较后仍需博弈,最优策略组合为(加速、减速),在 3s 时,即 6 个时间步之后,网联自动驾驶车的决策由减速变为加速。当网联人工驾驶车(保守型)达到速度极限时,决策从加速变为匀速,如图 5-9(c)所示。图 5-9(b)显示了车辆的位置信息。在 5s 时,发现网联人工驾驶车(保守型)先到达冲突点。此时,网联人工驾驶车(保守型)速度已达到最高速度,因此以匀速通过冲突点。冲突解决后,网联自动驾驶车的策略由匀速改为加速通过冲突点。所有车辆通过冲突点后,仿真结束。

(5) 东西向网联人工驾驶车(普通型)与南北向网联自动驾驶车博弈通行。

以东西向网联人工驾驶车(普通型)与南北向网联自动驾驶车博弈通行为例,车辆的驾驶收益值、加速度、速度和车辆到达冲突点的距离变化如图 5-10 所示。

如图 5-10(d)所示,东西向网联人工驾驶车(普通型)和南北向网联自动驾驶车的最优初始博弈策略组合为(加速、减速),网联人工驾驶车(普通型)的加速度为 1.0m/s^2,网联自动驾驶车的加速度为 -1.5m/s^2。经过一个时间步长后,两辆车再次计算后侵占时间 PET,并将其与时间阈值 T_M 和 T_N 进行比较,发现后侵占时间小于 T_M,大于 T_N,如图 5-10(a)所示。对于匀速到达冲突点用时较长的车辆,不必采取强制减速措施,两车继续博弈,通过计算收益得到的最优策略组合为(加速、加速)。在 1.5s 时,网联人工驾驶车(普通型)达到速度限制,策略由加速改为匀速行驶,如图 5-10(c)所示。图 5-10(b)显示了车辆的位置信息。在 5s 时,网联人工驾驶车(普通型)率先到达冲突点,此时,网联人工驾驶车(普通型)速度已达到最高速度,因此以匀速通过冲突点。冲突解决后,网联自动驾驶车的策略由匀速改为加速通过冲突点。所有车辆通过冲突点后,仿真结束。

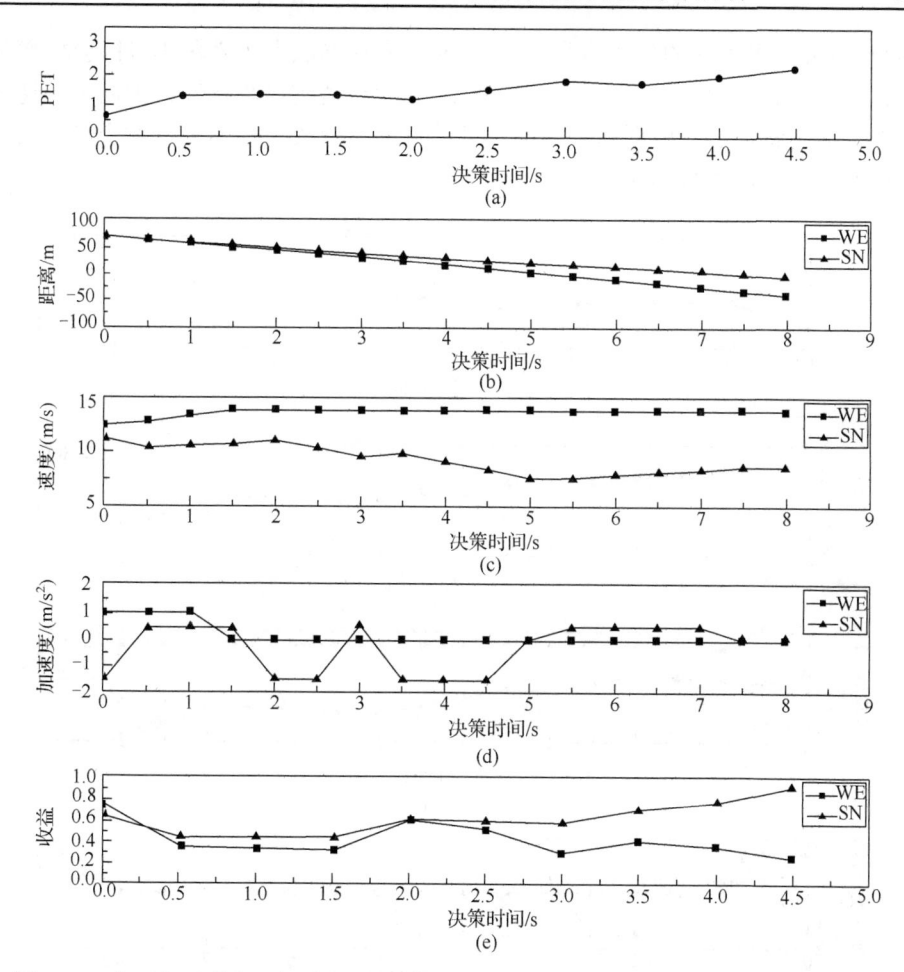

第 5 章　无信号交叉口混行车辆博弈通行决策建模及分析

图 5-10　东西向网联人工驾驶车(普通型)与南北向网联自动驾驶车博弈通行仿真结果

(6) 东西向网联人工驾驶车(冲动型)与南北向网联自动驾驶车博弈通行。

以东西向网联人工驾驶车(冲动型)与南北向网联自动驾驶车博弈通行为例,车辆的驾驶收益值、加速度、速度和车辆到达冲突点的距离变化如图 5-11 所示。

如图 5-11(d)所示,东西向网联人工驾驶车(冲动型)和南北向网联自动驾驶车的最优初始策略组合为(加速、减速)。网联人工驾驶车(冲动型)的加速度为 1.5m/s^2,网联自动驾驶车的加速度为 -1.5m/s^2。经过一个时间步长后,两辆车再次计算后侵占时间 PET,并将其与时间阈值 T_M 和 T_N 进行比较,发现后侵占时间小于 T_M,大于 T_N,如图 5-11(a)所示。对于匀速到达冲突点用时较长的车辆,不必采取强制减速措施,两车继续博弈,通过计算收益得到的最优策略组合为(加速、减速)。再过一个时间步,与时间阈值比较后仍需博弈,最优策略组合为(匀速、减速),在 1.5s 时,网联人工驾驶车(冲动型)达到最高速度限制,策略改为匀速行驶,如图 5-11(c)所示。

图 5-11(b)显示了车辆的位置信息。在 5s 时，发现网联人工驾驶车(冲动型)率先到达冲突点。此时，网联人工驾驶车(冲动型)速度已达到最高速度，因此以匀速通过冲突点。冲突解决后，网联自动驾驶车的策略由匀速改为加速通过冲突点。所有车辆通过冲突点后，仿真结束。

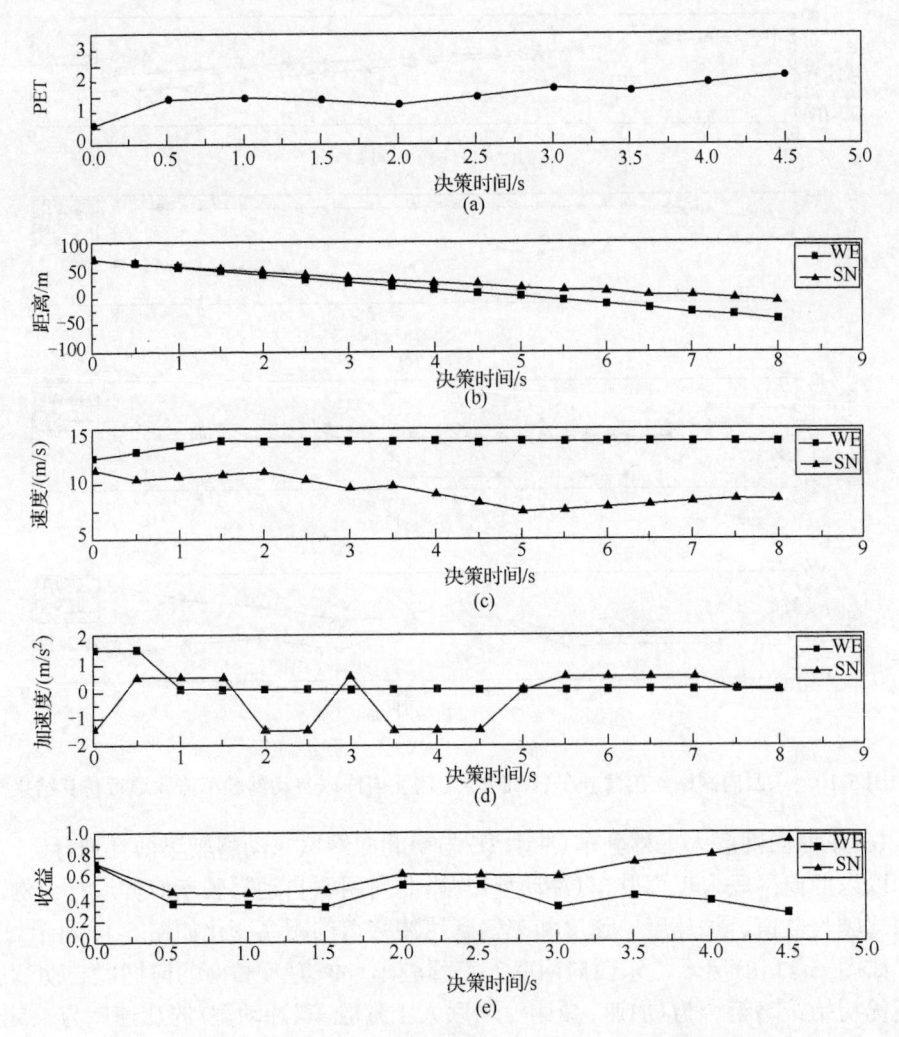

图 5-11 东西向网联人工驾驶车(冲动型)与南北向网联自动驾驶车博弈通行仿真结果

通过分析混行车辆间的博弈通行可知，博弈通行决策模型能够减轻甚至消解交叉口交通冲突，在满足车辆通行安全的同时，改变驾驶策略的频率不高，驾驶舒适性也得到了保障。

参 考 文 献

[1] 韩敏, 袁黎. 基于交通冲突技术的无信号平交口交通事故预测方法研究. 公路与汽运, 2012, 6: 62-64.

[2] 项乔君, 陆键, 卢川, 等. 道路交通冲突分析技术及应用. 北京: 科学出版社, 2008.

[3] 霍向, 刘嘉桐, 张邢磊, 等. 基于 PET 的城市交叉口的交通冲突特性研究. 黑龙江科技信息, 2016, (17): 219-220.

[4] 卢川, 项乔君, 张国强, 等. 公路平交口交通冲突严重性的判定. 合肥工业大学学报(自然科学版), 2008, 31(5): 683-686.

[5] 成英, 高利, 陈雪梅, 等. 有人与无人驾驶车辆交叉口驾驶博弈模型. 北京理工大学学报, 2019, 39(9): 938-943.

[6] Campos G R, Falcone P, Hult R, et al. Traffic coordination an road intersections: autonomous decision-making algorithms using model-based heuristics. IEEE Intelligent Transportation Systems Magazine, 2017, 9(1): 8-21.

[7] 张维迎. 博弈论与信息经济学. 上海: 上海人民出版社, 2012: 72-73.

[8] Lu G, Cheng B, Wang Y, et al. A car-following model based on quantified homeostatic risk perception. Mathematical Problems in Engineering, 2013, 13: 1-13.

[9] 徐进, 杨奎, 鲁工圆, 等. 基于自然驾驶的山区公路行驶舒适性研究. 西南交通大学学报, 2017, 52(2): 309-318.

[10] 黄选伟. 基于博弈的交叉口驾驶员行为分析. 南昌: 南昌航空大学, 2014.

[11] 杨卓, 黄何, 王冠, 等. 基于合作博弈的无信号交叉口车辆协同驾驶模型研究. Journal of Central South University, 2018, 25(9): 2164-2181.

[12] 刘淼淼, 鲁光泉, 王云鹏, 等. 交叉口交通冲突严重程度量化方法. 交通运输工程学报, 2012, 12(3): 120-126.

第6章 无信号交叉口混行车辆协同通行方法

随着车联网技术的发展,车车之间的信息交互为交叉口的协同通行提供了条件,行驶轨迹相互冲突的车辆可以通过调整各自到达交叉口冲突点的时间,从而实现车辆安全通行。关于交叉口多车协同通行最早的研究是基于先到先行的协同通行控制策略,其可行性在很多研究中得到了验证。基于先到先行的协同通行控制策略原则是先到达交叉口的车辆比后到达交叉口的车辆拥有的"路权"更高,可以优先规划轨迹,而后到达交叉口的车辆如果与之冲突则需要调整轨迹来规避。然而,基于先到先行的交叉口协同通行控制策略只是从安全角度来解决交叉口冲突问题,并未从效率角度进行优化来降低车辆在交叉口的通行延误,Levin 等[1]指出,与信号配时控制方案相比,基于先到先行的交叉口协同通行控制策略在有些情况下反而会使得延误加大。实际上,交叉口通行控制方法在保证车辆通行安全的基础上,还需要尽可能地优化交叉口中到达车辆的通行次序问题。交叉口中车流方向具有复杂的耦合关系,相互冲突的车辆不能同时通行,但相互不冲突的车辆是可以同时通行的。因此,合理优化不同方向车辆在交叉口的通行次序、灵活分配相互冲突车辆的通行时间是十分必要的。

本章主要研究单个交叉口的多车协同通行策略。首先,针对典型的交叉口场景,研究不同方向的车辆在交叉口的耦合时空约束,建立交叉口冲突表,分析不同冲突场景下满足约束的车辆通行最小的安全车头时距,并提出协同通行准则。其次,根据自然驾驶数据拟合人工驾驶车辆通行交叉口的运动参数分布,分析不同可靠度阈值情况下单位距离行程时间和车头时距阈值的选择,保证人工驾驶车辆通行安全性。然后,在车辆协同通行的基础上,提出基于蒙特卡罗树搜索的车辆通行次序优化方案。最后,通过仿真实例对比不同交叉口控制策略下的通行效果,验证基于通行次序优化的多车协同通行策略的有效性,并分析不同的混行渗透率对交叉口中车辆平均延误的影响。

6.1 交叉口协同通行条件

6.1.1 耦合时空约束

图 6-1 是典型的平面交叉口场景,由两条道路汇交形成,也称为平面十字交叉口。本章以该交叉口为例进行研究,相应的协同通行方法可以推广到其他的平面交

第 6 章　无信号交叉口混行车辆协同通行方法

叉口场景中进行应用。该交叉口包含 4 个进口，每个进口包含 3 个车道，最左边车道是左转专用车道，中间车道是直行专用车道，最右边车道既可以直行，也可以右转。交叉口中心区域为冲突区域，虚线为车流行驶轨迹路线，这些轨迹在冲突区域中相互交叉而形成多个冲突点。冲突点个数与进口数有关，当进口数增多，车流行驶轨迹路线的数量增多，冲突点个数会显著增加，使得车辆通行的相互干扰更为严重，造成延误加大。所以，通常来说，交叉口的进口数不会太多。多车协同通行方法不会改变车辆在交叉口中的行驶轨迹路线，而是调整车辆在轨迹路线上的通行时间，对于相互冲突的车辆，需要调整其各自到达冲突点的时间，使得车辆在冲突点上具有安全的车头时距，这是从时间维度消解车辆在交叉口中相互冲突的问题。

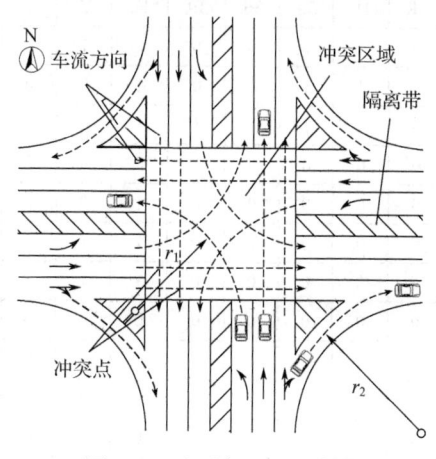

图 6-1　平面交叉口示意图

假设车联网的通信范围在交叉口及其连接路段上实现完全覆盖，对于网联车辆来说，当车辆到达通信范围内，就可以感知在交叉口区域内的其他网联车辆的信息，从而使得车辆可以通过协同轨迹规划来消解与其他车辆之间的冲突。交叉口协同通行方法是面向于单车的轨迹规划，车辆不再受信号配时方案控制，而是遵循规划好的轨迹来行驶。为了便于表述，同时更清晰地区分来自不同进口道、去往不同出口方向的车流，这里将每个进口的左边、中间和右边车道分别按序以 1、2、3 表示，然后用英文字符来表示图 6-1 中的虚线所对应的进口道车流的行驶轨迹路线，以东进口为例有如下表示。

(1) E-1L (Turn Left from the First Lane in the Eastern Entrance)：东进口左边车道左转车流，去往南出口。

(2) E-2S (Go Straight from the Second Lane in the Eastern Entrance)：东进口中间车道直行车流，去往西出口。

(3) E-3R (Turn Right from the Third Lane in the Eastern Entrance)：东进口右边车道右转车流，去往北出口。

以此类推，其他进口方向也按照该规则进行表示。根据图 6-1 所示的交叉口示意图，给出所有车流的冲突关系表，如表 6-1 所示。如果两个车流的行驶轨迹路线存在冲突，则用 1 表示，否则用 0 表示。冲突关系表描述的是交叉口的物理属性，与交叉口的设计有关，而与交通状态无关，在实际应用中，需要根据交叉口场景来具体分析。根据冲突关系表和交叉口物理尺寸，还可以得到不同方向车流从冲突区域起始点到冲突点的距离。

表 6-1 车流冲突关系表

		E				N				W				S			
		1L	2S	3S	3R	1L	2S	3S	3R	1L	2S	3S	3R	1L	2S	3S	3R
E	1L	0	0	0	0	1	0	0	0	0	1	1	0	1	1	1	0
	2S	0	0	0	0	1	1	1	0	1	0	0	0	0	1	1	0
	3S	0	0	0	0	1	1	1	1	1	0	0	0	0	1	1	0
	3R	0	0	0	0	0	0	0	0	0	0	0	0	0	0	0	0
N	1L	1	1	1	0	0	0	0	0	1	0	0	0	0	1	1	0
	2S	0	1	1	0	0	0	0	0	1	1	1	0	1	0	0	0
	3S	0	1	1	0	0	0	0	0	1	1	1	1	1	0	0	0
	3R	0	1	1	0	0	0	0	0	0	0	0	0	0	0	0	0
W	1L	0	1	1	0	1	1	1	0	0	0	0	0	0	1	1	0
	2S	1	0	0	0	1	1	1	0	0	0	0	0	1	1	1	0
	3S	1	0	0	0	1	1	1	0	0	0	0	0	1	1	1	1
	3R	0	0	0	0	0	0	0	0	0	0	0	0	0	0	0	0
S	1L	1	0	0	0	0	1	1	0	1	1	1	0	0	0	0	0
	2S	1	1	1	0	1	0	0	0	1	1	1	0	0	0	0	0
	3S	1	1	1	1	1	0	0	0	1	1	1	0	0	0	0	0
	3R	0	0	0	0	0	0	0	0	0	0	0	0	0	0	0	0

为了保证行驶安全性，定义 ς 为两个车辆连续行驶通过同一冲突点的最小的安全车头时距，即要满足以下约束

$$t_{j,f} \geq t_{i,f} + \varsigma \tag{6.1}$$

其中，$t_{j,f}$ 为车辆 j 到达冲突点的时间，$t_{i,f}$ 为车辆 i 到达冲突点的时间，车辆 i 要早于车辆 j 到达冲突点。对于不同的冲突场景，最小的安全车头时距是不同的。因此，这里考虑三种场景下的最小的安全车头时距 ς 的约束。

(1) 车辆跟驰场景：当车辆 i 和车辆 j 来自于同一进口道（见图 6-2(a)），那么最小的安全车头时距为

$$\varsigma_1 = (\text{gap} + \delta_i) / v_{j,f} \tag{6.2}$$

其中，$v_{j,f}$为车辆j到达冲突点的速度，gap为最小的车间距，δ_i为车辆i的长度。

(2) 交叉冲突场景：如果车辆i和车辆j来自于不同进口道，且它们的车流轨迹是相互冲突的（见图6-2(b)），将交叉通行看成跟驰通行进行处理，车辆i按照图中箭头方向进行变换而成为跟驰前车，车辆间的车头时距作为车辆依次到达冲突点的时间差，那么最小的安全车头时距为

$$\varsigma_2 = (\text{gap} + \delta_i + \delta'_j)/v_{j,f} = \varsigma_1 + \delta'_j/v_{j,f} \tag{6.3}$$

其中，δ'_j为冲突点的宽度，在实际场景，冲突点的宽度不能很好地衡量，所以可以等同于车辆j的车宽。

(3) 特殊合流场景：右转车流和直行车流的合流场景需要单独考虑。在图6-2(c)中，车辆i是东进口右转车辆，车辆j是南进口的直行车辆。由于右转速度低于直行速度，所以对于这种合流场景，最小的安全车头时距需要延长。这里以极端的情形进行计算，如果车辆i到达合流点之后以最大减速度进行减速，则此时最小的安全车头时距为

$$S_3 = \kappa/v_{j,f} = (v_{j,f}^2 - v_{i,f}^2)/2a_r v_{j,f} + (\text{gap} + \delta_i)/v_{j,f} = (v_{j,f}^2 - v_{i,f}^2)/2a_r v_{j,f} + \varsigma_1 \tag{6.4}$$

其中，κ为当车辆i到达合流点时车辆i和车辆j之间的距离，a_r为推荐的最大减速度，计算式是根据牛顿第二运动定律进行演化得到的。

综上所述，三种不同场景下最小的安全车头时距是不同的，$\varsigma \in \{\varsigma_1, \varsigma_2, \varsigma_3\}$，取值根据场景而定。

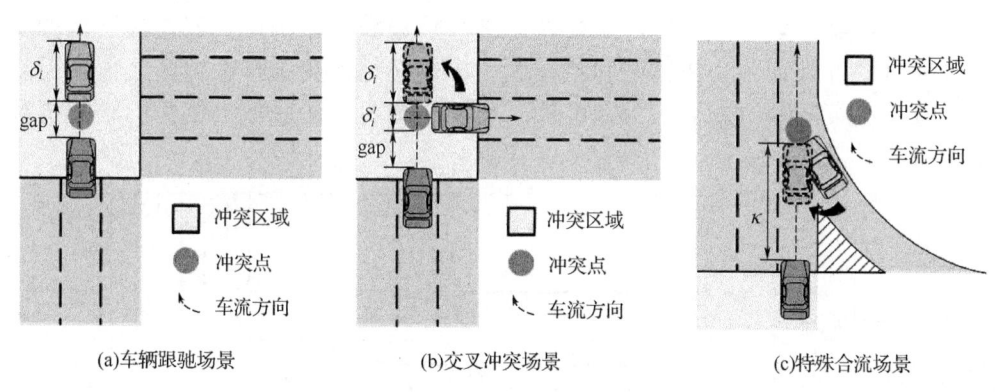

(a) 车辆跟驰场景　　(b) 交叉冲突场景　　(c) 特殊合流场景

图6-2　不同的车辆耦合约束

6.1.2　协同避撞条件

传统的信号交叉口和无信号交叉口，车辆往往在交叉口前走走停停，使得车辆具有较大的通行延误，且交叉口通行效率低下。多车协同通行对交叉口通行效率的提升体现在降低车辆对交叉口时空资源的平均占有程度，交叉口的时空资源可以用

冲突点的占有状态来体现。网联环境下车辆协同轨迹规划，合理分配车辆对冲突点的占有时间，不仅可以避免车辆冲突，还可以提高冲突点资源的利用率。

首先采用二进制的时间序列 $O_p(p=1,2,\cdots,n)$ 来表示冲突点的占有状态。对于每一时刻 t，均有 $O_p(t)\in\{0,1\}$，其逻辑是如果冲突点被车辆占有，则 $O_p(t)=1$，否则 $O_p(t)=0$。车辆冲突的实质是多辆车在同一冲突点具有时间冲突。因此，每个冲突点不能同时被多个车辆所占有。如果某一车辆通过轨迹规划将在某一时间段占有某个冲突点，那么该冲突点的保护机制生效，体现为该时间段对应的二进制时间序列值从 0 变为 1，其他车辆无法在该时间段内占用这个冲突点。当规划轨迹中该车辆安全通过这个冲突点之后，则该冲突点的保护机制失效，二进制时间序列值再从 1 变为 0，其他车辆可以通过轨迹规划占有这个冲突点。

考虑到跟驰和交叉两种不同场景的车头时距，保护机制的持续时长是不同的。如果跟驰场景下的保护机制的持续时长可以设为 ς_1，那么对于交叉场景下，保护机制的持续时长则为 ς_2。例如，当 t' 时刻前车到达冲突点，那么确定后车的允许到达该冲突点的时间分为以下三种情况。

(1) 当 $t<t'+\varsigma_1$ 时，任何后车不允许到达。

(2) 当 $t'+\varsigma_1 \leqslant t<t'+\varsigma_2$ 时，只允许同向跟驰的后车到达。

(3) 当 $t>\varsigma_2$ 时，同向跟驰和不同向交叉的后车都可以到达。

6.1.3 协同通行准则

在车辆到达交叉口之前，需要提前进行轨迹规划。因此，连接冲突区的交叉口进口道可以划分为决策区和执行区，车辆在进入交叉口冲突区之前，需要依次通过决策区和执行区(见图 6-3)。车辆在这两个新区域上运行的详细情况介绍如下。

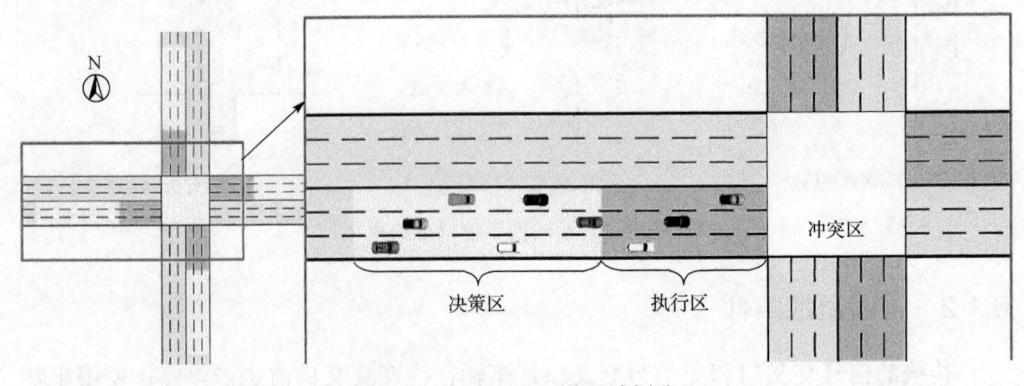

图 6-3 交叉口进口道区域划分

(1) 当网联车辆到达决策区时，该车辆会与其他已处于交叉口内部的车辆进行信息共享，进入交叉口决策集合。在决策区，所有车辆都是以最优速度行驶，决策区的长度越长，决策区内可容纳的车辆数就越多。车辆在决策区内轨迹还未确定，将参与协同轨迹规划。决策区的设置是为了让多个车辆同时进行轨迹规划，这涉及多车通行次序优化的问题，将在本章后面进行介绍。

(2)当车辆到达执行区时，车辆通行轨迹需确定下来，之后车辆进入交叉口执行集合，其轨迹不再改变。即将到达执行区的车辆是协同轨迹规划的发起者，决策集合所有车辆均参与轨迹规划，所有的规划轨迹不能与执行集合中已完成轨迹规划的车辆相冲突。交叉口的协同通行轨迹规划只需要在满足协同避撞条件的情况下确定其到达交叉口的合理时刻。通常，协同通行控制下车辆也会有延误，车辆在执行区的行为包括匀速运动、减速运动、静止过程和加速运动，其运动轨迹可以被优化，将在下一章进行介绍。

(3)当车辆完全通过执行区和冲突区，其轨迹不会再对交叉口决策集合内的车辆产生干扰，此时将车辆移出执行集合。

交叉口协同通行过程可以采用集中式控制或分布式控制的方式来实现。如果是集中式控制，则云端控制中心可以与所有车辆进行信息交互，完成协同轨迹规划之后再将决策信息发布给所有车辆；如果是分布式控制，则交叉口中车辆之间进行信息交互且每个车辆上都有决策终端，完成决策之后将决策信息实时共享，以便其他车辆随后进行决策。

在传统的交叉口信号控制策略下，遇到红灯时间，车辆需要在停车线后面排队等待，直到绿灯时，车辆才可以加速通过交叉口。因此，大量的车辆是以低速状态通过交叉口，使得车辆在冲突区内停留时间较长，即占用的交叉口时空资源较多，从而导致交叉口通行效率低下。在网联信息共享的环境下，车辆可以提前决策，通过协同避撞和轨迹规划，使得车辆可以快速通过交叉口，从而降低车辆在交叉口冲突区的占有时间，提高交叉口时空资源的利用率。协同通行控制下网联车辆需遵循两个通行准则。

(1)不停车准则：车辆不得在交叉口冲突区停车。车辆规划轨迹的车速调整是在执行区内完成的，车辆在这个区域内可能因冲突干扰而需减速或停车等待，但当车辆进入冲突区之后，车辆需连续地通过冲突区，走走停停现象不再发生。

(2)最优速度准则：定义最优速度为车辆可行驶的最大速度，参考国内一级、二级道路的限速标准设置为16m/s，经单位换算即约为60km/h。车辆都需要以最优速度或尽可能接近最优速度通过交叉口冲突区。最大的转弯速度应该低于直行速度才能保证转弯过程的安全性。在最大横向加速度已知的情况下，可以计算得到最大转向速度。

上述两个准则是提高网联交叉口环境下车辆协同通行效率的保证，最优速度准则也决定了车辆进入交叉口冲突区的运动状态，为执行区内的轨迹优化确定末端条件。对于不同的交通状态，执行区内车辆轨迹也会不同。特别地，交通需求较大会造成车辆在执行区内有较大的延误，使得许多车辆不得不在执行区停车排队，但排队位置不再是传统交叉口环境中的停止线（也就是冲突区起始线）之前，而是在执行区中间位置，与冲突区起始线距离较远，以便于车辆有足够长的行驶距离来加速到最优速度。因此，执行区长度设置与可允许的最大排队长度和车辆进入冲突区的最优速度有关。

由于协同通行控制下车辆只有在执行区内才会有车速变化，所以车辆在执行区通行时间的长短是车辆在交叉口是否延误的判断标准。如果车辆协同轨迹规划时未受到其他车辆干扰，则车辆在执行区具有最短通行时间，如果受到其他车辆干扰而导致通行时间延长，则增加的通行时间视为车辆在交叉口通行过程中的延误。根据运动学公式，车辆在执行区的最短通行时间 $\widehat{ET}$ 计算公式为

$$\widehat{ET} = (v_C^2 - v_0^2)/2a_r v_C + (v_C^2 - v_E^2)/2a_r v_C + \text{Len}/v_C \tag{6.5}$$

其中，v_0 为车辆进入执行区时的初始速度，v_E 为车辆进入冲突区的速度，v_C 为最优速度，Len 为执行区长度。由于交叉口冲突点位置与冲突区起始线距离不一致，所以后到达交叉口的车辆可能比先到达交叉口的车辆更早到达冲突点。定义 Dis 为冲突区起始位置到某一冲突点距离，则车辆最快到达该冲突点的时间为 $\widehat{ET} + \text{Dis}/v_E$。车辆在交叉口协同出行的轨迹规划是通过调整车辆离开执行区并进入冲突区的时刻，由于车辆进入执行区的时刻是确定的，所以轨迹规划的实质也就是调整车辆在执行区内的通行时间。

6.2 网联人工驾驶车辆通行的不确定性分析

在网联环境下，人工驾驶车辆能够与其他车辆进行信息共享和交互，但是在决策和执行环节则与自动驾驶车辆不同，自动驾驶车辆可以严格按照协同规划的轨迹行驶，但人工驾驶车辆的驾驶员只能在接受轨迹信息引导下进行驾驶操作。由于交叉口协同通行能提高通行效率，所以假设所研究的所有驾驶员都是理性的，均会遵守信息引导来进行驾驶。人为不确定性使得网联人工驾驶车辆在信息引导下的行驶轨迹无法像自动驾驶车辆完全贴合规划轨迹行驶，人工驾驶车辆轨迹会在规划轨迹附近波动。由于交叉口多车协同通行的实现过程需要消解车辆通过冲突点的时间冲突，所以，对于人工驾驶车辆到达冲突点的时刻需要设置时间波动范围。考虑人工驾驶车辆的不确定性，设置合理的时间波动范围，人工驾驶车辆可以在范围内到达冲突点而不会与其他车辆产生冲突。人工驾驶车辆的不确定性主要体现在驾驶过程中运动参数的不确定性，本章中将单位距离行程时间和车头时距作为人工驾驶车辆的不确定性特征。

6.2.1 单位距离形成时间分布拟合

单位距离行程时间的分布情况可以表征不同驾驶员操纵车辆行驶给定距离所需的行程时间不同的现象,以此说明驾驶员操纵车辆行为的不确定性。国内外学者们进行了大量研究来分析行程时间分布拟合的问题,提出的拟合分布函数包括对称的正态分布[2]、Burr 分布[3,4] 等,此外,学者们还提出了基于广义马尔可夫链[5]和对抗性网络[6]等方法来估计分布曲线。Lei 等[7]则以单位距离行程时间作为研究变量,根据不同道路通行能力等级的数据,拟合出对应的不同分布函数,该研究表明单位距离行程时间分布情况与所研究的交通场景有关。

研究的场景是交叉口区域出行,选用了美国联邦公路署主持的 NGSIM(Next Generation Simulation)项目采集的交通数据进行分析,数据在官网上可公开获取[8,9]。所选的数据采集区域是美国洛杉矶的 Lankershim 大道,包含多个交叉口及其连接道路,数据类型是车辆轨迹数据。车辆按照交叉口协同通行策略行驶,车辆受到延误干扰较小,速度普遍较高,且车辆均要求以最优速度通行交叉口,因此,筛选得到通行速度在 12m/s 以上的数据进行分析。依据通行速度求出单位距离行程时间(这里单位距离设置为 1m),如图 6-4 所示,绘制单位距离行程时间数据频率分布图,并进行分布拟合。以 K-S 检验(Kolmogorov-Smirnov Test)为标准评估不同分布的拟合效果,假设检验的置信水平取为 0.05,此时临界值为 0.0205,原假设为数据服从指定分布,备择假设是数据不服从指定分布。这里选用 7 种常用的分布进行对比,如表 6-2 所示,分别计算不同分布的 K-S 统计量和 p 值,如果 p 值大于临界值,则不能拒绝原假设,表中按照 p 值大小对各个分布函数的拟合效果降序排列。

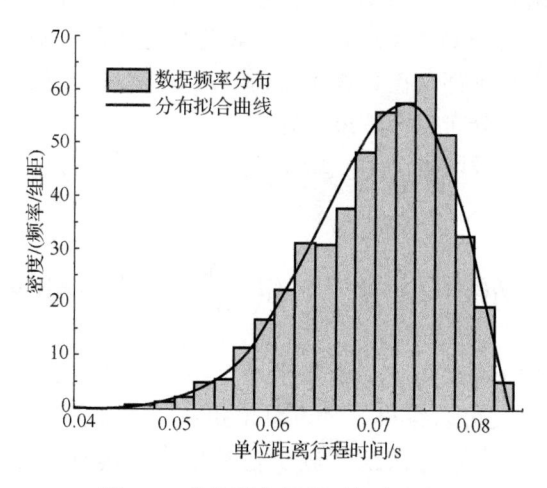

图 6-4 单位距离行程时间分布图

表 6-2　不同分布函数对单位距离行程时间分布的拟合结果

分布函数	K-S 统计量	p 值	是否拒绝
广义极值分布	0.0172	0.1500	否
Weibull 分布	0.0270	0.0033	是
正态分布	0.0592	0.0000	是
Logistic 分布	0.0772	0.0000	是
对数正态分布	0.0775	0.0000	是
Erlang 分布	0.0805	0.0000	是
Gamma 分布	0.0712	0.0000	是

由表 6-2 可以看出，最佳拟合分布是广义极值（Generalized Extreme Value，GEV）分布，其 p 值为 0.1500，大于临界值。在 Lei 等的研究中，对通行能力等级最高道路上所采集的单位距离行程时间数据进行拟合，其拟合的最佳分布也是广义极值分布[7]。拟合的广义极值分布的概率密度函数为

$$f_1(t|k_1,\sigma_1,u_1) = \frac{1}{\sigma_1}\left[1+k_1\left(\frac{t-u_1}{\sigma_1}\right)\right]^{-1/k_1-1} \exp\left\{-\left[1+k_1\left(\frac{t-u_1}{\sigma_1}\right)\right]^{-1/k_1}\right\}, \quad t \in [0.04, 0.085]$$

(6.6)

其中，$k_1 \in \mathbb{R}$ 为形状参数，$u_1 \in \mathbb{R}$ 为位置参数，$\sigma_1 > 0$ 为范围参数[10]，这些参数取值分别为 $k_1 = -0.4919$，$\sigma_1 = 0.0074$，$\mu_1 = 0.0686$。概率密度函数的定义域 $t \in [0.04, 0.085]$，单位是 s。图 6-4 中的分布拟合曲线即为拟合的广义极值分布曲线，从图中可以看出，分布拟合曲线与数据频率分布的变化趋势较为一致。根据数据和分布拟合曲线，可以绘制得到分布拟合的 Q-Q 图（见图 6-5），横坐标是实际观测值，纵坐标是分布期望值，图中的数据点基本都落在直线 $y=x$（图 6-5 中虚线）附近，即实际数据与分布期望值较为一致，说明分布拟合效果很好。

根据求出的概率密度函数 $f_1(t)$（式（6.6）），可以通过积分变换得到其所对应的分布函数表达式为

$$F_1(t) = \int_0^t f_1(x)\mathrm{d}x = \exp\left\{-\left[1+k_1\left(\frac{t-u_1}{\sigma_1}\right)\right]^{-1/k}\right\}, \quad t \in [0.04, 0.085] \quad (6.7)$$

其中，分布函数 $F_1(t)$ 的定义域与概率密度函数 $f_1(t)$ 相同。分布函数又称为累积分布函数，根据其定义可以得出，对于单位距离行程时间的指定阈值，其对应的分布函数 $F_1(t)$ 的取值表示为人工驾驶车辆的单位距离行程时间低于指定阈值的概率。

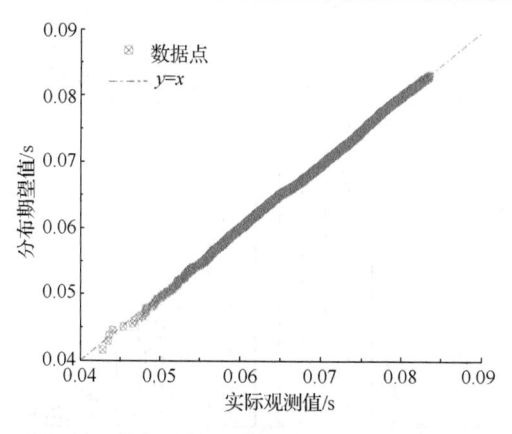

图 6-5 单位距离行程时间分布拟合 Q-Q 图

由于 NGSIM 数据是人工驾驶车辆在常规的道路环境下通行采集得到的数据，拟合分布需要进行调整。在网联环境下的交叉口协同通行中，人工驾驶车辆在网联信息引导下行驶，车辆会尽量以最优速度通过冲突区。由于实际数据的平均速度值为 14.69m/s 低于最优速度 16m/s，因此，调整式（6.7）中拟合的概率密度函数的位置参数，$\mu_1 = 0.0625$。

6.2.2 车头时距分布拟合

对于人工驾驶车辆连续通过冲突区域的情况，还需要考虑车头时距的分布规律。这里同样选用 NGSIM 上交叉口区域车辆通行数据进行分析，车头时距数据频率分布如图 6-6 所示。数据分布拟合方法同前文所述，选用不同的分布函数进行分布拟合，以 K-S 检验评估不同分布的拟合效果，假设检验的置信水平取为 0.05，此时临界值为 0.0382，原假设为数据服从指定分布，备择假设是数据不服从指定分布。表 6-3 是 5 种常用的分布的 K-S 检验结果对比，表中按照 p 值大小对各个分布函数的拟合效果降序排列，从中确定最佳的分布函数。

表 6-3 不同分布函数对车头时距分布的拟合结果

分布函数	K-S 统计量	p 值	是否拒绝
对数正态分布	0.0323	0.1405	否
Gamma 分布	0.0407	0.0298	是
正态分布	0.0800	0.0000	是
Weibull 分布	0.0881	0.0000	是
Logistic 分布	0.0465	0.0084	是

由表 6-3 可以看出，最佳拟合分布是对数正态（Logarithmic Normal，LN）分布，其 K-S 检验的 p 值大于临界值，说明不能拒绝原假设，即数据服从对数正态分布，

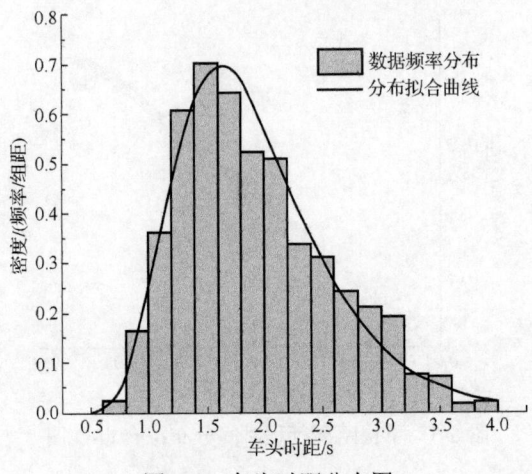

图 6-6 车头时距分布图

其拟合的对数正态分布的概率密度函数为

$$f_2(t|\mu_2,\sigma_2) = \frac{1}{t\sigma_2\sqrt{2\pi}}\exp\left(-\frac{(\ln t - \mu_2)^2}{2\sigma_2^2}\right), \quad t>0 \tag{6.8}$$

其中，$\mu_2 > 0$ 为位置参数，$\sigma_2 \in \mathbb{R}$ 为形状参数，参数取值分别为 $\mu_2 = 0.5982$，$\sigma_2 = 0.3343$。由于对数正态分布的概率密度曲线在自变量取值接近 0 或较大的正实数时，函数值趋近 0，所以，函数定义域可设为 $t>0$ 即可。图 6-6 中的分布拟合曲线即为拟合的对数正态分布的概率密度函数曲线，图中显示分布拟合曲线与数据频率分布趋势较为一致。

图 6-7 是分布拟合的 Q-Q 图，数据点基本都落在直线 $y=x$（图 6-7 中虚线）上，即实际期望值与分布观测值基本保持一致，说明拟合效果很好。

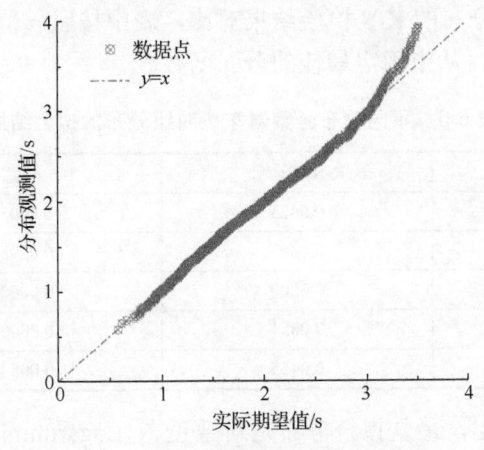

图 6-7 车头时距分布拟合 Q-Q 图

根据求出的概率密度函数 $f_2(t)$（式(6.8)），可以通过积分变换得到相应的分布函数表达式为

$$F_2(t) = \int_0^t f_2(x)\mathrm{d}x = \phi\left(\frac{\ln t - \mu_2}{\sigma_2}\right), \quad t > 0 \tag{6.9}$$

其中，$\phi(\cdot)$ 为 Laplace 积分函数，也称为标准正态分布的累积分布函数，表达式为

$$\phi(x) = \frac{1}{2\pi}\int_0^x \mathrm{e}^{-z^2/2}\mathrm{d}z \tag{6.10}$$

同样地，通过车头时距的分布函数，也可以得到对于指定车头时距阈值下，人工驾驶车辆的车头时距低于该指定阈值的概率。由于人为操作具有反应延迟，且当速度较大时，驾驶员所感知的行车风险也较大，所以，人工驾驶车辆的车头时距会明显大于自动驾驶车辆的车头时距。

6.2.3 不确定性分析

对于交叉口协同通行，车辆通行轨迹需要在决策区提前进行规划，车辆从进入执行区到通行结束，规划轨迹不再发生变化。对于自动驾驶车辆来说，精准的操作使得车辆可以严格按照规划轨迹行驶。而操纵人工驾驶车辆的驾驶员对于外界同样的刺激，做出的反应可能不同，使得人工驾驶车辆运动存在不确定性，车辆也就无法严格按照规划轨迹行驶。然而，对于接连通过同一冲突点的车辆，如果前车是人工驾驶车辆，实际行驶轨迹与规划轨迹不同，那么前车就会对后车行驶产生干扰。因此，根据人工驾驶车辆运动参数的分布规律来确定其到达冲突点的时间波动范围，保证车辆在该时间波动范围内到达并通过冲突区的整个过程不会与其他车辆发生冲突。

关于时间波动范围的确定，这里引入可靠度的概念。参考 Bell 提出的行程时间可靠度的定义：在一定服务水平 S 和行程时间阈值 T_c 内，车辆到达目的地的概率值，定义式为[11]

$$r(T_c) = P(T < T_c | S) \tag{6.11}$$

其中，一定服务水平 S 为车辆所处的交通状态，行程时间可靠度为车辆从起点到终点的里程区间内所花费的行程时间 T 小于阈值 T_c 的概率。考虑单位距离行程时间的可靠度，则行程距离是单位距离，需要确定上式中的通行时间阈值。从概率分布函数来看，对于不同的可靠度 r，时间阈值即为满足 $F(t)<r$ 所对应的时间 t。根据单位距离行程时间的分布函数 $F_1(t)$ 表达式（式(6.7)），可以得到

$$t > \frac{\sigma_1}{k_1}[(-\ln r)^{-k_1} - 1] + u_1 \tag{6.12}$$

式(6.12)右边即为给定可靠度水平 r 的情况下所对应的单位距离行程时间阈值 (Critical Value of Unit Distance Travel Time，UDTT$_c$)。图 6-8 表示的是不同可靠度水

平下的单位距离行程时间阈值 UDTT$_c$ 的选择，图中实线是单位距离行程时间的分布函数曲线，可靠度水平在区间[0.85,0.99]取值时，对应的 UDTT$_c$ 取值范围为[0.714,0.759]（单位为 s），UDTT$_c$ 随着可靠度水平上升而增加。以可靠度水平 r=0.85 为例，该可靠度水平所对应的单位距离行程时间阈值 UDTT$_c$=0.714s，说明在 85% 的情况下，人工驾驶车辆的单位距离行程时间会低于 0.714s。

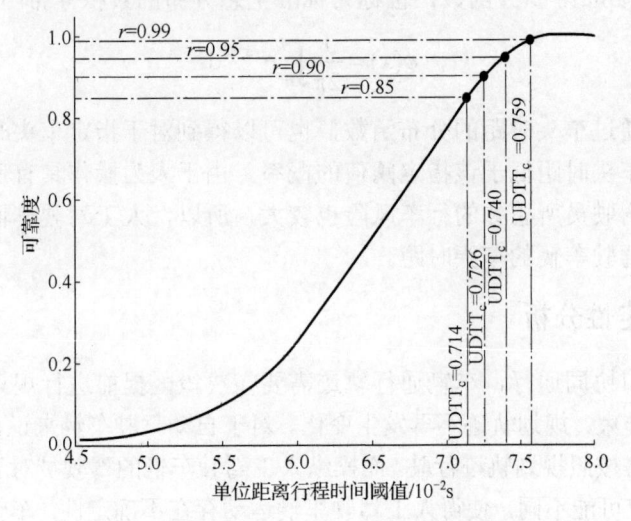

图 6-8 单位距离行程时间与可靠度的关系

同样地，可以得到不同可靠度下车头时距的阈值（Critical Value of Headway，HT$_c$），如图 6-9 所示，当可靠度水平在区间[0.85,0.99]取值时，对应的 HT$_c$ 取值范围为[2.57,3.92]（单位为 s）。

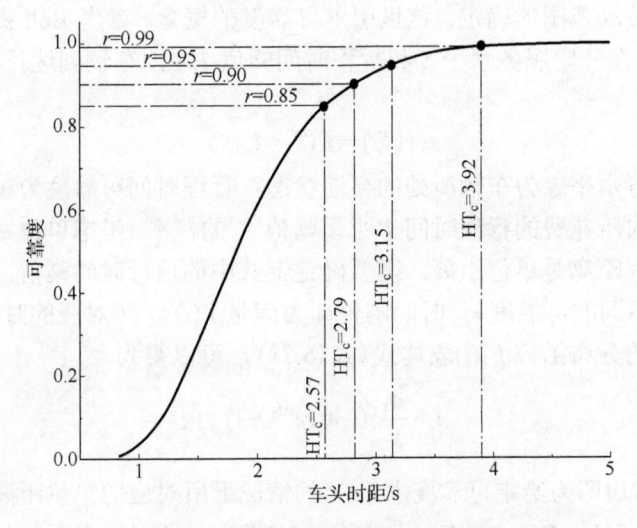

图 6-9 车头时距与可靠度的关系

下面分析人工驾驶车辆到达冲突点的时间波动范围。以连续通过某一冲突点的三辆车 i、j、k 进行分析。根据耦合时空约束，车辆 j 的到达时间需满足 $t_{j,f} \geqslant t_{i,f} + \varsigma$，再考虑车辆最快到达冲突点的时间 $\widehat{ET} + Dis/v_E$，从而计算协同通行下车辆到达冲突点的合理时间，下面分情况进行分析。

(1) 如果 j 是自动驾驶车辆，$t_{j,\text{ini}}$ 是车辆 j 到达执行区的时间，则车辆 j 到达冲突点时间为

$$t_{j,f} = \max\left\{t_{i,f} + \varsigma, t_{j,\text{ini}} + \widehat{ET} + Dis/v_E\right\} \tag{6.13}$$

(2) 如果车辆 j 是人工驾驶车辆，则式(6.13)中的 $t_{j,f}$ 是其到达冲突点的时间波动范围的下边界。时间波动范围的上边界要以上面分析的一定可靠度水平下的单位距离行程时间阈值 $UDTT_c$ 和车头时距阈值 HT_c 来计算，对于绝大多数人工驾驶车辆来说，这两个运动参数均小于此阈值，时间波动范围的上边界计算公式为

$$t'_{j,f} = \max\{t_{i,f} + HT_c, t_{j,\text{ini}} + \widehat{ET} + UDTT_c \cdot Dis\} \tag{6.14}$$

因此，人工驾驶车辆的轨迹规划中到达该冲突点的时间波动范围为 $[t_{j,f}, t'_{j,f}]$。时间波动范围的上下界取值分别是为了保证车辆 j 不会与车辆 i 和车辆 k 发生冲突，车辆 j 可以在时间波动范围内任意时刻到达冲突点，也就是说，人工驾驶车辆 j 实际到达冲突点的时间可能会早于轨迹规划的时间波动范围上边界 $t'_{j,f}$，使得冲突点的时空资源不能完全利用。车辆到达冲突点时刻与时间波动范围上边界 $t'_{j,f}$ 的时间差定义为冲突点损失时间。

为了量化冲突点损失时间，对人工驾驶车辆运动数据进行采样。根据数据拟合得到的分布，采用拒绝采样法随机模拟得到采样数据，拒绝采样法是基于蒙特卡罗随机抽样的典型应用。对于给定的数据分布的概率密度曲线 $p(z)$，如果要对 $p(z)$ 进行拒绝采样，则需要引入一个简单的参考分布 $q(z)$ 使得在 z 的取值范围内均满足 $q(z) \geqslant p(z)$。对于每次采样操作，先从参考分布 $q(z)$ 中确定一个采样 z_0，然后在 $[0, q(z_0)]$ 范围内进行 1 次均匀采样得到 u_0，如果满足 $u_0 \leqslant p(z)$，则将保留 z_0，否则舍弃该采样。拒绝采样法重复足够多次数，采集得到的数据分布状况将无限接近概率密度曲线 $p(z)$。拒绝采样法的特点与蒙特卡罗随机抽样的其他应用类似，一是采样过程是随机模拟的，二是重复采样次数足够多。参考分布 $q(z)$ 与 $p(z)$ 越接近，采样效率越高，但合适的 $q(z)$ 不好确定，为了方便采样，取最小值为 0、最大值为 $\max(p(z))$ 的均匀分布作为 $q(z)$。

采用拒绝采样法分别对单位距离行程时间和车头时距两个参数进行采样，得到的采样数据如图 6-10 所示。图 6-10(a) 和 (b) 中的采样数据均为 10000 个，灰点是采样数据，实线是数据拟合的概率密度曲线。可以看出，采样数据的密度接近于概率密度曲线，说明采样方法是有效的。

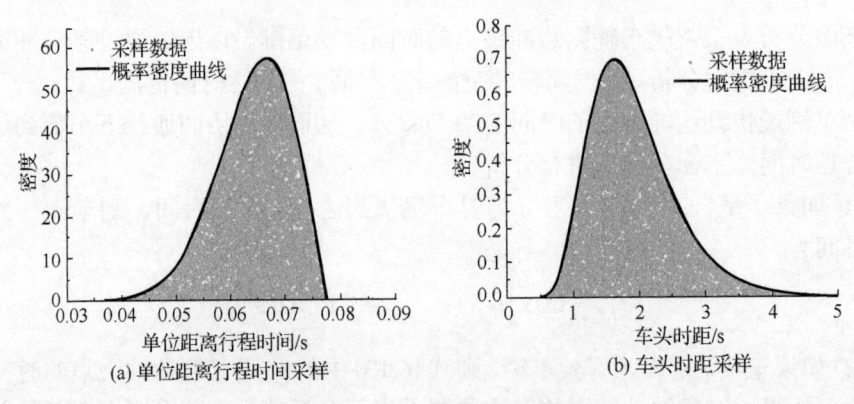

(a) 单位距离行程时间采样　　(b) 车头时距采样

图 6-10　运动参数采样结果

考察单位距离行程时间不确定性和车头时距不确定性对于冲突点损失时间的影响，使用上述拒绝采样的样本，统计不同可靠度水平下两个参数所造成的影响，结果如图 6-11 所示。可靠度取值范围为[0.85,0.99]，随着可靠度增加，两个参数对冲突点损失时间的影响增大。图 6-11(a)显示冲突区起始位置到冲突点的距离从 0m 变化到 25m，如图 6-1 所示的交叉口，车道宽度取值按 3.5m 计算，冲突区起始位置到冲突点的平均距离为 12.75m，对应的平均损失时间范围为[0.09,0.15](单位为 s)，最大距离为 22.80m，对应的平均损失时间范围为[0.17,0.27](单位为 s)；图 6-11(b)中，车头时距影响下的平均损失时间范围为[0.64,1.99](单位为 s)。因此，在人工驾驶车辆不确定性的影响下，当可靠度越大时，冲突点损失时间积累越多，交叉口的时空资源利用率下降。

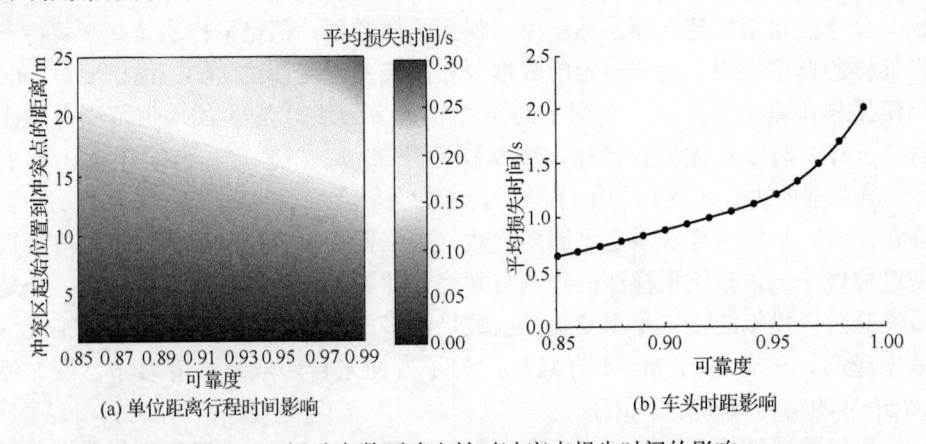

(a) 单位距离行程时间影响　　(b) 车头时距影响

图 6-11　运动参数不确定性对冲突点损失时间的影响

根据可靠度水平取值范围区间，可以确定合适的单位距离行程时间和车头时距值。设置合适的可靠度水平能保证绝大多数的人工驾驶车辆的行驶安全性，但对于少数极端驾驶行为的车辆，其运动参数值会超出可靠度水平所对应的数值范围，此时如果不采取应急策略,这些车辆会对后面按照轨迹规划到达交叉口的车辆行驶造成干扰。因此,在极端驾驶行为的车辆出现时,需要及时将信息传递给后面到达的车辆,有效地进行轨迹调整。这里,受影响而调整轨迹的车辆在车辆总数中占据的比例称为车辆干扰率。可靠度水平越低,极端驾驶行为的车辆数越多,车辆干扰率也会随之增加。

6.3 车辆通行次序优化

网联环境中交叉口协同通行不仅能实现车辆协同避撞,更重要的是可以借助网联信息来有效地提高交叉口的通行能力。当交叉口流量较小时,基于先到先行(First-Come First-Served,FCFS)的协同控制策略可以满足应用需求。FCFS策略的基本思想是先到达交叉口的车辆可以优先通行,经典的AIM方法就是FCFS策略的典型代表。然而,FCFS策略并不能使交叉口的时空资源获得最大化的利用。例如,在一个三车相继到达交叉口的场景,先到的车辆因FCFS策略获得优先通行权,然而先到车辆可能同时与后到的两个车辆相冲突,而后到的两个车辆互相不发生冲突。在这种情况下,让后到的两个车辆先行可能有助于提高三车的整体通行效率。随着交叉口交通需求的进一步增加,FCFS策略的弊端也越发突出。因此,交叉口车辆通行次序需要进行优化来提高通行效率。

根据交叉口协同通行条件中的交叉口进口道区域的划分,车辆将依次进入决策区、执行区和冲突区。车辆到达决策区时,将其加入决策集合,通行次序优化的对象是决策集合内所有的车辆。车辆在即将离开决策区并进入执行区时发起轨迹规划请求,将考虑决策集合中的所有车辆来进行通行次序优化和轨迹规划,然后确定其通行轨迹,此后不再发生变化。优化交叉口车辆通行次序可以减小交叉口车辆的平均延误,参与决策的车辆数与交通需求和决策区长度有关。理论上,考虑更多的车辆进行决策,通行次序优化后的平均延误能减少得更多,但是计算量也会更大。需要注意的是,对于FCFS策略,车辆无须进行通行次序优化,则进口道可以不设置决策区。

实际上,车辆在交叉口的通行次序优化,类似于机器加工零件的流水作业次序问题(Permutation Flowshop Sequencing Problem,PFSP)。PFSP是典型的NP难问题[12],很难通过建模求得精确解。如果对于一段时间内 α 个车辆通过交叉口,而冲突点个数为 β,那么该问题解空间的规模为 $(\alpha!)^{\beta}$ [13]。对于简化的交叉口,由于车辆数 α 和冲突点数 β 都较少,可以采用穷举法进行求解。然而,如果交叉口具有较多通行方向和冲突点,且各个方向的交通需求较大,参与次序优化的车辆数较多,那么问题的复杂度将大大增加,需要采用高效的通行次序优化求解方法。一种基于蒙特卡罗树搜索(Monte Carlo Tree Search,MCTS)的方法被用来优化在交叉口范围内的网联车辆的通行次序，完成次序优化之后车辆再依次进行轨迹规划。MCTS 是组合博弈论中的一种规划方法，广泛用于求解人工智能问题。MCTS 的特点是联合了启发式算法和带有强化学习思想的树搜索算法的特点，使得求解过程具有一般性和准确性[14]。因此，通过足够多迭代次数的计算，应用该方法总可以找到问题的近似最优解。

MCTS 方法在初始化树形结构及其权值之后，采用迭代计算进行求解，每次迭代步骤如图 6-12 所示。Browne 等[14]介绍了 MCTS 方法详细的迭代求解过程，迭代过程包括四个步骤。①选择：每次迭代过程采用随机和经验相结合的方式从上至下依次选择节点，即要考虑节点的权值，权值越大则选择概率越大，但也存在较小概率会选择权值小的节点；②拓展：在依次选择节点来确定可行解时，如果遇到未曾选择过的节点，则优先选择，这一步骤使得更多的树节点被选中；③仿真：每次搜索结束可得到一组可行解，并利用估值函数计算该可行解的执行效果；④反向传播：根据执行效果反向更新该可行解的所有节点的权值。节点权值又称为树的置信度上界(Upper Confidence bound applied to Trees，UCT)，其计算公式为

$$\text{UCT} = \bar{X}_j + 2C_p\sqrt{\frac{2\ln n}{n_j}} \tag{6.15}$$

其中，$\bar{X}_j$ 为第 j 个节点的平均收益，这是与执行效果相关的量；n_j 为当前节点执行次数；n 为父节点的执行次数；C_p 为调整常数。UCT 计算式的第二项是节点的探索价值，如果当前节点执行次数 n_j 远小于父节点执行次数 n，则当前节点探索价值较大，如果当前节点未被执行过，则其探索价值为无穷大，会被优先执行。

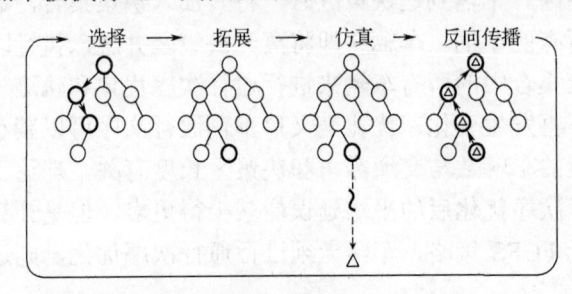

图 6-12　蒙特卡罗树搜索步骤[14]

根据 MCTS 的思想，设计了车辆通行次序优化方法，如图 6-13 所示。对于到达决策区的车辆都将其加入决策集合，然后车辆到达执行区之后则需要进行通行次序优化和轨迹规划。构建树结构时，树的第一层的节点数等于决策区车辆数，此后每层递减 1 个节点，决策树所有节点的初始化权值为 0。每次迭代过程以车辆平均延误作为执行效果来反向调整节点权值，直至达到最大迭代次数。平均延误的计算需要依次确定决策集合所有车辆的轨迹，且要保证车辆满足协同通行条件。迭代过程中，当车辆的平均延误最小时，更新车辆的行驶轨迹。当迭代结束后，到达执行

区的车辆将从决策集合中移除，并进入执行集合，按照输出的轨迹进行行驶，轨迹也会通过网联环境中的通信方式发送给云端或其他待决策的车辆，并实时更新冲突点占有情况。

```
车辆到达决策区则加入决策集合
        ↓
车辆到达执行区则需确定其轨迹
        ↓
根据MCTS方法迭代过程确定一组车辆通行次序 ←──┐
        ↓                                更
根据协同通行方法确定决策集所有车辆轨迹并      新
        计算车辆延误                      │
        ↓                                │
   平均延误最小? ──否──────────────────────┘
        ↓是
     更新车辆轨迹
        ↓
   达到最大迭代次数? ──否──┐
        ↓是              │
                        （回到上方）
将车辆移出决策集合，并将车辆加入执行集合
        ↓
   轨迹共享，并更新冲突占有情况
```

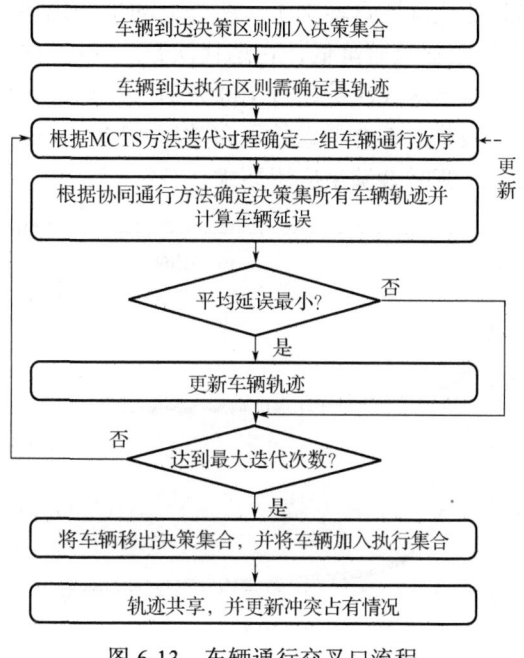

图 6-13　车辆通行交叉口流程

6.4　仿真实验及结果分析

根据图 6-1 中交叉口的示意图，通过设置不同的进口流量，研究不同交通负荷下的策略效果。为了保证交叉口控制过程的稳定性，仿真实验的交通流量不宜设置过大，避免交叉口出现大规模的拥堵现象。这里，各个进口的单车道的流量设置从 100vehicle/h 变化到 1000vehicle/h。每个车辆的最优通行速度为 16m/s，最大加减速度为 3m/s^2。考虑车辆的安全性，所有车辆的车长设置为 6m，最小车头时距设置为 0.5s，最小车辆间距设置为 2m。执行区和决策区的长度均设置为 200m。

6.4.1　不同通行方法效果对比

本章通过仿真实验对不同方法控制下的交叉口通行效果进行对比分析。参与对比的方法包括固定式信号配时方案（Fixed Signal Time Assignment, FSTA）、感应式信号配时方案（Actuated Signal Time Assignment, ASTA）、基于 FCFS 的协同通行策略、基于 MCTS 通行次序优化的协同通行策略。MCTS 法求解过程中，迭代过程的最大

次数对于算法性能影响很大。理论上，迭代次数越多，找到的近似最优解的效果越好。然而，迭代次数过大导致的计算量也会比较大。因此，采用预实验来确定合适的迭代次数。图 6-14 显示了平均延误和平均延误降低率随迭代次数增加的变化规律，平均延误降低率是迭代次数每增加 1 次所降低的平均延误。在迭代次数从 1 变化到 50 的区间内，平均延误显著降低，在迭代次数从 50 变化到 100 的区间内，平均延误下降趋势平缓，而当迭代次数超过 100 之后，平均延误变化很小，说明增加迭代次数的收益很小。因此，综合考虑效果和效率，MCTS 法的迭代次数以 100 为基准来评价模型效果，计算时效满足应用要求。

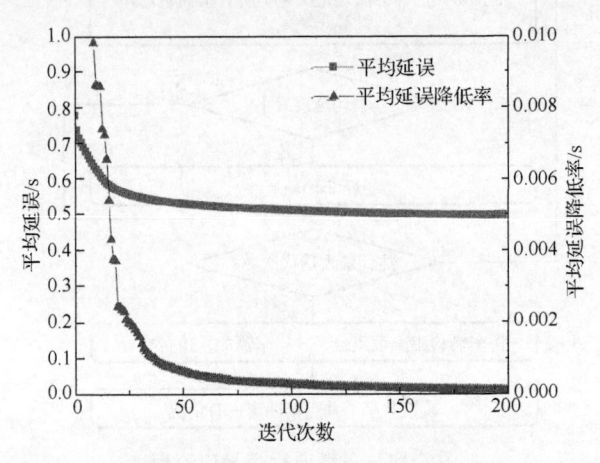

图 6-14 不同迭代次数下的平均延误

作为对比方法的 FSTA，需要确定信号周期的长度，而这与交叉口的交通需求有关。一个完整的信号周期包括各个进口的绿灯时间、黄灯时间和红灯时间。车辆只能在绿灯时间被允许进入交叉口，其他时间则须在停车线后面停车排队等待通行。基本的信号配时控制逻辑是：当一个方向的车流被允许通过交叉口时，与该方向的轨迹相冲突的车流则被禁止通行。在国内，右转车流往往不受信号配时控制的影响，可以自由通行，照此惯例设置。黄灯作为绿灯和红灯之间的过渡信号灯，为了避免黄灯时间内产生"困惑区"(Dilemma Zone)的问题，黄灯时间应该足够长，通常设置为3s。由于面向的车辆类型都是网联车辆，绿灯开始时可以获取网联信息及时启动车辆，所以车辆的启动时间几乎可以忽略，所需的绿灯时间是比较短的，对于固定信号配时方案的绿灯时间设置为 10s。

与固定信号配时方案相比，ASTA 能够根据交叉口不同进口道的车流情况来灵活调整每个相位的绿灯时长，绿灯时长与最小绿灯时间、额外绿灯时间和最大绿灯时间相关，分别设置为 7s、3s 和 20s。每个相位必须至少保证最小绿灯时间，然后每次车辆通过时重置额外绿灯时间，相位绿灯时间结束有两种情况，一是达到最大绿灯时间,二是最小绿灯时间和额外绿灯时间均结束。

设置的混行渗透率为 1.0,即不考虑人为不确定性的影响,四种通行控制策略的平均延误如图 6-15 所示。随着交叉口进口道流量增大,平均延误都会增加,然而相对于两种信号控制方案来说,两种协同通行策略下的交叉口车辆通行平均延误显著下降。当流量为 1000vehicle/h 时,基于 FCFS 的协同通行策略下平均延误为 2.16s,基于 MCTS 通行次序优化的协同通行策略下平均延误为 0.93s,与信号配时策略相比平均延误降低 95%以上。

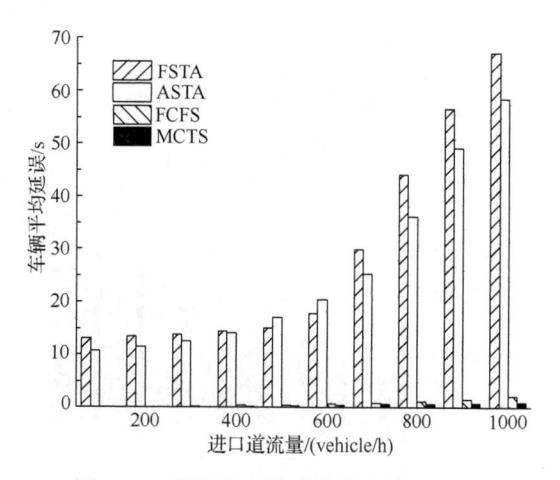

图 6-15 不同控制策略的仿真结果对比

图 6-16 是两种协同通行策略的效果对比,可以看出,基于 MCTS 通行次序优化的协同通行策略明显优于基于 FCFS 的协同通行策略,随着进口道流量从 100vehicle/h 增加到 1000vehicle/h,基于 MCTS 通行次序优化的协同通行策略的优势也随之增加,延误降低比例从 17%增加到 57%,从而说明通行次序优化的有效性。

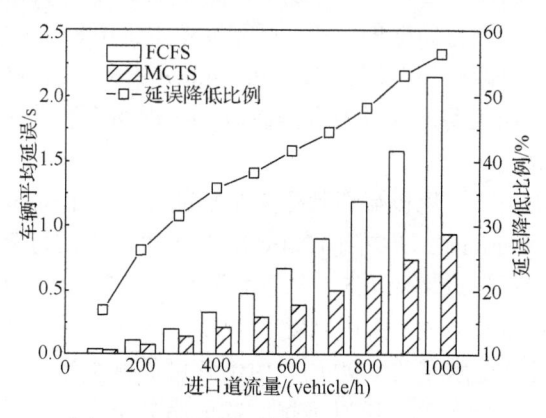

图 6-16 两种协同通行策略的结果对比

图 6-17 是四种通行策略下的延误车辆比例对比。从图 6-17 中可以看出，在两种信号控制策略下，延误车辆比例在不同进口道流量下基本保持不变，处于 83%左右的水平；而在两种协同通行策略下，延误车辆比例对进口道流量变化表现得十分敏感，基本呈线性变化，且基于 MCTS 通行次序优化的协同通行策略均低于基于 FCFS 的协同通行策略。在交叉口负荷较低的情况下，协同通行策略控制下的车辆受交叉口延误干扰比例较小，车辆通行十分顺畅，即使进口道流量增大到 1000vehicle/h 的情况下，基于 MCTS 通行次序优化的协同通行策略下的延误车辆比例也在 50%左右。

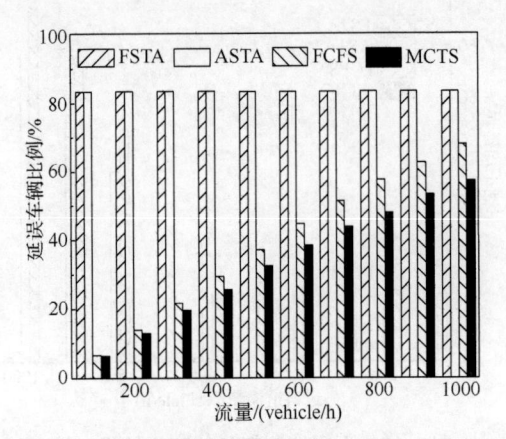

图 6-17　不同策略控制下的延误车辆比例对比

6.4.2　混行渗透率对协同通行的影响

在混行环境中，与自动驾驶车辆相比，人工驾驶车辆不确定性主要体现在其运动参数在一定范围内波动。考虑人工驾驶车辆的不确定性，为保证交叉口通行安全，分析不同可靠度水平下通行策略的效果。可靠度范围为[0.85,0.99]，此时对应的单位距离行程时间和车头时距阈值范围分别为[0.714,0.759]和[2.57,3.92]（单位均为 s）。仿真过程中人工驾驶车辆运动参数以拟合的参数分布规律为基准来确定，采用蒙特卡罗随机模拟法进行取值。

不同的可靠度水平下，受极端驾驶行为车辆的影响，干扰率不同。图 6-18 显示当进口道流量由 100vehicle/h 增加到 1000vehicle/h 时，不同可靠度水平下干扰率的变化情况，这里的混行渗透率为 0.5。对于可靠度水平为 0.85、0.90 和 0.95 时，随着流量增加，干扰率逐渐增大，而可靠度水平为 0.95 对应的曲线数值略小于其他两条曲线数值；对于可靠度水平为 0.99 时，由于该可靠度水平对应的运动参数范围能覆盖更大比例的人工驾驶车辆，所以干扰率数值明显小于前三种情况，且变化趋势也不一致，随着流量增加，干扰率先逐渐增大，而后缓慢降低。

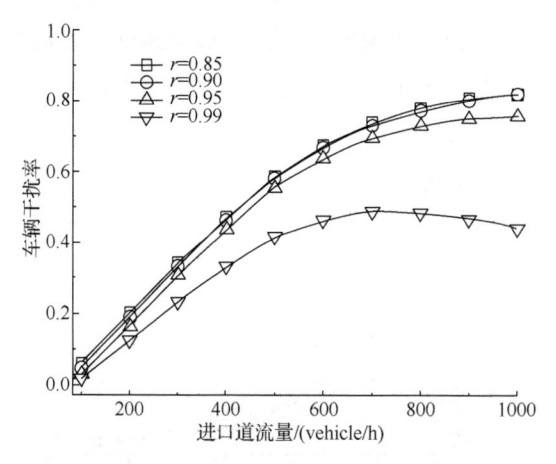

图 6-18 不同进口道流量下的车辆干扰率

混行环境下不同渗透率对于协同通行效率会有显著影响，这里设置恒定的进口道流量为 800vehicle/h 进行分析。在四种可靠度水平下，研究渗透率变化对于干扰率的影响，如图 6-19 所示。随着渗透率增加，人工驾驶车辆对于群体车辆通行的影响会随之下降，因此，干扰率逐渐减少。同样地，可靠度水平为 0.85、0.90 和 0.95 时所对应的三条曲线的趋势较为一致，而可靠度水平为 0.99 时对应的曲线在不同渗透率下数值均略小。当渗透率为 1.0 时，所有车辆均为自动驾驶车辆，四种情况下干扰率均为 0。

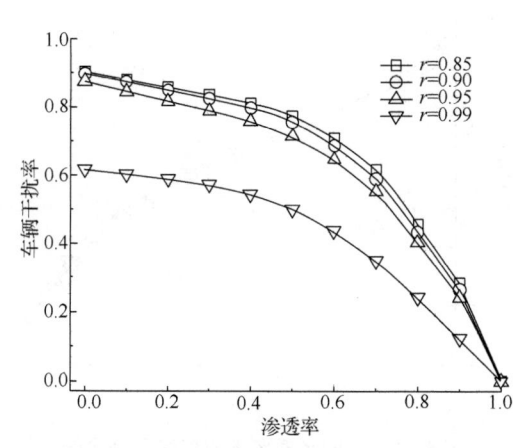

图 6-19 不同渗透率下的车辆干扰率

图 6-20 是不同可靠度下基于 MCTS 通行次序优化的协同通行策略控制下车辆平均延误与渗透率变化之间的关系。可以看出，对于同样的可靠度水平，车辆平均延误随着渗透率增加而降低。当渗透率为 0 时，车辆平均延误较大，当渗透率增加到 0.2 时，车辆平均延误降低约 50%左右，当渗透率增加到 0.4 时，车辆平均延误

降低约 75%左右，此后，随着渗透率增加，车辆平均延误降低趋势较为平缓。对于同样的渗透率下，可靠度水平越小，车辆平均延误越小。

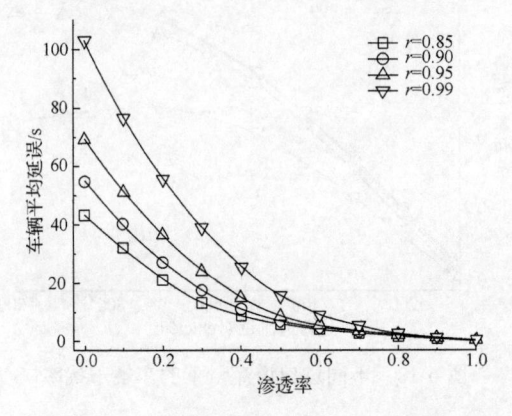

图 6-20　不同渗透率下的车辆平均延误

图 6-21 展示的是不同可靠度水平下基于 MCTS 通行次序优化的协同通行策略控制下的延误车辆比例与渗透率变化之间的关系。可见，延误车辆比例同样随着渗透率增加而降低，当渗透率从 0 增加到 0.7 时，延误车辆比例呈线性下降，但下降趋势较为平缓；当渗透率从 0.7 增大到 1.0 时，延误车辆比例同样呈线性下降，但下降趋势较快。然而，可靠度水平变化对延误车辆比例变化趋势几乎无影响。

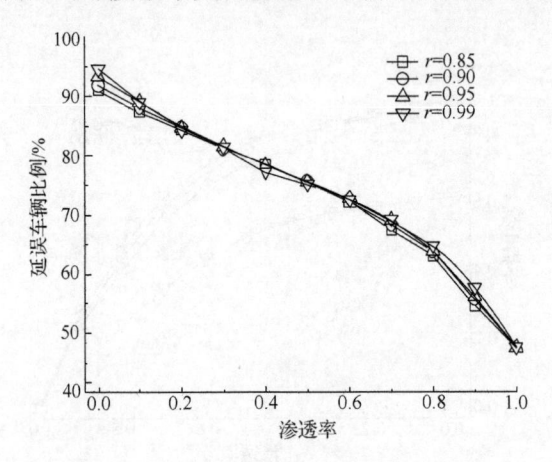

图 6-21　不同渗透率下的延误车辆比例

参 考 文 献

[1] Levin M W, Boyles S D, Patel R, et al. Paradoxes of reservation-based intersection controls in

traffic networks. Transportation Research Part A: Policy and Practice, 2016, 90: 14-25.

[2] Alvarez P, Hadi M. Time-variant travel time distributions and reliability metrics and their utility in reliability assessments. Transportation Research Record: Journal of the Transportation Research Board, 2012, 2315(1): 81-88.

[3] Taylor M A P. Modelling travel time reliability with the Burr distribution. Procedia: Social and Behavioral Sciences, 2012, 54: 75-83.

[4] Taylor M A P. Fosgerau's travel time reliability ratio and the Burr distribution. Transportation Research Part B: Methodological, 2017, 97: 50-63.

[5] Ma Z, Koutsopoulos H N, Ferreira L, et al. Estimation of trip travel time distribution using a generalized Markov chain approach. Transportation Research Part C: Emerging Technologies, 2017, 74: 1-21.

[6] Zhang K, Jia N, Zheng L, et al. A novel generative adversarial network for estimation of trip travel time distribution with trajectory data. Transportation Research Part C: Emerging Technologies, 2019, 108: 223-244.

[7] Lei F, Wang Y, Lu G, et al. A travel time reliability model of urban expressways with varying levels of service. Transportation Research Part C: Emerging Technologies, 2014, 48: 453-467.

[8] Alexiadis V, Colyar J, Halkias J, et al. The next generation simulation program. ITE Journal, 2004, 74(8): 22-26.

[9] US Department of Transportation/Federal Highway Administration. Next Generation Simulation (NGSIM). https://ops.fhwa.dot.gov/trafficanalysistools/ngsim.htm, 2020.

[10] Pitman E J G. Tests of hypothses concerning location and scale parameters. Biometrika, 1939, 31(1-2): 200-215.

[11] Bell M G H, Shield C M, Busch F, et al. A stochastic user equilibrium path flow estimator. Transportation Research Part C: Emerging Technologies, 1997, 5(3-4): 197-210.

[12] Crama Y, Kolen A W J, Oerlemans A G. Minimizing the number of tool switches on a flexible machine. International Journal of Flexible Manufacturing Systems, 1994, 6(1): 33-54.

[13] Reeves C R, Yamada T. Genetic algorithms, path relinking, and the flowshop sequencing problem. Evolutionary Computation, 1998, 6(1): 230-234.

[14] Browne C, Powley E, Whitehouse D, et al. A survey of Monte Carlo tree search methods. IEEE Transactions on Computational Intelligence and AI in Games, 2012, 4(1): 1-43.

第 7 章　交叉口连接段网联自动驾驶车辆轨迹优化方法

路段是道路网络中的重要组成部分，起到连接上下游交叉口的作用，路段的交通状态与上下游交叉口的通行能力息息相关。本章所研究的路段中均不含有进出匝道，因此，离开上游交叉口的车辆全部进入下游交叉口进口道，交通流量在路段的进出口之间保持守恒。

传统道路环境中，车辆在路段中行驶有跟驰和换道两种行为。对于跟驰行为，车辆需要与前车保持安全距离防止追尾事故，安全距离主要与前后车的速度、间距有关。对于换道行为，车辆需要考虑目标车道上的车流是否有合适的安全间隙来切入，有研究表明换道会影响交通流的稳定性[1,2]。在网联环境下，路网中车辆的通行效率主要由交叉口的通行能力所决定，车辆在路段上行驶具有网联信息支持，通过协同通行可以知晓其在路段下游交叉口的允许通行时间，而采用换道行为无法提升群体车辆的通行效率，反而会加剧车辆间相互干扰。例如，对于同一车道上的两个车辆，其在下游交叉口的行驶方向必然是相同的，两车都会尽可能早地到达下游交叉口，那么前车的允许通行时间必然早于后车，后车通过两次换道来超过前车不但无法提高两车的通行效率，反而可能会对前车和路段上其他行驶车辆产生干扰。在网联环境下，通过换道来提升通行效率的需求不成立，所以规定在路段上行驶过程中，车辆不允许换道。

在通行效率一定的情况下，车辆在路段中行驶需要进行合理的轨迹优化来保证行驶过程的安全、节能和乘坐舒适性。在传统环境下，交叉口的控制策略大多是基于信号配时方案，车辆只有到达交叉口才能根据信号灯状态来采取通行或者停车等待等行为。因此，无论交通需求大小，都必然会有车辆在交叉口停止线前停车等待，由此造成了极大的车辆延误。在网联环境下，由于路段是下游交叉口的进口道，所以合理的轨迹优化能使车辆到达交叉口冲突区起始线时均能到达最优或近似最优速度，从而保证交叉口的通行效率。

本章研究了网联环境下车辆在路段上的轨迹优化方法，确定车辆在路段上的起始和终止条件，考虑节能和舒适来确定多目标函数，根据最优控制理论建立轨迹优化模型，采用庞特里亚金极小值原理来求解优化轨迹的解析表达式，优化轨迹可以有效地指导车辆在路段上行驶。最后，通过仿真实验来证明轨迹优化的有效性，分析优化轨迹的运动参数随时间变化规律，并对比轨迹优化前后车辆的平均能耗水平。

7.1 优化目标与约束

上文介绍了网联车辆在交叉口的协同通行方法,其中一个重要的假设是车辆均以最优速度到达交叉口,使得每个车辆在交叉口冲突区内的占有时间最小化,从而最大化交叉口时空资源的利用率,提高交叉口的通行能力。因此,车辆在上游和下游交叉口的进入和离开条件决定了其在连续交叉口间路段上的起始和终止条件,这里的条件指的是车辆的运动状态,以速度、加速度和位置等运动参数来表示。根据路段上游是否有交叉口及下游交叉口所采用的通行方法,可以将路段上轨迹优化的起始条件分成三种情况进行说明:一是路段上游没有交叉口的情况下,起始条件即为车辆到达路网的运动状态;二是下游交叉口的进口道设置决策区和执行区的情况下,决策区是为了基于通行次序优化的协同通行而设置的,此时的起始条件为车辆离开决策区并即将进入执行区的运动状态;三是路段连接着上下游交叉口,且车辆从上游交叉口离开直接进入下游交叉口进口道的执行区,则起始条件即为车辆离开上游交叉口的末端条件。第三种情况中,车辆在离开上游交叉口时可以进行换道进入下游交叉口的进口道,由于换道行为不在研究范畴,所以忽略此次换道造成的车辆干扰,以换道之后的车辆运动状态为初始条件,根据之前的分析,车辆在进口道的路段上行驶过程中不再进行换道和超车行为,可以根据规划轨迹进行行驶,直至到达交叉口。对于车辆在这三种情况下的路段上行驶的轨迹优化问题,区别只在于起始条件不同,因此建模和求解过程均是一致的。

首先,根据运动学理论,确定于每个车辆均需要满足的基本运动学方程[3,4]

$$X = \begin{pmatrix} x \\ v \\ a \end{pmatrix}, \quad \dot{X} = \begin{pmatrix} 0 & 1 & 0 \\ 0 & 0 & 1 \\ 0 & 0 & 0 \end{pmatrix} \begin{pmatrix} x \\ v \\ a \end{pmatrix} + \begin{pmatrix} 0 \\ 0 \\ 1 \end{pmatrix} u \quad (7.1)$$

其中,x 为位移,v 为速度,a 为加速度,u 为急动度(表征加速度变化快慢的物理量)。这里的运动学方程以矩阵形式呈现,微分方程的每一行向量分别表示位移和速度、速度和加速度、加速度和急动度之间的对应关系。将车辆在路段上游交叉口的离开时刻和下游交叉口的进入时刻分别设置为 t^0 和 t^f,那么车辆在路段上行驶的起始和终止条件可以表示为

起始条件:$t = t^0$, $X_0 = (u^0, a^0, v^0, x^0)$

终止条件:$t = t^f$, $X_f = (u^f, a^f, v^f, x^f)$

下面确定轨迹优化模型的目标函数。上一章中研究的交叉口协同通行方法是以

安全为约束、以通行效率最大化为目标来降低车辆平均延误,而对于车辆在路段中通行,由于起始和终止条件是确定的,所以车辆在路段上的通行时间是固定的,效率不再是优化目标。本章以安全为约束,以能耗最小化和乘坐舒适度最大化为目标来优化车辆行驶轨迹。以往文献进行轨迹优化主要是以能耗最小化为优化目标,即用车辆加速度为对象来构建目标函数[5,6]。然而,对于在车辆、列车、轮船、飞机等交通工具上乘坐的乘客往往会因交通工具的加速度骤升和骤降而产生不舒适的乘坐体验,包括坐在座椅上的乘客受到的椅背或是安全带的强烈压迫力,以及站立的乘客因故而猛烈前倾或后仰,甚至会出现摔倒现象。所以,为了保证车辆行驶平顺性和乘客的乘坐舒适性体验,需要使得加速度不出现剧烈变化,即急动度在行驶过程中不宜过大,少数学者在相关文献中也专门探讨了急动度和乘坐舒适性之间的关系[7,8]。为综合考虑能耗和乘坐舒适性双重优化目标,以加速度和急动度来构建目标函数,形式为

$$J' = \int_{t^0}^{t^f} ((a/a_r)^2 + (u/u_r)^2) dt \tag{7.2}$$

其中,a_r 和 u_r 分别为推荐的最大加速度和最大急动度。根据查阅相关文献[4],两个参数的推荐值分别是 $a_r = 2\text{m/s}^2$,$u_r = 0.9\text{m/s}^3$。这个控制目标函数的设置是在 Fuse 等[3]工作的基础上进行改进的,通过归一化处理消除两个不同运动参数的量纲,以便于进行加权求和,使得双重优化目标体现在统一的目标函数表达式上。目标函数以运动参数对时间的积分函数形式呈现,体现行驶过程的整体情况,积分函数的上下限是车辆在路段上行驶过程中的起始和终止时刻。

结合车辆轨迹优化的目标函数和运动约束,并考虑 t^0 和 t^f 时刻所对应的起始和终止条件,由此来构建优化模型

$$\begin{aligned}\min\ J &= \frac{1}{2}\int_{t^0}^{t^f}(\gamma^2 a^2 + u^2)dt\\ \text{s.t.}\ \dot{x} &= v,\ \dot{v} = a,\ \dot{a} = u\end{aligned} \tag{7.3}$$

其中,$\gamma = u_r/a_r$ 为正常数。优化模型目的是获取合适的运动参数随时间变化表达式,使得目标函数值 J 取得最小值。

7.2 轨迹优化模型求解

轨迹优化模型采用最优控制理论求解。最优控制理论是 20 世纪 50 年代发展起来的,以同一时期内拉塞尔提出的时间最优控制理论、贝尔曼提出的基于动态规划的哈密顿-雅可比理论、庞特里亚金创立的极小值原理等控制理论为典型代表[9],在随后

几十年内得到迅速发展,广泛应用于机械制造[10,11]、石油化工[12]、航空航天[13-15]、军事装备[16]等多个领域。下面展开介绍基于最优控制的轨迹优化模型的求解过程。首先介绍求解不带边界约束的最优控制模型的一般步骤。根据目标函数和约束条件来构建哈密顿函数,写成矩阵形式为

$$\dot{\lambda} = -\frac{\partial H}{\partial X}, \begin{pmatrix} \dot{\lambda}_1 \\ \dot{\lambda}_2 \\ \dot{\lambda}_3 \end{pmatrix} = \begin{pmatrix} 0 \\ -\lambda_1 \\ -\gamma^2 a - \lambda_2 \end{pmatrix} \tag{7.4}$$

其中,参数向量 $\lambda = (\lambda_1, \lambda_2, \lambda_3)^T$ 需要进一步确定。对 λ 求一阶导数获得欧拉-拉格朗日方程,其中的状态方程为

$$\dot{\lambda} = -\frac{\partial H}{\partial X}, \begin{pmatrix} \dot{\lambda}_1 \\ \dot{\lambda}_2 \\ \dot{\lambda}_3 \end{pmatrix} = \begin{pmatrix} 0 \\ -\lambda_1 \\ -\gamma^2 a - \lambda_2 \end{pmatrix} \tag{7.5}$$

其中,由于 $\dot{\lambda}_1 = 0$,因此 λ_1 是常数,可令 $\lambda_1 \equiv -C \in \mathbb{R}$。以急动度为控制变量,用哈密顿函数对急动度求解一阶导数,得到的控制方程为

$$\frac{\partial H}{\partial u} = -u - \lambda_3 = 0 \tag{7.6}$$

联立式(7.4)、式(7.5)和式(7.6),构建一组非线性偏微分方程为

$$\begin{pmatrix} \dot{a} \\ \dot{\lambda}_2 \\ \dot{\lambda}_3 \end{pmatrix} = \begin{pmatrix} -\lambda_3 \\ -\lambda_1 \\ -\gamma^2 a - \lambda_2 \end{pmatrix} = \begin{pmatrix} 0 & 0 & -1 \\ 0 & 0 & 0 \\ -\gamma^2 & -1 & 0 \end{pmatrix} \begin{pmatrix} a \\ \lambda_2 \\ \lambda_3 \end{pmatrix} + \begin{pmatrix} 0 \\ -\lambda_1 \\ 0 \end{pmatrix} \tag{7.7}$$

根据偏微分方程求解公式,可以得到相应变量的表达式为

$$\begin{pmatrix} a \\ \lambda_2 \\ \lambda_3 \end{pmatrix} = e^{\int P dt} \left[\xi_0 + \int_{t_0}^{t} e^{-\int P d\tau} Q dt \right] \tag{7.8}$$

ξ_0 是起始时刻 t_0 时的运动状态,P 和 Q 是系数矩阵,其形式为

$$P = \begin{pmatrix} 0 & 0 & -1 \\ 0 & 0 & 0 \\ -\gamma^2 & -1 & 0 \end{pmatrix}, \quad Q = \begin{pmatrix} 0 \\ -\lambda_1 \\ 0 \end{pmatrix} = \begin{pmatrix} 0 \\ C \\ 0 \end{pmatrix} \tag{7.9}$$

然后,代入起始运动状态 $\xi_0 = (a(0), \lambda_2(0), \lambda_3(0))^T$,从而求解矩阵幂次方程,式(7.8)可变换为

$$\begin{pmatrix} a \\ \lambda_2 \\ \lambda_3 \end{pmatrix} = \frac{1}{2} \begin{pmatrix} e^{\gamma t}+e^{-\gamma t} & -\frac{1}{\gamma^2}(e^{\gamma t}+e^{-\gamma t}-2) & -\frac{1}{\gamma}(e^{\gamma t}-e^{-\gamma t}) \\ 0 & 2 & 0 \\ -\gamma(e^{\gamma t}-e^{-\gamma t}) & \frac{1}{\gamma}(e^{\gamma t}-e^{-\gamma t}) & e^{\gamma t}+e^{-\gamma t} \end{pmatrix} \begin{pmatrix} a(0) \\ \lambda_2(0) \\ \lambda_3(0) \end{pmatrix}$$

$$+ \frac{C}{2} \begin{pmatrix} -\frac{1}{\gamma^3}[(e^{\gamma t}-e^{-\gamma t}-2\gamma t)-(e^{\gamma t_0}-e^{-\gamma t_0}-2\gamma t_0)] \\ 2(t-t_0) \\ \frac{1}{\gamma^2}[(e^{\gamma t}+e^{-\gamma t})-(e^{\gamma t_0}+e^{-\gamma t_0})] \end{pmatrix} \quad (7.10)$$

整理加速度方程，将含有变量 t 的相同项 $e^{\gamma t}$ 和 $e^{-\gamma t}$ 进行合并，其余各项不含变量 t 为常数项，可得到加速度与时间关系的表达式为

$$a(t) = \left(\frac{1}{2}a(0) - \frac{1}{2\gamma^2}\lambda_2(0) - \frac{1}{2\gamma}\lambda_3(0) - \frac{C}{2\gamma^3}\right)e^{\gamma t}$$
$$+ \left(\frac{1}{2}a(0) - \frac{1}{2\gamma^2}\lambda_2(0) + \frac{1}{2\gamma}\lambda_3(0) + \frac{C}{2\gamma^3}\right)e^{-\gamma t}n \quad (7.11)$$
$$+ \frac{C}{\gamma^2}t + \frac{1}{\gamma^2}\lambda_2(0) + \frac{C}{2\gamma^3}(e^{\gamma t_0} - e^{-\gamma t_0} - 2\gamma t_0)n$$

其中，对式(7.11)中复杂的常数系数和常数项用另外的字母表示，并在此基础上通过积分变换得到速度和位置的表达式，从而获取满足式(7.3)中最优控制模型的运动参数与时间关系的解析表达式为

$$\begin{cases} a_i^*(t) = \gamma^2 C_1 e^{\gamma t} + \gamma^2 C_2 e^{-\gamma t} + 6C_3 t + 2C_4 \\ v_i^*(t) = \gamma C_1 e^{\gamma t} - \gamma C_2 e^{-\gamma t} + 3C_3 t^2 + 2C_4 t + C_5 \\ x_i^*(t) = C_1 e^{\gamma t} + C_2 e^{-\gamma t} + C_3 t^3 + C_4 t^2 + C_5 t + C_6 \end{cases} \quad (7.12)$$

其中，C_1、C_2、C_3、C_4、C_5 和 C_6 均为常数，可以代入起始和终止条件，联立六元六次方程组，求出各个常数的唯一解。

7.3 考虑约束影响下的轨迹调整

7.3.1 速度非负约束影响

由于优化模型带有边界约束，所以，需要采用庞特里亚金极小值原理来进行求解。根据庞特里亚金极小值原理，满足式(7.13)的最优控制式 $U^*(t)$ 和最优轨迹

$X*(t)$ 同样满足上述式(7.3)中最优控制模型[17,18]。

$$H[X*(t),\lambda*(t),U*(t),t] = \min_{U(t)\in(\Omega)} H[X*(t),\lambda*(t),U(t),t] \quad (7.13)$$

由于不带边界约束的简化问题没有考虑速度的非负限制，所以最优控制轨迹可能会出现不合理现象。当车辆控制时间太长时，由于最优控制下的轨迹会尽可能平滑且连续，所以速度负值的现象可能会出现。然而，在路段中是不允许倒车的，车辆只能在路段中停车等待。因此，运动过程的轨迹需要由分段曲线拼接而成[19,20]，但这个处理过程在现有的文献中没有明确进行分析。定义如下两个停车的静止状态

第一静止状态：$t=t^1$，$X_1 = (u^1, a^1, v^1, x^1) = (0,0,0,x^1)$

第二静止状态：$t=t^2$，$X_2 = (u^2, a^2, v^2, x^2) = (0,0,0,x^2)$

其中，$t^0 \leq t^1 \leq t^2 \leq t^f$，$x^0 \leq x^1 = x^2 \leq x^f$ 分段运动过程可描述为三个阶段：减速阶段（从 x^0 至 x^1）、停车阶段（从 x^1 至 x^2）和加速阶段（从 x^2 至 x^f）。车辆在第二个阶段需要停车等待，另外两个阶段的运动轨迹可以按照之前所介绍的方法分别进行优化。例如，图 7-1 显示的是三个阶段的速度变化，减速阶段和加速阶段的两条子轨迹分别是在考虑起始和终止条件下采用无边界约束的最优控制模型进行优化的，三段过程的轨迹均是连续且平滑的。

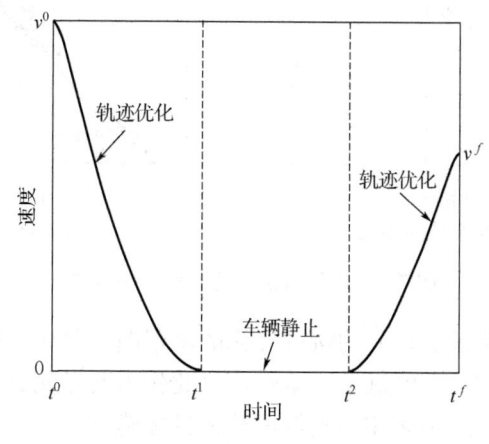

图 7-1 分阶段轨迹示意图

7.3.2 跟驰约束影响

对于同一路段上行驶的车辆，由于跟驰约束限制，前后车辆需要保持合适的车头时距和间距来实现安全行驶。如果车辆轨迹是分别进行优化的，那么通过最优控制模型得到的优化轨迹可能会违反跟驰约束条件。从图 7-2(a) 中可以看出，两个车辆的轨迹相互交叉，但在路段上超车是不允许的，而跟驰场景的轨迹交叉现象会出

现车辆追尾的风险。通过设置不变的最小安全车头间距,可以获取跟驰过程的间距临界曲线,如图 7-2(a)所示,后车不允许超出这条临界曲线。然而,图 7-2(a)中两车的车头间距在 t^α 到 t^β 的时间段内是低于最小安全车头间距的,甚至出现负的车头间距,此时车辆会出现追尾碰撞,因此后车的车辆轨迹需要进行相应的调整来防止冲突。

在图 7-2(b)中,在临界曲线上确定点 $P_1(\hat{t},\hat{d})$ 作为中间控制点,取 $\hat{t}=(t^\alpha+t^\beta)/2$,根据最优控制模型分别优化点 $P_1(\hat{t},\hat{d})$ 之前和之后的轨迹,采用分段轨迹拼接的方法得到调整后的轨迹,点 $P_1(\hat{t},\hat{d})$ 是子轨迹 Γ_1 的结束点和子轨迹 Γ_2 的起始点。如果优化后的子轨迹 Γ_1 和 Γ_2 中仍有不满足最小安全车头间距约束条件的情况,那么可以不断重复上述过程进行轨迹调整,直至最小安全车头间距约束条件得到满足。因此,轨迹优化是迭代调整的,从而获得一系列的中间控制点 $\{P_\varepsilon,\varepsilon=1,2,3,\cdots\}$。中间控制点连接着各段子轨迹,且优化轨迹在中间控制点是光滑且连续的,具体而言,即位移、速度曲线是连续且可导的,而加速度曲线是连续的。

(a)不满足车辆跟驰约束　　(b)调整后的轨迹

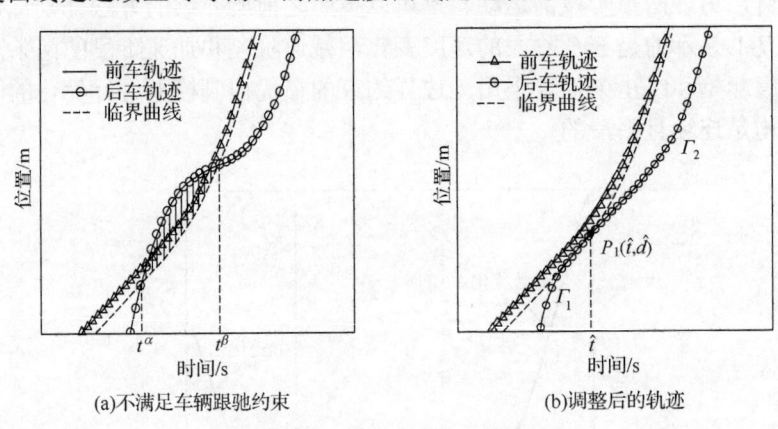

图 7-2　跟驰约束下的轨迹调整方法

图 7-3 是车辆在路段上行驶的轨迹优化的流程图。首先,根据协同通行方法确定车辆在上游和下游交叉口的进出口条件,以此作为路段轨迹优化的起始和终止条件。然后,以兼顾能耗最小化和乘坐舒适性为目标建立目标函数,再考虑车辆行驶过程的运动学方程得到约束条件,以此建立轨迹优化模型。采用最优控制理论对轨迹优化模型进行求解,求解过程需要构建哈密顿函数和欧拉-拉格朗日方程,并应用庞特里亚金极小值原理分析带有边界约束和无边界约束问题的对应关系。对于获得的轨迹解析表达式,首先需要判断是否满足速度非负约束,如果存在速度负值现象,则需要进行分段轨迹优化,仍然采用基于最优控制的轨迹优化模型进行求解。其次,还需要判断是否是车队首车,如果不是首车,则需要满足车辆跟驰约束,即后车需要与前车保持安全的车头间距,避免追尾风险。如果跟驰约束不满足,则需要对轨

迹设置中间控制点进行轨迹调整，整个轨迹优化和调整过程是迭代进行的。轨迹优化完成之后可以指导车辆在路段上行驶，从而使得车辆能为乘客提供安全、节能、舒适的出行服务。

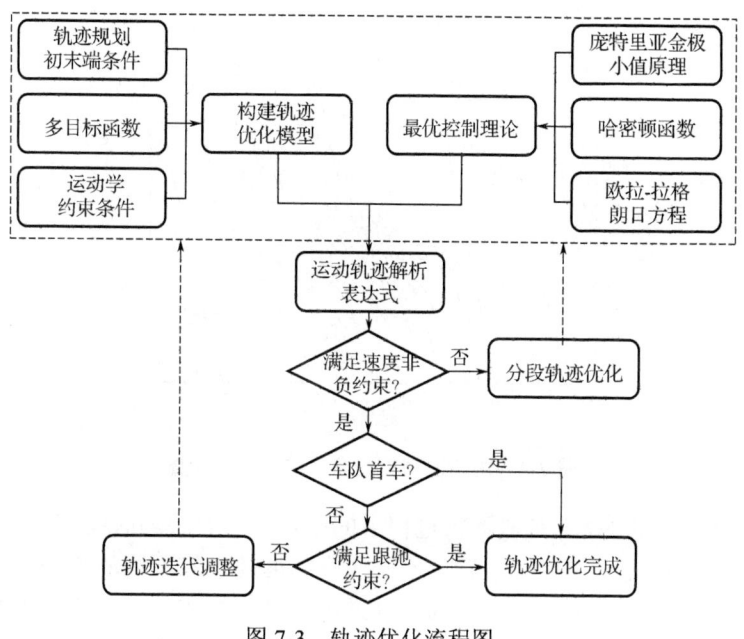

图 7-3 轨迹优化流程图

7.4 仿真实验及结果分析

路段上的轨迹优化是实现交叉口协同通行的保证，仿真实验的下游交叉口为图 6-1 所示的交叉口，轨迹优化长度为 200m，每个进口道的流量为 800vehicle/h，车辆在交叉口完成协同通行，现考察两条相互冲突的进口道的轨迹时空图，如图 7-4 所示。图中，横坐标是时间，纵坐标表示车辆的位置，车辆运动方向沿着纵轴正方向。其中，实线是北进口第 2 车道直行的车辆，去往南出口，代号为 N2-S，虚线是东进口第 2 车道直行的车辆，去往西出口，代号为 E2-W。相同线型的线条表示来自同一车道的车辆，可以看出，由于不允许路段间换道和超车，相同线型的线条互不相交，车辆间距离保持在最小安全车头间距以上。

图 7-4 中两个方向车流的冲突点均调整到纵坐标为 200m 的位置，由于遵循交叉口协同通行的原则，方向相互冲突的车辆不允许同时占据冲突点，所以不同线型的线条在纵坐标为 200m 及其附近互不相交，即在图中标出的灰色区域，所有车辆间均保持安全的车头间距。因为车辆延误难以避免，所以部分延误较大的车辆轨迹

可以明显看出轨迹斜率先减小后增加,即车辆先减速后加速的现象。由于轨迹优化的效果,所有车辆轨迹均十分平滑,不会有紧急制动和紧急加速现象,而且车辆在进入交叉口时均能达到最优速度,减少每个车辆在交叉口通行过程中占用的时空资源,从而保证行驶安全的情况下,提高交叉口的通行效率。

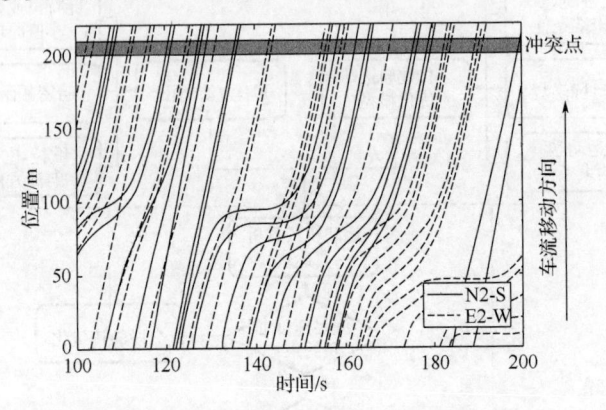

图 7-4 两个冲突方向车流的轨迹时空图

图 7-5 是上述的 N2-S 车流通行过程中的车辆运动参数随时间变化图,运动参数包括急动度、加速度、速度和位置,不同灰度的曲线表示不同的车辆。从速度曲线可以看出具有延误的车辆在路段中的行驶过程都是先减速、后加速;少部分车辆会因延误过大而在路段中停车等待,其对应的轨迹为分段曲线组成的。从急动度和加速度曲线上看,大部分时间内数值的绝对值均小于 2,尤其是急动度大于 0 时数值均很小,说明加速度增加过程十分缓慢。由于速度和加速度的变化都十分平滑,所以按照优化轨迹来行驶的车辆可以为乘客提供安全、舒适的驾驶服务。

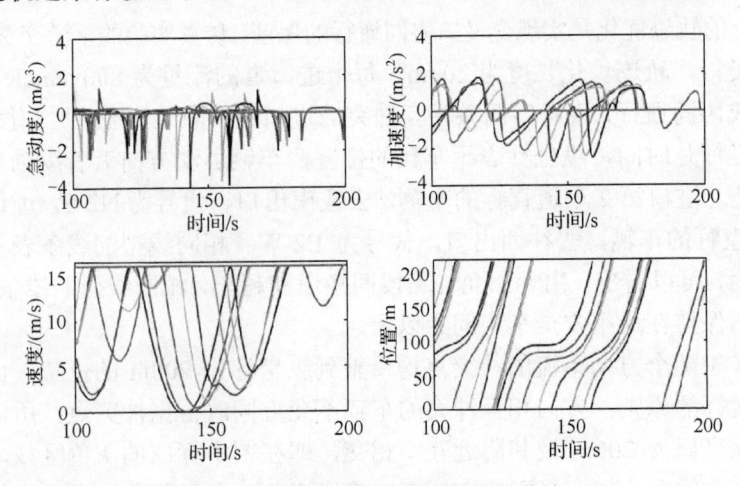

图 7-5 车流中车辆运动参数变化曲线

第 7 章 交叉口连接段网联自动驾驶车辆轨迹优化方法

从能耗角度进行分析，对比不同车辆控制方案下的燃油消耗，包括协同轨迹优化出行和固定式信号配时(FSTA)、感应信号配时(ASTA)控制下的无轨迹优化出行。能源消耗模型采用经典的 VT-Micro 模型(Virginia Tech Microscopic Energy and Emission Model)，该模型于 2000 年前后由美国学者 Ahn 等[21-23]提出并随后进行不断完善，通过大量实车实验完成模型的数值标定，模型的输入是速度和加速度，输出是能源消耗，计算方法如下[21]。

$$\ln(\text{MOE}) = \sum_{i=0}^{3}\sum_{j=0}^{3} k_{i,j} \cdot v^i \cdot a^j \tag{7.14}$$

其中，MOE(Measure of Effectiveness)为效率指标，即表示能源消耗或排放量(单位为 L/h)。v 和 a 分别为速度和加速度。$k_{i,j}$(i=0,1,2,3, j=0,1,2,3)为模型回归参数，是 Ahn 等通过实车标定得到的，参数值如表 7-1 所示。

表 7-1 VT-Micro 模型回归参数 $k_{i,j}$[21]

参数	i=0	i=1	i=2	i=3
j=0	−0.679439	0.029665	−0.000276	1.49×10^{-6}
j=1	0.135273	0.004808	−2.05×10^{-5}	5.54×10^{-8}
j=2	0.015946	8.33×10^{-5}	9.37×10^{-7}	−2.48×10^{-8}
j=3	−0.001189	−6.13×10^{-5}	3.04×10^{-7}	−4.47×10^{-9}

图 7-6 给出了燃料消耗对比图，从仿真结果上看，本章所提出的轨迹优化策略能够有效地降低车辆的燃料消耗，相对于两个基于信号控制的方案，在不同的交通流量下，平均燃料消耗降低约 15%左右。

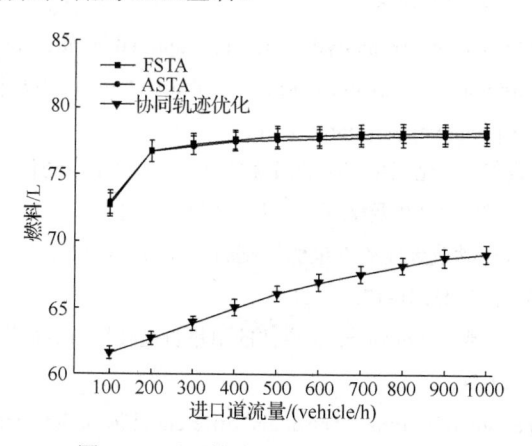

图 7-6 不同策略下的燃料消耗对比

参 考 文 献

[1] 张发, 宣慧玉, 赵巧霞. 换道行为对交通流宏观特性的影响. 系统工程学报, 2009, 24(6): 754-758.

[2] Zheng L, Ma S, Zhong S. Influence of lane change on stability analysis for two-lane traffic flow. Chinese Physics B, 2011, 20(8): 088701.

[3] Fuse H, Kawabe T, Kawamoto M. Speed control method of electric vehicle for improving passenger ride quality. Intelligent Control and Automation, 2017, 8(1): 29-43.

[4] Eriksson J, Svensson L. Tuning for ride quality in autonomous vehicle: application to linear quadratic path planning algorithm. Uppsala: Uppsala University, 2015.

[5] Kamal M, Mukai M, Murata J, et al. Model predictive control of vehicles on urban roads for improved fuel economy. IEEE Transactions on Control Systems Technology, 2013, 21(3): 831-841.

[6] Rios-Torres J, Malikopoulos A. Automated and cooperative vehicle merging at highway on-ramps. IEEE Transactions on Intelligent Transportation Systems, 2018, 18(4): 780-789.

[7] Hoberock L. A survey of longitudinal acceleration comfort studies in ground transportation vehicles. Journal of Dynamic Systems, Measurement, and Control, 1977, 99(2): 76-84.

[8] Cook P. Stable control of vehicle convoys for safety and comfort. IEEE Transactions on Automatic Control, 2007, 52(3): 526-531.

[9] 张洪钺, 王青. 最优控制理论与应用. 北京: 高等教育出版社, 2016.

[10] 郭金刚, 董昊轩, 盛伟辉, 等. 电动汽车再生制动能量回收最优控制策略. 江苏大学学报(自然科学版), 2018, 39(2): 132-138.

[11] Barrett D, Grosenbaugh M, Triantafyllou M. The optimal control of a flexible hull robotic undersea vehicle propelled by an oscillating foil//Proceedings of Symposium on Autonomous Underwater Vehicle Technology, Monterey, 2002.

[12] 孙优贤, 王树青, 高衿畅. 化工生产中的最优控制. 炼油化工自动化, 1984, 1: 24-28.

[13] 周勍, 余章卫, 蔡国平. 柔性机翼颤振的次最优控制. 力学季刊, 2017, 38(4): 658-666.

[14] 王明泽, 戈新生. 欠驱动航天器姿态最优控制的近似动态规划方法. 北京信息科技大学学报(自然科学版), 2017, 32(4): 10-17.

[15] 梅杰, 马广富, 杨博. 基于 Legendre 伪谱法的卫星轨道转移燃料最优控制. 哈尔滨工业大学学报, 2010, 42(3): 21-26.

[16] Anderson G. Comparison of optimal control and differential game intercept missile guidance laws. Journal of Guidance Control and Dynamics, 1981, 4(2): 109-115.

[17] Kim N, Cha S, Peng H. Optimal control of hybrid electric vehicles based on Pontryagin's

minimum principle. IEEE Transactions on Control Systems Technology, 2011, 19(5): 1279-1287.

[18] Tribioli L, Barbieri M, Capata R, et al. A real time energy management strategy for plug-in hybrid electric vehicles based on optimal control theory. Energy Procedia, 2014, 45: 949-958.

[19] Zhang Y, Malikopoulos A, Cassandras C. Optimal control and coordination of connected and automated vehicles at urban traffic intersections// American Control Conference, 2016: 6227-6232.

[20] Malikopoulos A, Cassandras C, Zhang Y. A decentralized energy-optimal control framework for connected automated vehicles at signal-free intersections. Automatica, 2018, 93: 244-256.

[21] Ahn K. Microscopic fuel consumption and emission modeling. Blacksburg: Virginia Tech, 1998.

[22] Ahn K, Rakha H, Trani A, et al. Estimating vehicle fuel consumption and emissions based on instantaneous speed and acceleration levels. Journal of Transportation Engineering, 2002, 128 (2): 182-190.

[23] Rakha H, Ahn K, Trani A. Comparison of MOBILE5a, MOBILE6, VT-MICRO, and CMEM models for estimating hot-stabilized light-duty gasoline vehicle emissions. Canadian Journal of Civil Engineering, 2003, 30(6): 1010-1021.

第 8 章 交叉口连接段网联人工驾驶车辆轨迹引导方法

在混行条件下，人工驾驶车辆具有人为不确定性，表现为驾驶员反应、车辆操控行为、决策主观性等特征在驾驶过程中会出现波动，这些特征都会使得车辆运动具有不确定性，从而对车辆协同通行造成影响。因此实现混行条件下交通有效控制必须在充分分析人工驾驶车辆的不确定性的基础上进行[1-9]。对于交叉口连接路段上行驶的自动驾驶车辆可以用第 7 章介绍的基于最优控制的方法进行轨迹优化，而优化后的轨迹同样也是人工驾驶车辆的期望轨迹。也就是说，尽管处于网联环境中的人工驾驶车辆可以接收优化轨迹信息，但驾驶员很难理解轨迹时空信息来驾驶车辆，因此，人工驾驶车辆需要有效的轨迹引导策略，引导目标是使得人工驾驶车辆的行驶轨迹尽可能地接近期望轨迹。

根据给予驾驶员轨迹引导信息的不同形式，轨迹引导的方式可分为指令式引导和指标式引导。指令式引导是给予驾驶员加速或减速的模糊指令，而指标式引导是给予驾驶员精确的加速度值。通常情况下，驾驶员对于指标式的指令并不敏感。在操纵车辆过程中，驾驶员通过控制油门和制动踏板来加减速，由于驾驶员不同的驾驶经验、所驾驶车辆的不同性能等原因，驾驶员很难明确加速度值与踏板行程的数值对应关系。因此，指令式引导会比指标式引导更具实用性，主要针对指令式引导进行研究。

8.1 不同引导指令的加速度分布

由于人为不确定性，驾驶员根据同一指令进行车辆操纵得到的加速度会存在波动性，因此需要对不同引导指令下的加速度分布情况进行分析。指令式引导需符合驾驶员操纵车辆时的不同加减速心理预期，才能达到更好的引导效果。将给予驾驶员的轨迹引导指令按照目标加速度的大小设置为 5 个，分别为 M1"快速减速"、M2"缓慢减速"、M3"保持匀速"、M4"缓慢加速"、M5"快速加速"。引导指令以语音或文字的形式传递给驾驶员，驾驶员收到引导指令之后，会采取相应的操纵行为。然而，由于人为不确定性，实现加减速的效果呈现特定的随机分布规律。

采用 NGSIM 自然驾驶数据来标定不同指令对应的加速度分布情况。首先要对 NGSIM 的加速度数据进行预处理，以置信水平 0.005 去除极端数据的干扰，根据置信区间选择其中 99%的数据，总条数为 70268。图 8-1 是原始数据的加速度分布图，可以看出加速度的整体分布形状近似以 y 轴对称，中间高，两边低，加速度在 0 附近较为集中。从数值上看,加速度范围在区间[-5.14,4.48]内,均值为-0.03m/s²,平均减速度(负值)为-1.18m/s²,平均加速度(正值)为 1.12m/s²,平均减速度绝对值略大于平均加速度绝对值,数据的整体水平符合正常驾驶情况。

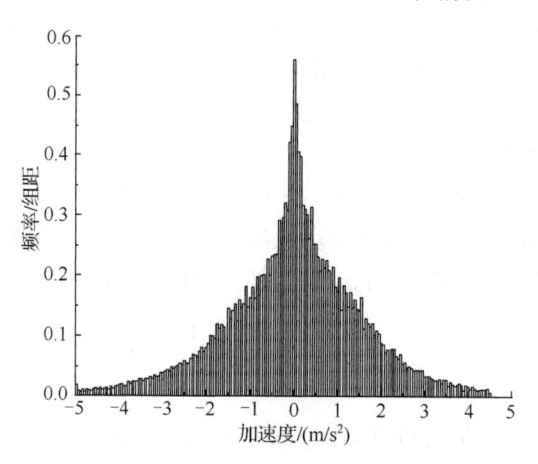

图 8-1 加速度分布图

假设各个指令下的驾驶员加减速操作的效果均服从正态分布,采用高斯混合模型来拟合整体的加速度分布,从而以高斯混合模型中每个子分布来表示不同指令下的加速度分布情况。高斯混合模型是多个高斯分布(即正态分布)的线性组合,理论上,高斯混合模型可以拟合任意类型的分布。高斯混合模型的概率密度函数为[10]

$$p(x;\theta) = \sum_{k=1}^{K} \omega_k \phi(x;\theta_k) \tag{8.1}$$

其中,$K=5$ 为子分布的个数,与所定义的引导指令数相同。ω_k 为第 k 个模型的权重,满足 $\sum_{k=1}^{K} \omega_k = 1$。$\phi(x;\theta_k)$ 为第 k 个模型的概率密度函数,其中参数 $\theta_k=(\mu_k,\sigma_k)$,即包含高斯分布的均值和标准差。$\phi(x;\theta_k)$ 的表达式为

$$\phi(x;\theta_k) = \frac{1}{\sqrt{2\pi}\sigma_k} \exp\left(-\frac{(x-\mu_k)^2}{2\sigma_k^2}\right), \quad x \in \mathbb{R} \tag{8.2}$$

首先,要对模型进行初始化。高斯混合模型中各个高斯分布参数初始值采用随机模拟法进行确定。然后,采用极大似然估计法进行参数估计,构建的极大似然函数为

$$L(\theta) = \ln\left(\prod_{i=1}^{N} p(x^{(i)};\theta)\right) = \sum_{i=1}^{N} \ln p(x^{(i)};\theta) = \sum_{i=1}^{N} \ln \sum_{k=1}^{K} \omega_k \phi(x^{(i)};\theta_k) \tag{8.3}$$

其中,$i=1,2,\cdots,N$,N 为数据个数。通常情况,用极大似然估计确定参数需将极大似

然函数 $L(\theta)$ 分别对各个参数进行求导,但是由于这里 $L(\theta)$ 的形式比较复杂,如果直接求导,那么将需要联立多个带有自然对数函数的方程组,很难求出参数的极大似然估计值。因此,参数求解采用期望最大(Expectation Maximum,EM)算法来确定。EM 算法是一种迭代算法,常用于求解含有隐变量的概率模型的参数极大似然估计,也称为极大后验概率估计。EM 算法迭代过程包括两个步骤,分别是"E 步"求期望和"M 步"求极大,通过循环迭代来确定参数近似最优解,下面分别介绍两个步骤的推导流程及其数学含义。

(1) E 步:利用 Jensen 不等式确定极大似然函数的下界。

首先引入凸函数的定义。设 f 是定义域为实数的函数,如果对于所有的实数 x,有 $f''(x) \geq 0$,那么 f 是凸函数。当 z 是向量时,如果其 Hessian 矩阵为半正定,即有

$$H = f''(z) = \left| \frac{\partial^2 f}{\partial z_i \partial z_j} \right|_{n \times n} \geq 0 \tag{8.4}$$

其中,H 为 Hessian 矩阵的行列式,则 f 为凸函数。如果 $H>0$,则称 f 是严格凸函数。

在凸函数定义的基础上,Jensen 不等式可以表述为:如果 f 是凸函数,z 是随机变量,那么期望表达式(8.5)成立。

$$E[f(z)] \geq f(E[z]) \tag{8.5}$$

特别地,如果 f 是严格凸函数,那么等号成立条件当且仅当 $p(z=E(z))=1$,即 z 为常量。Jensen 不等式应用于凹函数的情况类似,如果 f 是凹函数,只需将上式不等号反向,即 $E[f(z)] \leq f(E[z])$。

引入隐变量函数 $Q_i(k)$ 满足 $\sum_{k}^{K} Q_i(k) = 1$ 且 $Q_i(k) \geq 0$,应用离散随机变量的期望公式和 Jensen 不等式对极大似然函数 $L(\theta)$ 进行变换,这里设置 f 为对数函数(凹函数),自变量为 $\omega_k \phi(x^{(i)}; \theta_k) / Q_i(k)$,则变换过程如下

$$\begin{aligned} L(\theta) &= \sum_{i=1}^{N} \ln \sum_{k=1}^{K} \omega_k \phi(x^{(i)}; \theta_k) \\ &= \sum_{i=1}^{N} \ln \sum_{k=1}^{K} \left(Q_i(k) \cdot \frac{\omega_k \phi(x^{(i)}; \theta_k)}{Q_i(k)} \right) \\ &\geq \sum_{i=1}^{N} \sum_{k=1}^{K} Q_i(k) \cdot \ln \left(\frac{\omega_k \phi(x^{(i)}; \theta_k)}{Q_i(k)} \right) \end{aligned} \tag{8.6}$$

由于 $\sum_{k}^{K} Q_i(k) = 1$,所以上面推导的结果实际上是加权求和式,也是数学期望的概念,解释如下

① $\sum_{k=1}^{K}\left(Q_i(k)\cdot\dfrac{\omega_k\phi(x^{(i)};\theta_k)}{Q_i(k)}\right)$ 是 $\dfrac{\omega_k\phi(x^{(i)};\theta_k)}{Q_i(k)}$ 的数学期望;

② $\sum_{k=1}^{K}Q_i(k)\cdot\ln\left(\dfrac{\omega_k\phi(x^{(i)};\theta_k)}{Q_i(k)}\right)$ 是 $\ln\left(\dfrac{\omega_k\phi(x^{(i)};\theta_k)}{Q_i(k)}\right)$ 的数学期望。

上面的 Jensen 不等式确定了极大似然函数 $L(\theta)$ 下界的表达式,当 Jensen 不等式的等号成立时,求解 $L(\theta)$ 极大值的问题可以转化为求解 $L(\theta)$ 下界极大值的问题,等号成立条件需满足自变量为常数,即有

$$\dfrac{\omega_k\phi(x^{(i)};\theta_k)}{Q_i(k)}=C \tag{8.7}$$

又因为 $\sum_{k=1}^{K}Q_i(k)=1$,所以 $\sum_{k=1}^{K}\omega_k\phi(x^{(i)};\theta_k)=C$,因此,隐函数的形式为

$$Q_i(k)=\dfrac{\omega_k\phi(x^{(i)};\theta_k)}{\sum_{k=1}^{K}\omega_k\phi(x^{(i)};\theta_k)} \tag{8.8}$$

其中,$Q_i(k)$ 为 $x^{(i)}$ 对于不同高斯分布的隶属度。由于高斯混合模型权重 ω_k 定义为所有样本对于第 k 个高斯分布的隶属度均值,因此,权重计算式为

$$\omega_k=\dfrac{1}{m}\sum_{i=1}^{m}Q_i(k) \tag{8.9}$$

(2) M 步:求解 $L(\theta)$ 下界的极大值。

经过 E 步的问题转化,可以求解带有隐函数后验概率 $Q_i(k)$ 的极大似然函数的参数估计,其表达式为

$$\hat{\theta}=\arg\max_{\theta}\sum_{i=1}^{N}\sum_{k=1}^{K}Q_i(k)\cdot\ln\left(\dfrac{\omega_k\phi(x^{(i)};\theta_k)}{Q_i(k)}\right) \tag{8.10}$$

根据拉格朗日乘子法,用上式的极大似然函数对各个参数求偏导,参数最优条件是偏导数为 0,通过求解方程组得到参数估计值,第 k 个高斯分布函数参数 $\theta_k=(\mu_k,\sigma_k)$ 为

$$\mu_k=\dfrac{\sum_{i=1}^{N}Q_i(k)x_i}{\sum_{i=1}^{N}Q_i(k)} \tag{8.11}$$

$$\sigma_k = \frac{\sum_{i=1}^{N} Q_i(k)(x_i - x_k)^2}{\sum_{i=1}^{N} Q_i(k)} \tag{8.12}$$

EM 算法需要交替重复"E 步"和"M 步"的迭代,直到极大似然函数值收敛为止,此时的参数值也会同时收敛,即为最终结果。

8.2 基于轨迹预测控制的引导方案

确定了不同引导指令所对应的加速度分布情况之后,还需确定轨迹引导方案。轨迹引导目的是使得人工驾驶车辆尽量接近期望轨迹,即实际车辆位置 $s_r(t)$ 与速度 $v_r(t)$ 随时间变化曲线尽可能与期望轨迹的车辆位置 $s_e(t)$ 与速度 $v_e(t)$ 曲线保持一致。当车辆轨迹偏离期望轨迹时,需进行引导,轨迹偏离情况包括以下四种。

(1) 当 $s_r(t)>s_e(t)$ 和 $v_r(t)>v_e(t)$ 时,实际车辆位置领先于期望车辆位置,且轨迹偏离程度处于扩大趋势。

(2) 当 $s_r(t)<s_e(t)$ 和 $v_r(t)<v_e(t)$ 时,实际车辆位置落后于期望车辆位置,且轨迹偏离程度处于扩大趋势。

(3) 当 $s_r(t)>s_e(t)$ 和 $v_r(t)<v_e(t)$ 时,实际车辆位置领先于期望车辆位置,但轨迹偏离程度处于缩小趋势。

(4) 当 $s_r(t)<s_e(t)$ 和 $v_r(t)>v_e(t)$ 时,实际车辆位置落后于期望车辆位置,但轨迹偏离程度处于缩小趋势。

对于不同的轨迹偏离情况,很难直接确定合适的轨迹引导指令。如果不考虑速度 $v_e(t)$ 对轨迹偏离程度的趋势影响,只是按照最优轨迹的车辆位置进行引导,不一定能达到引导目的。因此采用基于轨迹预测控制的方法进行车辆引导。

考虑驾驶员的反应时间 τ,对于 $t-\tau$ 时刻给出的引导指令会作用于有限时域 $[t,t+\Delta t]$,Δt 是有限时域的长度,车辆位置 $s_r(\psi;k)$ 可以通过实时运动状态和第 k 个引导指令下的对应的加速度均值 α_k 来计算,计算公式为

$$s_r(\psi;k) = s_r(t) + v_r(t) \cdot (\psi - t) + \frac{1}{2}\alpha_k(\psi - t)^2 \tag{8.13}$$

其中,$\psi \in [t,t+\Delta t]$。根据不同的引导指令下的车辆行驶轨迹 $s_r(\psi;k)$ 与优化轨迹 $s_e(\psi)$ 在有限时域内的误差大小,确定误差最小时所对应的引导指令为最优引导指令。由于实际计算时需要将时间离散化处理,所以运动数据采集具有一定频率,一般以 0.1s 为间隔。引导指令选择基于如下优化函数

第 8 章 交叉口连接段网联人工驾驶车辆轨迹引导方法

$$k = \arg\min_{\psi=t} \sum_{\psi=t}^{t+\Delta t} |s_r(\psi;k) - s_e(\psi)| \tag{8.14}$$

轨迹引导频率过高会对驾驶员正常操作车辆产生干扰。设置引导时隙作为相邻两次轨迹引导的时间差,并设置偏移阈值 δ 来判断是否需要进行轨迹引导。以最优轨迹 $s_e(t)$ 为基准,给定偏移阈值 $\delta>0$,根据 t 时刻的车辆运动位置 $s_r(t)$ 进行判断。当 $s_r(t)$ 在点 $s_e(t)$ 的邻域$[s_e(t)-\delta,s_e(t)+\delta]$ 内,则认为车辆的实际轨迹贴近于优化轨迹,不需要进行引导;当 $s_r(t)$ 在点 $s_e(t)$ 邻域$[s_e(t)-\delta,s_e(t)+\delta]$外,则认为车辆的实际轨迹偏离优化轨迹,需要进行引导。

轨迹引导流程如图 8-2 所示。首先,计算轨迹偏移量,如果轨迹偏移量未超过偏移阈值,则不进行轨迹引导,如果轨迹偏移量超过偏移阈值,则需要进行轨迹引导。其次,根据不同的引导指令下的加速度均值,分别预估模拟轨迹来计算车辆在有限时域内的通行效果,并确定最优引导指令。然后,将最优引导指令传达给驾驶员,驾驶员会依据引导指令来操纵车辆。由于驾驶员的不确定性,此时车辆加速度会从最优引导指令对应的高斯分布中取值,在仿真中采用蒙特卡罗随机法模拟出新的加速度值。如果相邻两次的轨迹引导指令保持不变,那么系统不会将引导指令传递给驾驶员,但驾驶员也会根据原先指令来重新调整加速度。因此,每个有限时域内,车辆都会根据新的加速度进行行驶。

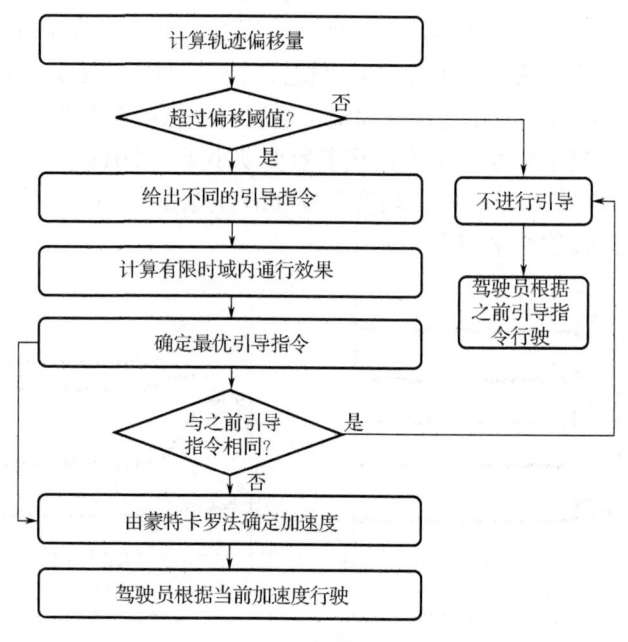

图 8-2 轨迹引导流程图

轨迹引导方案的评价标准用平均绝对误差(Mean Absolute Error,MAE)和平均百分比误差(Mean Absolute Percentage Error，MAPE)来表示。MAE 是轨迹偏差绝对值的平均数，MAPE 是轨迹偏差绝对值与期望轨迹位置的平均百分比。MAE 和 MAPE 的计算公式分别为

$$\text{MAE} = \frac{1}{M}\sum_{i=1}^{M}\left(\frac{1}{T_i}\sum_{t=0}^{T_i}\left|S_{i,r}(t)-S_{i,e}(t)\right|\right) \quad (8.15)$$

$$\text{MAPE} = \frac{1}{M}\sum_{i=1}^{M}\left(\frac{1}{T_i}\sum_{t=0}^{T_i}\frac{\left|S_{i,r}(t)-S_{i,e}(t)\right|}{S_{i,e}(t)}\right)\times 100\% \quad (8.16)$$

其中，M 为轨迹数，$s_{i,r}(t)$ 和 $s_{i,e}(t)$ 分别为第 i 条轨迹中车辆的实际位置和期望位置，T_i 为第 i 条轨迹的时间序列长度(数据时间间隔为 0.1s)。

8.3 仿真实验及结果分析

8.3.1 不同轨迹引导指令下的加速度分布确定

轨迹引导指令的加速度分布采用高斯混合模型进行拟合，拟合参数采用 EM 算法进行迭代计算。仿真实验中，迭代次数上限设置为 500。图 8-3 是迭代过程记录的 5 个指令对应的高斯分布参数值变化曲线。可以看出，在迭代初始过程，参数变化曲线形状各异，除了第 3 个指令 M3 "保持匀速"的加速度分布均值在迭代过程基本不发生变化，其他参数在迭代过程均出现波动变化；当迭代次数达到 200 之后，各个参数曲线基本趋于平稳，每次迭代参数变动小于 0.001；当迭代次数达到 300 直至最大迭代次数，参数值在数值精度为 0.0001 的情况下不再发生变化，说明算法已经收敛，参数值收敛结果如表 8-1 所示。

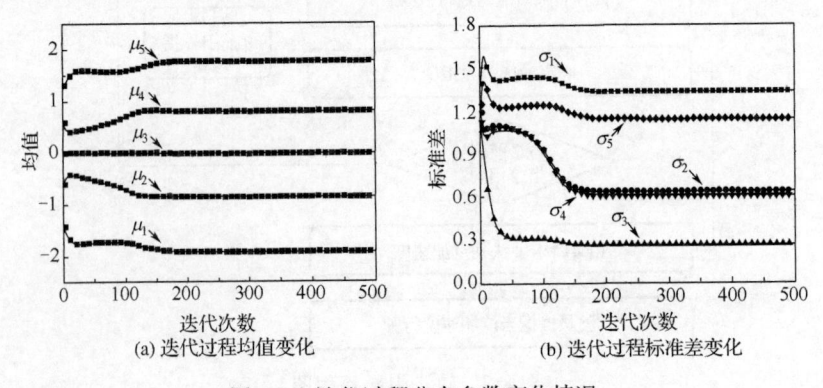

(a) 迭代过程均值变化

(b) 迭代过程标准差变化

图 8-3 迭代过程分布参数变化情况

表 8-1　高斯混合模型各个子分布参数值收敛结果

均值	μ_1	μ_2	μ_3	μ_4	μ_5
	−1.9042	−0.8406	−0.0062	0.8089	1.7720
标准差	σ_1	σ_2	σ_3	σ_4	σ_5
	1.3251	0.6328	0.2602	0.5999	1.1360

下面从仿真实验结果分析分布拟合情况。图 8-4 是不同引导指令的联合分布概率密度曲线与数据频率分布直方图的对应情况，可以看出，二者形状和趋势都较为一致，说明各个子分布叠加的高斯混合模型的分布能够较好地描述人工驾驶车辆在行驶过程中的加速度分布情况，拟合效果达到要求。

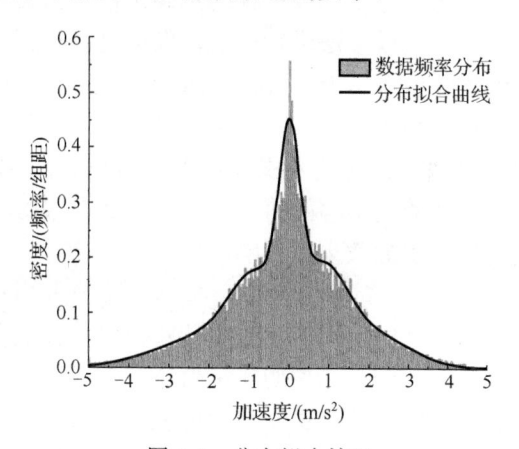

图 8-4　分布拟合情况

图 8-5 所示是根据各个引导指令下的高斯分布拟合参数值绘制的概率密度曲线，其中，M1"快速减速"和 M5"快速加速"是一组加速度绝对值较大的引导指

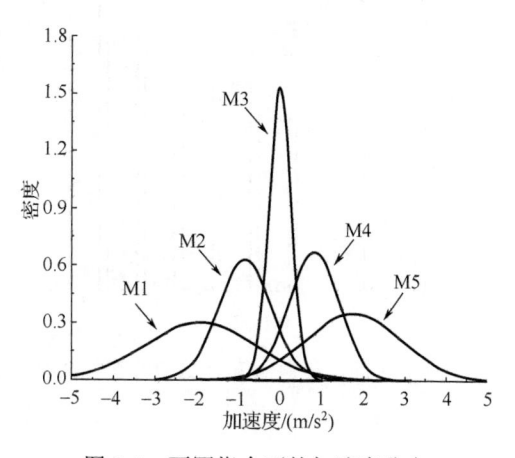

图 8-5　不同指令下的加速度分布

令、M2"缓慢减速"和M4"缓慢加速"是一组加速度绝对值较小的引导指令，可以看出，两组引导指令所对应的曲线形状以y轴为对称轴呈现相互对称，4条分布拟合曲线形状均较为平缓是因为标准差较大。轨迹引导指令M3"保持匀速"对应的曲线自身以y轴为对称轴左右对称，因标准差较小而形状陡峭，曲线较为窄高，能较好地体现加速度在0附近集中的现象。

8.3.2 轨迹引导参数敏感性分析

轨迹引导的基准是路段上轨迹优化结果，以优化轨迹作为人工驾驶车辆的期望轨迹。根据轨迹偏移程度和预测引导效果来确定最优的轨迹引导指令，由系统发送给驾驶员进行操纵车辆。考虑人工驾驶车辆的不确定性，仿真实验中对于给定指令下的加速度采用蒙特卡罗随机模拟法进行取值，取值过程与第2章所介绍的拒绝采样法一致。仿真实验的输入轨迹基准为100条期望轨迹，轨迹长度均为200m，由于仿真过程涉及随机模拟，为了使得仿真结果更具普遍性，所以，仿真实验重复进行20次取轨迹引导的平均效果。参考相关文献[11]，驾驶员反应时间取值为0.7s。轨迹引导方案中的重要影响参数是偏移阈值、引导时隙和有限时域长度，仿真实验首先探究影响参数变化对轨迹引导效果的影响。

(1) 偏移阈值。

当实际轨迹与期望轨迹之间的偏差超过偏移阈值时，会触发轨迹引导系统对驾驶员发出引导指令。偏移阈值越大，说明实际轨迹与期望轨迹偏差的容忍度越大。图8-6是不同偏移阈值下的轨迹引导效果MAPE变化情况。当参数不变时，随着偏移阈值从1m增大到5m，MAPE从2.8%增大到9.1%，而增大趋势随着偏移阈值增加而逐渐趋缓。

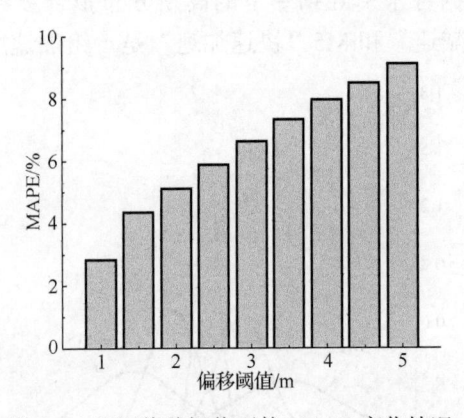

图8-6 不同偏移阈值下的MAPE变化情况

(2) 引导时隙。

引导时隙是系统相邻两次发出轨迹引导指令的最小时间间隔，由于驾驶员处理信息能力有限，过于频繁的轨迹引导指令会使得驾驶员负荷增大。对于相邻两次轨迹引导指令，如果同为加速或者减速指令，那么驾驶员会倾向于增大加速或减速的力度来使实际轨迹贴近优化轨迹。图 8-7 是不同引导时隙下的轨迹引导效果 MAPE 变化情况。当其他参数不变时，随着引导时隙从 1s 增大到 5s，MAPE 从 2.7%增大到 16.8%，MAPE 呈线性增加趋势，轨迹引导效果逐渐变差。

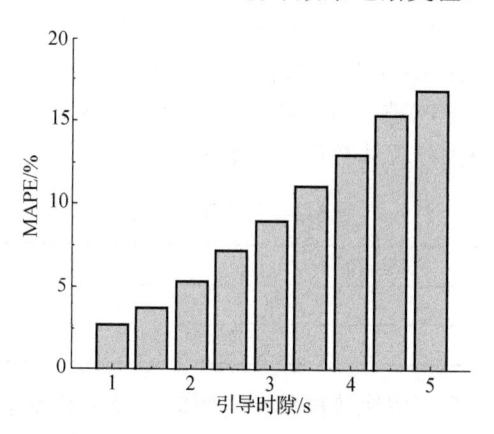

图 8-7 不同引导时隙下的 MAPE 变化情况

(3) 有限时域长度。

有限时域长度是轨迹引导指令选择过程的关键参数，有限时域越长，则最优引导指令选择时需要预测的轨迹时长越长。有限时域长度至少要大于引导时隙，从而保证在一个引导时隙范围内采用最优引导指令可以达到满意的效果。设置有限时域长度为引导时隙的整数倍数，通过实验探究若干倍数下对应的效果。图 8-8 是 MAPE 与有限时域长度的关系，横坐标是有限时域长度与引导时隙的比值，不同线条表示不同的引导时隙。所有 MAPE 曲线的变化趋势均为先减小后增大，说明随着有限时

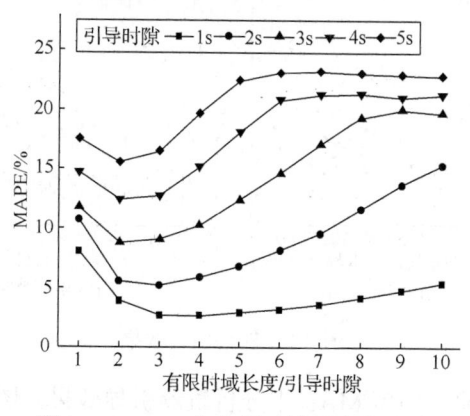

图 8-8 MAPE 与有限时域长度的关系

域长度增大，引导效果先变好，后变差。从实验结果可以看出，预测时长在一定范围内增加有利于提高引导效果，但不是越长越好，当有限时域长度为引导时隙的 2 倍或 3 倍时，轨迹引导效果到达最佳状态。

8.3.3 不同参数下的轨迹引导效果

从上面分析得知轨迹引导参数对引导效果影响很明显，偏移阈值和引导时隙越大，引导效果越差。有限时域长度的取值依赖于引导时隙取值，根据上述实验结果，这里统一取为 3 倍的引导时隙。设置两组不同的引导参数进行实验，A 组引导参数较小，B 组引导参数较大，具体数值如表 8-2 所示。

表 8-2 引导参数设置

	偏移阈值/m	引导时隙/s	有限时域长度/s
A 组	1	1	3
B 组	3	3	9

图 8-9 展示了 100 个期望轨迹样本所对应的轨迹引导效果。当引导参数较小时，所有期望轨迹样本对应的轨迹引导效果指标 MAPE 水平整体较小，所有期望轨迹样本对应的 MAPE 均值的中位数是 2.2%，其中 80%样本的 MAPE 均值在 3%以下，说明轨迹引导效果较好，而 MAPE 标准差的中位数是 1.5%，说明仿真随机性影响的波动变化较小。当引导参数较大时，所有期望轨迹样本对应的 MAPE 均值的中位数是 7.3%，与前者相比增加了 5.1%，增加幅度较大，说明轨迹引导的整体效果变差，而 MAPE 标准差的中位数是 2.6%，与前者相比仅增加 1.1%，说明仿真随机性影响的波动变化也较小。

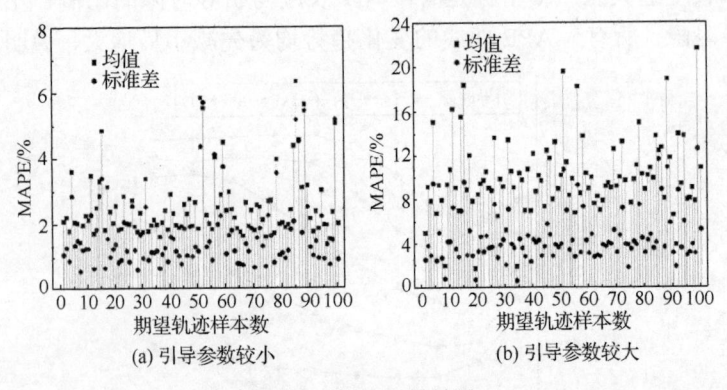

(a) 引导参数较小

(b) 引导参数较大

图 8-9 轨迹引导效果

下面用轨迹绝对偏差均值 MAE 来分析轨迹引导效果。图 8-10 展示了路段中不同位置上 MAE 的均值和标准差变化，横坐标是轨迹位置，纵坐标是 MAE，气泡大小和灰度表示 MAE 标准差大小。图 8-10(a)中，当引导参数较小时，MAE 的均值和标准差都不大，所有位置中 MAE 小于 3m 的情况占 88%，没有 MAE 大于 5m 的情况，轨迹引导效果较好。图 8-10(b)中，当引导参数较大时，不同位置的 MAE 的均值和标准差与图 8-10(a)相比明显增大，MAE 小于 3m 的情况占 18%，MAE 小于 5m 的情况占 23%，MAE 小于 8m 的情况占 98.5%。实验表明，轨迹引导效果与引导参数选择有关，偏移阈值越小，引导时隙越小，驾驶员信息处理的负荷较大，需要频繁改变加速度，但实际轨迹较贴合于期望轨迹。

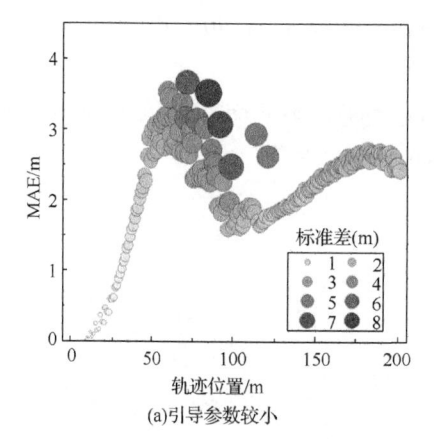

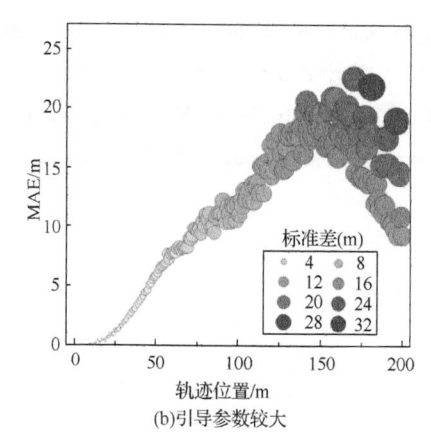

图 8-10 轨迹引导效果

参 考 文 献

[1] Dresner K, Stone P. Sharing the road: autonomous vehicles meet human drivers//The 20th International Joint Conference on Artificial Intelligence, 2007: 1263-1268.

[2] Levin M W, Boyles S D. A multiclass cell transmission model for shared human and autonomous vehicle roads. Transportation Research Part C: Emerging Technologies, 2016, 62: 103-116.

[3] Bailey N K. Simulation and queueing network model formulation of mixed automated and non-automated traffic in urban settings. Cambridge: Massachusetts Institute of Technology, 2016.

[4] Ghiasi A, Hussain O, Qian Z S, et al. A mixed traffic capacity analysis and lane management model for connected automated vehicles: a Markov chain method. Transportation Research Part B: Methodological, 2017, 106: 266-292.

[5] Liu Y, Guo J, Taplin J, et al. Characteristic analysis of mixed traffic flow of regular and autonomous vehicles using cellular automata. Journal of Advanced Transportation, 2017: 1-10.

[6] Seraj M, Li J, Qiu Z. Modeling microscopic car-following strategy of mixed traffic to identify optimal platoon configurations for multiobjective decision-making. Journal of Advanced Transportation, 2018: 1-15.

[7] 姜慧夫, 安实, 王健. 信号交叉口网联自动驾驶车辆时空轨迹优化控制系统. 科学技术与工程, 2018, 18(20): 167-173.

[8] Bifulco G N, Caiazzo B, Coppola A, et al. Intersection crossing in mixed traffic flow environment leveraging V2X information//IEEE International Conference on Connected Vehicles and Expo, 2019: 1-6.

[9] Guo Y, Ma J, Xiong C, et al. Joint optimization of vehicle trajectories and intersection controllers with connected automated vehicles: combined dynamic programming and shooting heuristic approach. Transportation Research Part C: Emerging Technologies, 2019, 98: 54-72.

[10] 李航. 统计学习方法. 北京: 清华大学出版社, 2012.

[11] Lu G, Cheng B, Wang Y, et al. A car-following model based on quantified homeostatic risk perception. Mathematical Problems in Engineering, 2013: 408756.